基金项目：

广西八桂学者岗"中国与东南亚关系研究"下设课题"广西社会经济发展与东亚华商网络"的研究成果；

广西民族大学相思湖青年学者创新研究团队项目"东南亚政治发展与跨国民族问题研究创新团队"的研究成果；

广西民族大学重点研究基地"菲律宾研究中心"的研究成果；

广西民族大学中国—东盟研究中心创新研究团队"菲律宾政治研究"（TD201305）的研究成果；

"广西与东南亚民族研究人才小高地"的研究成果。

广西外向型经济发展
与东亚侨资

The Development of Guangxi Export-Oriented Economy
and Overseas Chinese Capital in East Asia

陈丙先 著 ■

厦门大学出版社
XIAMEN UNIVERSITY PRESS

国家一级出版社
全国百佳图书出版单位

图书在版编目(CIP)数据

广西外向型经济发展与东亚侨资/陈丙先著.—厦门:厦门大学出版社,2017.12
(中国与东南亚关系研究丛书)
ISBN 978-7-5615-6862-0

Ⅰ.①广…　Ⅱ.①陈…　Ⅲ.①外向型经济-区域经济发展-研究-广西②华侨投资-研究-广西　Ⅳ.①F127.67②F832.767

中国版本图书馆 CIP 数据核字(2017)第 330199 号

出 版 人	蒋东明
责任编辑	薛鹏志　韩轲轲
封面设计	蒋卓群
技术编辑	朱　楷

出版发行 厦门大学出版社

社　　址	厦门市软件园二期望海路 39 号
邮政编码	361008
总 编 办	0592-2182177　0592-2181406(传真)
营销中心	0592-2184458　0592-2181365
网　　址	http://www.xmupress.com
邮　　箱	xmup@xmupress.com
印　　刷	厦门集大印刷厂

开本	720mm×1000mm　1/16
印张	19.75
插页	2
字数	340 千字
印数	1～1 100 册
版次	2017 年 12 月第 1 版
印次	2017 年 12 月第 1 次印刷
定价	66.00 元

本书如有印装质量问题请直接寄承印厂调换

厦门大学出版社
微信二维码

厦门大学出版社
微博二维码

总　序

庄国土

　　东南亚是我国重要的周边地区,人口众多,资源丰富,扼印度洋和太平洋之间的交通要道,战略地位重要,近代以来一直是大国争斗要地。东南亚和中国有长期密切的政治、经济和文化联系,汉唐以降,两地商人、使臣往来络绎于途。西方殖民者东来以后,东南亚相继沦为殖民地和列强的势力范围,中国也成为半封建半殖民地的国家。二战以后,东南亚各国和中国先后独立,各自在维护主权独立和经济、文化发展过程中取得重大成就。20世纪70年代以来举世瞩目的"东亚经济奇迹",其核心内容之一就是东南亚和中国的崛起。

　　近代以来,中国和东南亚共同的命运、山水相连的近邻、全球化推动下的区域资源最佳配置和基于相近的价值观,使中国和东南亚之间的密切合作已是水到渠成。1991年,中国与东盟建立了对话伙伴关系。2002年,中国国务院总理朱镕基和东盟十国领导人签署了《中国—东盟全面经济合作框架协议》,启动了中国与东盟建立自由贸易区的进程。2003年,中国第一个加入《东南亚友好合作条约》,第一个明确支持《东南亚无核武器区条约》并与东盟确立了"面向和平与繁荣的战略伙伴关系"。由对话关系上升到战略伙伴关系,是中国—东盟关系的升华,由此开启此后的"黄金十年"睦邻合作。十年来,中国与东盟关系进入全面合作与发展的新阶段,全方位、多层次和宽领域的经济合作不断深化。在2002年至2012年,中国与东盟的进出口贸易额从547.67亿美元增至4000.93亿美元,增长6.3倍。双方互为最重要的贸易伙伴之一。在国际经济不景气的大背景下,中国—东盟贸易额创历史新高,突破4000亿美元,同比增长 10.2%,高于同期中国对外贸易平均增幅(6.2%)。中国连续四年是东盟的第一大贸易伙伴,东盟继续为中国的第三大贸易伙伴。中国与东盟相互投资规模也日益扩大,尤其是近年来中国对东盟的投资更是飞速增长。至 2012 年底,双方相互投资总额累计达 1007 亿美元。中国在东盟还建立了多个境外经贸合作区,如泰中罗勇工业园、柬埔寨西哈努克港经济特区、越南龙江工业园、越南中国(海防—深圳)经贸合作区。东盟国家一直是中国重要的海外承包工程市场和劳务市场。至 2012 年底,中国在东盟工程承包签署合同额达 1478.7 亿美元,完成营业额 970.7 亿美元。比经济合作更为重要的是人员交流。2012 年,双方人员往来超过 1500 万人次,其中,中国赴东盟游客 732 万人次,较十年前增长 2.6 倍,是东盟第二大游客来源地。而东盟各国则成为中国公民的最主要旅游地。中国在东盟的留学生超过 10 万人,东盟在中国的留学生也超过 5 万人。此外,中国与东盟在政治、安全、海洋、环保等方面的合作日益深化。2002 年 11 月,中国同东盟国家签署了《南海各方行为宣言》,显示了双方共同致力于加强睦邻互信伙伴关系,维护南海地区和平与稳定的决心。2011 年 7 月,中国与东盟国家就落实《南海各方行为宣言》后续行动指针达成一致。2013 年 9 月,双方在苏州开始《南海行为准则》的谈判。

2013 年 9 月,中国总理李克强在第十届中国—东盟博览会上致辞,将中国—东盟过去十年的合作成就形容为"黄金十年",并表示双方有能力创造新的"钻石十年"。2014 年以来,习近平主席、李克强总理相继访问东南亚国家,提出与东盟加强海上合作,共同建设 21 世纪"海上丝绸之路",这对夯实与加强中国与东盟国家的利益基础与纽带,开启中国东盟合作"钻石十年"具有极其重要且深远的意义。

诚然,中国与东盟关系中,还存在一些矛盾和问题,尤其是南海争端。我的看法是南海争端被过多关注和夸大。首先,南海争端是殖民时期的遗留问题,并非东南亚国家独立以后出现的新争端。中国与相关国家完全有能力在双边会商的基础上解决争端。其次,南海争端是中国与其南海邻国长期存在的问题,海域划分和相关岛屿归属也是国际社会普遍存在的问题。因此,中国与相关南海主权声索国可本着"搁置争议、共同开发"的原则,不必急于一时解决。再次,由于当事国各方的节制,南海争端并不比以前更激烈。1988 年以来，没有发生过军事冲突，各方都期待以和平方式处理争端，"南海行为准则"的协商也在中国与东盟之间进行。因此，我们有理由期待，中国与东盟的合作伙伴关系将排除各种干扰而加速推进。我要强调的是，广西将在中国与东盟关系的发展中发挥特殊的作用。

广西是中国唯一与东南亚山水相连、血脉相通的省份，是华南经济圈、西南经济圈和东盟经济圈的结合部，在中国实施中国—东盟自由贸易区战略中，具有重要战略地位和作用，这也是从 2004 年起每年的中国—东盟博览会落户南宁及广西作为中国—东盟经贸合作区唯一落户省份的原因，由此也使广西成为中国和东盟合作与发展的主要平台之一。但如何真正成为中国—东盟合作的带头羊、引领中国的东南亚战略，是广西面临的重大机遇和挑战。

中国领导人最近提出，中国期待与东盟合作建设"海上丝绸之路"。在 21 世纪中国海上丝绸之路新战略中，广西责无旁贷。中国传统海上丝路的起源地，就在北部湾东北部的现广西合浦县。合浦离南宁 176 公里，距北海市 28 公里。这是《汉书·地理志》的记载，也是中国最早的中国商人携带丝绸经海路前往印度洋的记载。海上丝绸之路自此开张。现在海上丝绸之路要推动的中国—东盟互联互通，广西是唯一与东盟山海相连的省份，海通陆也通，广西理应在 21 世纪海上丝绸之路建设中发挥更大的作用。

中国—东盟合作的重大发展战略，其论证和实施需要顶层设计，而深度解读东盟是前提。有幸的是广西政府能高瞻远瞩，在广西民族大学设立东盟学院，并将广西第一批八桂学者中，唯一的文科八桂岗位"中国与东南亚关系研究"落户于东盟学院，委以深度研究东盟和培养高端东盟事务人才之重任。

近两年来，东盟学院几近从空白开始，在学科建设、资料建设、咨询服务、国内外交流平台、科研队伍建设方面已经有初步成效。到现在拥有三个学科和数十个硕士生规模，有国内独树一帜的信息员队伍，取得包括省部级以上项目、论文和咨询报告的科研成果，获得新华社、国务院侨办、中国—东盟中心的好评，有几份报告送呈政治局书记处，并得到采纳证明。

　　东盟学院八桂学者团队深度研究东南亚的部分学术成果，以"中国与东南亚关系研究丛书"出版，本书即是该项目的成果之一。这些研究成果基于作者数年乃至十数年的研究积累，可谓发前人之未发。虽然各书作者学力所限，难免有各种疏漏，本人作为主编，当负全责，但本人仍期待读者，关注各书体现的创新性，包括分析的创新和资料的刷新。

八桂学者　庄国土

广西民族大学东盟学院

2014 年 12 月 31 日

前　言

广西壮族自治区,因大部分地区属于秦统一岭南后设置的桂林郡而简称桂,首府南宁市,下辖有 14 个地级市、8 个县级市(地级市代管),是中国 5 个少数民族自治区之一,是唯一一个沿海自治区,大陆海岸线长约 1595 千米。广西位于中国华南地区西部,从东至西分别与广东、湖南、贵州、云南接壤,南濒北部湾、面向东南亚,西南与越南毗邻,是西南地区最便捷的出海通道,在中国与东南亚的经济交往中占有重要地位。

广西具有重要的区位优势。广西位于祖国南疆,与东盟国家海陆接壤,是中国唯一与东盟海陆相接的省区,是中国面向东盟的门户,具有沿海与沿边优势,并因此而在"一带一路"倡议中被确定为"一带"与"一路"有机衔接的重要门户。广西地处中国与东盟的结合部,处于大西南经济圈、泛珠江三角洲经济圈和东盟十国经济圈的叠加区域,处于中国与东盟合作的中心位置,是西南地区最便捷的出海通道。华南地区最长的河流、珠江水系干流之一西江流经广西境内,且西江水系是两广水上运输的大动脉,对两广地区的物资交流和对外经济联系起着巨大的作用,所以广西还具有沿江优势。

作为沿海沿边省区,作为西部省区,作为民族地区,作为革命老区,广西还享有诸多的政策优势。不仅享有沿海沿边开放、西部大开发和高新技术开发区的政策优惠,而且还享有大多数省份没有享受的民族区域自治、华侨投资区等优惠政策。广西是中央确定最早对外开放的地区之一。

然而,广西外向型经济发展总体上滞后是不争的事实。有着独特区位优势,享有诸多政策优势,并有着较为丰富自然资源的广西,其外向型经济发展究竟如何? 该如何推动其外向型经济发展? 这是本书研究的主要问题。

外向型经济发展关联面广,错综复杂,前人的研究成果也不在少数,如何为该问题的研究寻找一个新的视角是笔者在开展研究之前就需要解决的一个方法论问题。

首先,本书将广西的外向型经济发展与侨资利用问题结合起来进行研究。鉴于广西为中国第三大侨乡,鉴于在国家层面以及东部发达省份经济发展中,特别是外向型经济发展中侨资的重要角色,本书立意将广西的外向型经济发展与侨资利用问题结合起来进行研究。因海外侨资主要集中在东亚地区,也即东南亚和港澳台地区,所以侨资的范围就限缩为东亚侨资,本书的书名也最终确定为"广西外向型经济发展与东亚侨资"。

其次,本书进行比较研究。鉴于广西地处华南且沿海沿边,是海外侨资较早辐射的地区,地理区位与侨资利用的起始时段同广东、福建、浙江、云南等省份相类似,为了更准确地把握广西外向型经济的发展现状以及侨资的发展现状,本书立意进行比较研究,将广西与广东、福建、浙江、云南等省份进行比较(鉴于陆地面积、经济总量等不太对称,所以未将海南列入)。一方面将广西的外向型经济发展现状与其他四省进行比较,一方面将广西的外向型经济发展驱动平台与其他四省进行比较,一方面将新世纪以来广西的侨资发展状况与其他四省进行比较,立意通过对比来凸显广西的差距及其滞后的成因。

研究的意旨是为广西的外向型经济发展探寻新的途径与方式。从侨资利用的角度去看,鉴于改革开放以来侨情的重大变化,广西作为全国第三大侨乡且侨乡优势并未充分发挥,国家层面以及东部发达省市外向型经济发展与侨资的密切关联,本书得出研究结论,认为广西的外向型经济发展务必要打好"侨牌"。

研究的过程中还有几个问题需要说明。首先,"侨资"与"华资"的概念问题。严格来讲,这两个概念是有区别的,但在应用上很多时候是混用的,本书统一使用"侨资"的概念,引用其他文献时也将"华资"变更为"侨资"。其次,侨资有时指资金,有时指侨务资源。因为侨资是最重要的侨务资源,同时侨资的流入往往会带动华侨华人的人才资源、科学技术、管理经验等的引入,还会带动海外市场与海外关系的开拓,所以侨资在本书中有时指资金,有时泛指侨务资源。

本书是笔者尝试进行的一项粗浅研究成果,书中的错漏之处与不足之处在所难免,恳请大家予以批评指正。

目　　录

第一章

比较视野下广西外向型
经济发展概述

第一节　广西外向型经济发展现状

一、广西与发达国家的经济交往

近年来广西的对外经济交往发展迅速,具体表现为对外贸易额的不断攀升,与外国相互投资的不断增长。然而,这种交往呈现一定的不平衡性,与东盟国家的交往日益密切,与欧美日等发达国家和地区的交往则相对冷清,这不利于广西外向型经济的健康发展。

(一)广西与发达国家经济交往的现状

虽然增长迅速,但总体而言,广西与发达国家的经济交往既落后于其他省市,也落后于与东盟国家的经济交往。

1. 贸易

广西与欧美日等发达国家和地区的贸易规模不大,贸易额在总额中所占的比重也不高。以 2012 年为例(见表 1-1),广西与美国和加拿大的商品贸易额仅为 34.5 亿美元,并且美国是当年仅次于巴西的第三大贸易伙伴;与第四大贸易伙伴欧盟的商品贸易额为 18.8 亿美元;与近邻日本的商品贸易额大幅下跌,仅为 6.8 亿美元,韩国的虽有小幅增长,但仅有 3.7 亿美元,都不如与澳大利亚的 13 亿美元。

与各发达国家相比,东盟仍为广西最大的贸易伙伴。2012 年广西对亚洲国家商品贸易总值为 168.6 亿美元,增长 20.7%,其中与东盟的贸易总值达 120.5 亿美元,增长 26%,占同期贸易总值的四成,东盟仍保持为广西第一大贸易伙伴、第一大出口市场和第一大进口来源地。

表 1-1　广西同主要国家(地区)进出口商品总值(2012 年)

单位:万美元

国家/地区	进出口	出口	进口	2012 年比 2011 年增减 %		
				进出口	出口	进口
中国香港	162397	157010	5388	20.7	27.3	6.9
日本	68412	35383	33028	−28.8	−20.9	−35.8
韩国	36916	16313	20603	2.7	−27.0	51.5
台湾省	45145	7793	37353	17.9	−37.9	45.1
加拿大	104039	9449	94590	203.3	49.2	238.2
美国	240817	130911	109905	51.9	50.1	54.0
东盟	1204865	933744	271121	26.0	36.8	−0.9
欧盟	187939	77586	110352	19.5	−10.1	55.5
澳大利亚	130252	24583	105668	11.7	6.8	12.9

资料来源:广西壮族自治区统计局编:《广西统计年鉴 2013》,北京:中国统计出版社,2013 年,第 164 页。

对外贸易依存度是一国或地区进出口总值占国内生产总值(GDP)或国民生产总值(GNP)的比重,它可以反映一国或地区经济对国际市场的依赖程度和经济发展的外向开放度。[①] 由表 1-2 可知,广西的进出口、出口及进口依存度均明显低于全国平均水平,且与全国的差距有扩大的趋势。这说明作为拉动经济增长三驾马车之一的外贸(主要指出口)在广西经济中的地位尚不够突出,广西经济开放度十分有限,这其中又突出表现在与发达国家的经贸联系不强上。

---

① 佟家栋:《对外贸易依存度与中国对外贸易的利益分析》,《南开学报》2005 年第 6 期,第 26 页。

表 1-2　主要年份广西对外贸易依存度统计

年份	进出口		出口		进口	
	广西	全国	广西	全国	广西	全国
2000	8.1	44.5	5.9	23.4	2.2	23.1
2005	10.4	63.9	5.8	34.3	4.6	29.6
2007	12.0	66.2	6.6	37.5	5.4	29.5
2010	11.4		6.1		5.3	
2011	12.2	50.1	6.5	26.1	5.7	24.0
2012	13.8	47.0	7.2	24.9	6.6	22.1

资料来源:根据广西统计年鉴和广西商务厅网站的相关数据编制。

2. 投资

　　广西利用外资的情况,如表 1-3 所示,2013 年广西外资项目 112 个,合同外资 21.6 亿美元,实际利用外资 7 亿美元。从外资来源看,香港仍为第一大外资来源地,港资项目 54 个,占总数的 48.21%;合同金额 8.4 亿美元,占总额的 38.92%;实际利用金额 3.7 亿美元,占总额的 52.92%。来自法国、美国、澳大利亚、日本、韩国、比利时、英国、德国、冰岛、瑞典、加拿大等发达国家的资金项目共 21 个,占总数的 18.74%;合同金额 8.79 亿美元,占总额的 40.73%;实际利用金额 0.07 亿美元,占总额的 1%。由此可以看出,发达国家对广西的实际投资非常少。

　　同时,广西对发达国家的投资也非常少。据媒体报道,2012 年广西批准企业境外投资项目 54 个,协议总投资额 7.21 亿美元,其中中方协议投资额 6.72 亿美元,对外直接实际投资额 2.36 亿美元。其中对香港投资项目 11 个,中方协议额 3.42 亿美元,占广西对外投资中方协议总额的 51%,对东盟国家投资项目 29 个,中方协议额 2.32 亿美元,占广西对外投资中方协议总额的 34.6%。① 由此可以推出,除了香港和东盟外,2012 年广西与其他国家和地区的协议投资额仅为总额的 14.4%,实际投资则更少,其中流

---

① 《2012 年广西对外投资中方协议投资额同比增 69.1%》,崂山商务网,2013 年 1 月 25 日, http://www.laoshan.gov.cn/n206250/n13583478/n13583570/n13583810/14389566.html.

向发达国家的则少之又少。

表 1-3 2013 年 1—12 月广西直接利用外资分国别汇总表

单位:万美元

国家或地区	项目数	比重(%)	合同外资	比重(%)	实际利用	比重(%)
总计	112	100	215771	100	70008	100
香港	54	48.21	83987	38.92	37047	52.92
投资性公司投资	11	9.82	32760	15.18	15607	22.29
英属维尔京群岛	1	0.89	8000	3.71	9659	13.8
印度尼西亚	0	0	−2030	−0.94	3425	4.89
开曼群岛	0	0	0	0	1617	2.31
泰国	1	0.89	153	0.07	790	1.13
澳门	3	2.68	2776	1.29	669	0.96
法国	1	0.89	635	0.29	646	0.92
塞舌尔	0	0	367	0.17	190	0.27
台湾省	12	10.71	1152	0.53	186	0.27
毛里求斯	0	0	1285	0.6	100	0.14
美国	4	3.57	1045	0.48	18	0.03
澳大利亚	0	0	260	0.12	17	0.02
马来西亚	1	0.89	−2506	−1.16	16	0.02
日本	4	3.57	305	0.14	13	0.02
韩国	1	0.89	17	0.01	5	0.01
印度	1	0.89	3	0	3	0
新加坡	3	2.68	1105	0.51	0	0
越南	0	0	−92	−0.04	0	0
比利时	1	0.89	16	0.01	0	0
英国	1	0.89	−400	−0.19	0	0
德国	2	1.79	13	0.01	0	0
匈牙利	1	0.89	64	0.03	0	0

续表

国家或地区	项目数	比重(%)	合同外资	比重(%)	实际利用	比重(%)
冰岛	0	0	−128	−0.06	0	0
瑞典	2	1.79	85966	39.84	0	0
拉丁美洲	0	0	100	0.05	0	0
加拿大	5	4.46	167	0.08	0	0
萨摩亚	3	2.68	751	0.35	0	0

资料来源:《2013 年广西利用外资情况表》,广西商务厅网站,2014 年 2 月 1 日,http://www.gxswt.gov.cn/htmlcontent/detail/1ab497b0−8277−453b−a322−5b09cca72978.

(二)交往不深的原因探析

如前文所述,广西与发达国家的经济交往非常薄弱,之所以如此主要出乎两个方面的原因:经济基础与投资环境。一方面,广西的外向型经济起步晚,基础差,具体表现在以下几个方面。首先是出口效益欠佳。广西工业制成品中的精加工、深加工产品出口较少,出口的主导产品为低科技含量的劳动密集型产品和低附加值的初级加工制成品,处于国际贸易产业链的末端,只能以价格竞争跻身国际市场。其次,加工贸易附加值低。在加工贸易价值链中,广西只在加工制造、装配环节占有一定的优势,而对比较利益相对较高的产品设计与品牌以及流通与销售环节无控制权或控制力微弱,对出口产品的利益分成往往集中在比较利益相对较低的加工环节,加工贸易实际为"接单贸易"。[①] 再次,外贸规模和增长速度不及全国平均水平。广西的传统生产要素相对丰裕,现代要素相对稀缺,这一要素禀赋决定了广西更多的是依靠劳动等传统要素来参与国际贸易分工,而较少依靠技术等现代要素,从而使得广西外贸增长方式的集约化水平较低。最后,对外贸易结构不合理,贸易竞争力不强。广西出口的主导产品仍集中于劳动密集型产业,而且在全国具有比较优势和竞争力的出口产品也主要是资源型和劳动密集型产品,很多出口企业仍靠低价而不是品质和品牌参与国际竞争,导致外贸

---

① 张干:《广西加工贸易发展的机遇与对策探讨》,《法制与经济》2011 年第 8 期,第 43 页。

效益低下,严重阻碍了广西对外贸易的可持续发展。

另一方面,广西投资环境差,具体表现为投资硬环境成本高,投资软环境不规范。广西沿海铁路是地方铁路,运力受限。同时,相较于东部沿海广西在港口规模、通过能力、建设水平等方面仍然比较落后。[①] 与港口配套的物流体系更是通而不畅,成为广西—东盟经贸发展的一大短板。广西境内只有南宁吴圩机场和桂林两江机场属于国际机场,且连通的城市十分有限,范围集中在港澳台、东南亚和韩国,欧美外商回国均需转到广东。在投资软环境方面,乱收费问题屡禁不止;市场竞争不规范。

(三)强化与发达国家经济交往的必要性

强化与发达国家经济交往的必要性,一是实现经济互补,二是维护经济安全。广西是经济发展相对滞后的地区,与发达国家的经济发展水平和结构不同,在资金、技术、市场等方面也有很大的差异性,因而具有很大的互补性,具体表现在资源和市场的互补性、资金的互补性、技术的互补性、产业结构的互补性等诸多方面。因此,强化与发达国家的经济交往能够实现经济互补。同时,广西在对外经济交往中过度依赖东盟,特别是过度依赖越南,不利于分散风险。例如,2011 年广西的进出口额仅占全国的 0.64%,其中一般贸易与边境小额贸易占了贸易总额的 80%以上,特别是对越南的出口占到全区出口总额的近 50%。[②] 并且越南的经济总量和发展水平有限,产业结构和商品种类与广西多有雷同,贸易的发展空间有限。同时越南还与中国有海洋争端,两国关系存有隐患,所以经贸关系波动的风险很大。

二、广西与东盟国家的经济交往

广西作为我国西部唯一的沿海省份,与东盟经济圈相接,与东盟国家海陆相连,拥有独特的区位优势。随着中国—东盟关系的发展和中国—东盟自由贸易区建设的推进,在广西自治区政府和东盟各国政府的大力推动下,广西与东盟国家的经济联系越来越紧密。

---

① 国家发展改革委会:《国务院关于进一步促进广西经济社会发展的若干意见》,国发〔2009〕42 号文件,2009 年 12 月 7 日。

② 根据广西壮族自治区统计局编《广西统计年鉴 2012》的相关数据计算而来。

（一）贸 易

自 2002 年中国与东盟签署《中国—东盟全面经济合作框架协议》后，至 2012 年东盟已连续 12 年保持广西第一大贸易伙伴和第一大出口市场的地位。

1. 贸易额

《中国—东盟全面经济合作框架协议》签订后，广西与东盟国家的贸易额迅速攀升。如表 1-4 所示，2002—2012 年，广西与东盟的进出口总额由 6.3 亿美元攀升至 120.5 亿美元，年度增长率最低 21.10%，最高达 59.10%；贸易顺差也整体上保持快速上升势头，由 2002 年的 2.54 亿美元增至 2012 年的 66.3 亿美元；占全区进出口贸易总值的比率也越来越大，由 2002 年的 25.84% 增至 2012 年的 40.90%。

表 1-4　2002—2012 年广西与东盟国家的进出口贸易额

单位：亿美元

项目	进出口合计		出口		进口		贸易差额	占全区进出口贸易总值比率
	金额	同比	金额	同比	金额	同比		
2002	6.3	49.10%	4.4	69.40%	1.86	15.90%	2.54	25.84%
2003	8.3	31.70%	5.5	24.90%	2.7	48.10%	2.8	25.91%
2004	10.01	21.10%	6.4	15.20%	3.65	33.30%	2.75	23.34%
2005	12.2	22.20%	8.3	30.50%	3.9	7.70%	4.4	23.60%
2006	18.3	49.10%	9.8	18.50%	8.4	113.40%	1.4	27.37%
2007	29.1	59.10%	17.3	76.10%	11.7	59.10%	5.6	31.40%
2008	39.9	37.10%	27.2	56.80%	12.7	8%	14.5	30%
2009	49.5	24%	36.2	33.00%	13.3	5.40%	22.9	34.80%
2010	65.3	31.90%	45.9	26.80%	19.4	45.60%	26.5	36.86%
2011	95.6	46.50%	68.2	48.70%	27.3	41.10%	40.9	40.97%
2012	120.5	26%	93.4	36.80%	27.1	−0.90%	66.3	40.90%

资料来源：李星谕：《广西与东盟国家贸易与其引进东盟国家投资的关系研究》，北京第二外国语学院硕士学位论文，2009 年，第 8 页；2012 年的数据来自南宁海关，http://nanning.customs.gov.cn/publish/portal150/tab61930/info417542.htm.

2. 贸易结构

广西与东盟国家的贸易结构比较复杂,在贸易国国别构成方面呈现很大的不平衡性,在商品结构方面呈现较大的同质性,在贸易方式方面呈现很大的不均衡性。

(1)国别构成

广西与东盟国家的贸易,在贸易国国别构成方面的不平衡性异常突出。越南因其与广西山水相连,历史、民族和文化渊源深厚,占了广西对外贸易额的绝大部分,而文莱、老挝、柬埔寨等国所占的份额极少。如表1-5所示,2010—2012年,越南占了广西对东盟出口额的九成左右,其他国家所占份额略多一点的有印度尼西亚、泰国、马来西亚、新加坡等。相反,文莱、老挝、柬埔寨三国只占2012年广西对东盟出口总额的0.34%,几乎可以忽略不计。

表1-5　2010—2012年广西对东盟国家的出口

单位:千美元

项目	2010	同比增%	2011	同比增%	2012	同比增%
东盟国家	4588354	27.1	6824927	49	9337439	36.8
文莱	2699	25.6	4500	66.7	2669	−40.7
缅甸	18550	7.7	47295	155	62325	31.8
柬埔寨	8377	84.5	17410	108.1	19884	12.7
印度尼西亚	84221	19.9	329937	294.5	448933	36.2
老挝	1212	−10.8	4203	246.9	9331	122
马来西亚	120265	−22.8	117426	3.6	138399	17.9
菲律宾	59036	28	71387	21.1	79946	12
新加坡	97843	−19.4	110193	12.6	78717	−28.6
泰国	117350	23.8	161392	37.4	225837	39.9
越南	4078800	31.7	5961184	46.1	8271399	38.8

资料来源:李星谕:《广西与东盟国家贸易与其引进东盟国家投资的关系研究》,北京第二外国语学院硕士学位论文,2009年,第10页;2012年的数据来自南宁海关,http://nanning. customs. gov. cn/publish/portal150/tab61930/info417542. htm.

　　广西从东盟国家的进口情况与出口大致相同,如表 1-6 所示,2010—2012 年越南也是广西进口最多的东盟国家,占了总进口额的五六成。此外,印度尼西亚、马来西亚、新加坡、泰国等也是广西在东盟的重要的进口对象。相反,广西从文莱的进口几乎可以忽略不计,从柬埔寨、老挝、缅甸三国的进口也极少。

表 1-6　2010—2012 年广西从东盟国家的进口

单位:千美元

	2010 年	同比增%	2011 年	同比增%	2012 年	同比增%
东盟国家	1937236	45.2	2733304	41	2711209	−0.9
文莱	3	−91	7	120.9	1	−84.5
缅甸	353	385.6	8895	2349.4	348	−96.1
柬埔寨	1055	−75.8	300	−71.6	1113	271.3
印度尼西亚	413865	117.9	642899	55.1	663458	3.3
老挝	2354	296.4	4741	119.1	188	−96
马来西亚	137048	18.4	183417	33.3	233809	27.4
菲律宾	19296	146.7	76785	301	114422	48.2
新加坡	141345	118.8	95518	−33.1	163326	72.7
泰国	172567	169.7	108327	−37.2	78802	−27.6
越南	1049350	18.3	1613416	53.6	1455742	9.9

　　资料来源:李星谕:《广西与东盟国家贸易与其引进东盟国家投资的关系研究》,北京第二外国语学院硕士学位论文,2009 年,第 12 页;2012 年的数据来自南宁海关,http://nanning. customs. gov. cn/publish/portal150/tab61930/info417542. htm.

　　(2)商品结构

　　除了新加坡外,其他东盟国家大体同广西一样,经济发展水平较低,工业基础不够完善,缺少高新技术,这使得广西与东盟国家的贸易商品以低附加值的劳动密集型产品、资源性产品为主,高科技产品较少,产品之间具有较大的同质性和相似性。广西从东盟的进口商品中,煤炭是第一大类,2002—2011 年累计进口了 36.5 亿美元,占广西从东盟进口总额的 34.7%;农产品进口了 25.4 亿美元,占进口总额的 24.2%;铁矿砂进口了 6.4 亿美元,占进口总额的 6.1%。这三种资源性产品共占进口总额的 65%。相反,机电产品进口额仅为 2.4 亿美元。广西对东盟的出口商品以机电产品、服装及衣着附件、农产品为主,2002—2011 年累计出口了机电产品 76 亿美元,占广西对东盟出口总额的 33.2％;服装及衣着附件出口了 43.2 亿美元,农产品出口了 29.8 亿美元,分别占出口总额的 18.9％和 13％。[1]

（3）贸易方式

广西与东盟贸易的一大特点就是,边境小额贸易占了很大比重。2002—2011 年广西凭借得天独厚的区位优势,大力发展边境小额贸易,进出口货物 203.2 亿美元,年均增速 38％,占同期广西与东盟国家外贸比重的 60.8％;一般贸易进出口货物 113.3 亿美元,年均增长 30％,占 33.9％。[2] 2012 年广西以边境小额贸易方式对东盟进出口 83.5 亿美元,增长 33.5％,占同期广西与东盟进出口总值的 69.3％。[3]

（4）贸易主体

民营企业在广西的对外进出口中扮演着主导角色。2013 年上半年,广西民营企业对东盟进出口达 43.5 亿美元,同比增长 20.9％,占广西与东盟贸易额的 71％。国有企业进出口仅为 13.9 亿美元,不过增速较快,增长了 92％。[4]

（二）投资

《中国—东盟全面经济合作框架协议》第五条及第八条明确规定,"为建立中国—东盟自由贸易区和促进投资,建立一个自由、便利、透明及竞争的投资机制,各缔约方同意进口谈判并达成投资协议,以逐步实现投资体制自由化,加强投资领域的合作,促进投资便利化和提高投资相关法律法规的透明度,并为投资提供保护"。2009 年 8 月 15 日,在曼谷举行的第八次中

① 谢娱、周磊:《广西与东盟双边贸易十年间保持 20％以上增速》,广西新闻网,2012 年 9 月 18 日, http://www.gxnews.com.cn/staticpages/20120918/newgx505858cf－6086777－1.shtml.

② 谢娱、周磊:《广西与东盟双边贸易十年间保持 20％以上增速》,广西新闻网,2012 年 9 月 18 日, http://www.gxnews.com.cn/staticpages/20120918/newgx505858cf－6086777－1.shtml.

③ 陶杏芳:《广西调低外贸增长目标,推重化工业布局》,21 世纪经济报道,2013 年 1 月 25 日,http://www.ebrun.com/20130125/66746.shtml.

④ 简文湘:《广西对东盟外贸进出口增长迅猛》,《广西日报》2013 年 7 月 29 日。

国—东盟经贸部长会议上,中国与东盟十国的经贸部长共同签署了中国—东盟自由贸易区《投资协议》,这不仅标志着中国—东盟自由贸易区建设的主要法律程序已经基本完成,也极大地促进了中国—东盟之间的相互投资。

1. 投资额

东盟国家对广西的投资额波动很大,这从表 1-7 中可以看出,但总体来说呈现快速增长势头。2003—2010 年东盟国家对广西的合同投资额由 0.3077 亿美元增长至 3.2713 亿美元,实际投资额由 0.483 亿美元增长至 1.2412 亿美元。2011 年广西实际利用东盟资金猛增至 2.29 亿美元,同比增长 84.7%,占广西利用外资总额的 22.6%,东盟成为仅次于香港的广西第二大外资来源地。[①] 但 2013 年又出现了暴减,如前文的表 1-3 所示,当年东盟国家在广西的直接投资项目仅有 5 个,占总数的 4.46%;合同投资额 —0.34 亿美元,占总额的 —1.56%;实际投资额 0.42 亿美元,占总额的 6.04%。

表 1-7   2003—2010 年广西利用东盟国家投资情况表

年份	合同外资(万美元)	同比增长率(%)	实际利用外资(万美元)	同比增长率(%)
2003	3077	—41.5	4830	124.8
2004	6464	110.1	2449	—49.3
2005	2899	—55.2	3549	44.9
2006	12230	321.9	2183	—38.5
2007	55791	356.2	13364	512.2
2008	8928	—84	10473	—21.6
2009	8257	—7.51	2357	—77.5
2010	32713	296.18	12412	426.6
合计	130359	—	51617	—

资料来源:李星谕:《广西与东盟国家贸易与其引进东盟国家投资的关系研究》,北京第二外国语学院硕士学位论文,2009 年,第 21 页。

---

① 苏必庆:《广西与东盟经贸合作收获"真金白银"》,广西新闻网,2012 年 8 月 30 日,http://news.gxnews.com.cn/staticpages/20120830/newgx503e9eb0—5960190.shtml

　　东盟十国中只有新加坡是发达国家,越南、老挝、柬埔寨、缅甸等国在发展水平上甚至落后于广西,所以东盟国家整体上对广西的投资不太大。由于广西与东盟国家山水相连,双方投资合作时间长,东盟国家对广西的累计投资数额并不小。从表1-8可以看出,截至2011年底,东盟国家对广西的直接投资项目累计达483个,直接投资额(合同外资)累积达21.6978亿美元,实际投资金额为14.0526亿美元。

　　随着广西对外开放的推进,广西企业"走出去"的步伐也在加快。2011年广西对东盟的中方协议投资额达1.75亿美元,连续3年超过1亿美元,同比增长25%。[①] 如前文所述,2012年广西对东盟国家的投资项目为29个,中方协议额更是达到了2.32亿美元,占广西对外投资中方协议总额的34.6%。

表1-8　截至2011年底东盟国家各国在广西投资情况表

	项目数(个)	合同外资	实际利用外资	实际到位率(%)
越南	23	9049万美元	1811万美元	20
泰国	120	3.1亿美元	2.64亿美元	85.16
新加坡	180	7.5亿美元	5.3亿美元	70.67
印度尼西亚	25	3.8亿美元	3.4亿美元	89.47
缅甸	4	199万美元	57万美元	28.64
马来西亚	104	5.13亿美元	2.26亿美元	44.05
老挝	1	15万美元	5万美元	33.33
柬埔寨	10	898万美元	315万美元	35.07
菲律宾	10	9905万美元	1228万美元	12.4
文莱	6	2510万美元	1110万美元	44.22
合计	483	21.6978亿美元	14.0526亿美元	—

资料来源:根据广西商务厅外国投资管理处的相关数据整理编制而成,http://wzc. guangxi. mofcom. gov. cn/article/sjtongjiziliao/？9.

---

　　① 苏必庆:《广西与东盟经贸合作收获"真金白银"》,广西新闻网,2012年8月30日,http://news. gxnews. com. cn/staticpages/20120830/newgx503e9eb0－5960190. shtml.

2. 资金来源

从表 1-8 可以看出,在东盟国家对广西的直接投资中,累计金额排在前四位,也是金额达亿美元以上的国家分别是新加坡、印尼、马来西亚和泰国。其中新加坡不论是投资项目数,还是合同金额与实际利用金额,都排在第一位。四国中印尼的项目数最少,合同金额也排在倒数第二位,但实际利用金额排在第二位,资金到位率是最高的,达到了 89.47%。在东盟十国中,老挝和柬埔寨对广西的直接投资简直可以忽略不计。比较特别的是越南,虽然该国同广西山水相连,贸易额很大,但对广西的投资很少,累积没有达到 1 亿美元,这主要是因为越南国内也在进行大规模的建设,没有多少剩余资金向外投。

3. 资金流向

根据南宁市贸促会提供的信息,从行业看,东盟在广西投资的领域主要是制造业、农林渔牧业、房地产业。其中几个大型项目投资,比如印尼金光集团投资金桂浆纸、马来西亚 MTD 公司投资的阳朔—鹿寨高速公路、新加坡来宝集团投资的大洋粮油等项目进资明显。①

三、广西与越南的经济交往

与广西山水相连的东盟国家其实也只有越南,这种独特的区位优势使得后者在广西与东盟的经济交往中独占鳌头,连续十几年来一直是广西的第一大贸易伙伴,山水相接也使得边境贸易成为广西—越南贸易的重要组成部分,或者说是主体部分。

(一)贸易

中越关系的不断推进以及多重区域合作机制的建立,极大地促进了中越贸易的发展,更是让与越南山水相连的广西深受裨益,广西—越南贸易快速攀升。中越两国于 2000 年签订了《中华人民共和国和越南社会主义共和国关于两国在北部湾领海、专属经济区和大陆架的划界协定》,基本上解决了两国陆地和水上边界划分问题。2002 年中国宣布给予越南 MFN(最惠

① 苏必庆:《广西与东盟经贸合作收获"真金白银"》,广西新闻网,2012 年 8 月 30 日,http://news.gxnews.com.cn/staticpages/20120830/newgx503e9eb0—5960190.shtml.

国)待遇。同年朱镕基总理在金边与东盟十国首脑签订了《中国与东盟全面经济合作框架协议》。2003 年中国与东盟签订了自由贸易区协定。2004 年中越两国提出了"两廊一圈"合作构想,后来该合作又被置于 GMS 合作框架之下。2005 年广西又加入了 GMS 合作。这一系列的利好极大地推动了广西—越南贸易的发展。

1. 贸易额

总体而言,近年来广西与越南的贸易一直保持着超高速增长的势头,越南连续很多年一直是广西在东盟中最大的贸易伙伴,广西也日渐成为中越合作的"标杆"。从表 1-9 可以看出,广西—越南贸易额的基数较大,2004 年就达到了 7.5 亿美元,此后至 2012 年一直保持两位数的高速增长,2007 年的增速更是达到了 62.01%,2012 年贸易额达到了约 97.3 亿美元,8 年时间增长了约 12 倍。增长最为惊人的是广西对越南的出口,由 2004 年的约 4.5 亿美元,暴增至 2012 年的 82.7 亿美元,8 年时间内增长了约 17 倍。这充分说明,随着中国—东盟博览会的成功举办和发展,在中国对越南的出口中,广西的窗口作用获得了极大的提升。不过,广西从越南的进口却波动很大,两位数的正负增长都有出现,但总体上呈现较快的发展,总额由 2004 年的约 3 亿美元增至 2012 年的约 14.6 亿美元,增长了 3 倍多。正因为广西对越南进出口的增速不一致,整体上出口增速比进口增速快得多,所以贸易顺差快速扩大,由 2004 年的约 1.56 亿美元增至 2012 年的约 68.13 亿美元,增长了约 43 倍。

表 1-9 2004—2012 年广西与越南进出口贸易额

年度	出口		进口		进出口		顺差
	总额(万美元)	增长(%)	总额(万美元)	增长(%)	总额(万美元)	增长(%)	总额(万美元)
2004	45437	3.3	29815	32.3	75252	13.12	15622
2005	64388	41.7	34354	15.1	98742	31.14	30034
2006	74974	16.4	71712	108.1	146686	48.56	3262
2007	142374	89.9	95348	32.8	237722	62.01	47026
2008	226708	59.3	85685	−10.1	312393	31.71	141023

续表

年度	出口		进口		进出口		顺差
	总额（万美元）	增长（%）	总额（万美元）	增长（%）	总额（万美元）	增长（%）	总额（万美元）
2009	309757	36.6	88643	3.4	398400	27.50	221114
2010	407880	31.7	104935	18.3	512815	28.70	302945
2011	596118	46.2	161342	53.8	757460	47.70	434776
2012	827000	38.8	145700	−10.0	972700	28.40	681300

资料来源：李星谕：《广西与东盟国家贸易与其引进东盟国家投资的关系研究》，北京第二外国语学院国际硕士学位论文，2009年，第9～12页；农立夫：《越南经济平稳对广西是利好》，广西新闻网—广西日报，2013年5月30日，http://gx.people.com.cn/n/2013/0530/c352313−18770425−2.html.

　　如表1-10和图1-1所示，广西—越南贸易在广西—东盟贸易中所占的比重极大，占到了3/4以上。2004—2011年广西—越南贸易在广西—东盟贸易中所占的比重虽有所起伏，但总体上呈上升趋势，由2004年的75.2%增至2011年的79.2%，其中占比最高的2007年达到了81.7%。这一上升趋势还在继续，2012年广西对越南进出口额约97.3亿美元，增长28.4%，占同期广西对东盟进出口总额的80.7%。[①] 这充分说明广西的对外贸易严重依赖越南，广西迫切需要实现进出口市场多元化，以分散市场风险。

表1-10　2004—2011年广西与东盟国家进出口贸易额

单位：万美元

年度	2004	2005	2006	2007	2008	2009	2010	2011
东盟国家	100110	122403	182669	290846	398754	494773	652559	955824
文莱	52	54	86	92	116	215	270.2	451
缅甸	90	177	163	484	943	2320	1890.3	5620
柬埔寨	391	313	326	1843	1239	829	943.2	1771

---

　　① 农立夫：《越南经济平稳对广西是利好》，广西新闻网—广西日报，2013年5月30日，http://gx.people.com.cn/n/2013/0530/c352313−18770425−2.html.

续表

年度	2004	2005	2006	2007	2008	2009	2010	2011
印度尼西亚	6555	6452	9314	12272	29369	25860	49809	97284
老挝	4	57	246	283	200	182	356.6	894
马来西亚	7745	4227	5005	9382	15403	27121	25731	30085
菲律宾	1253	1499	4880	3966	8673	5395	7833.2	14818
新加坡	2284	5507	7793	13213	14446	18611	23919	20471
泰国	6483	5378	8170	11589	15973	15841	28992	26972
越南	75252	98742	146686	237722	312393	398400	512815	757460
越南占比	75.2%	80.7%	80.3%	81.7%	78.3%	80.5%	78.6%	79.2%

资料来源:李星谕:《广西与东盟国家贸易与其引进东盟国家投资的关系研究》,北京第二外国语学院硕士学位论文,2009年,第9~12页。

单位:万美元

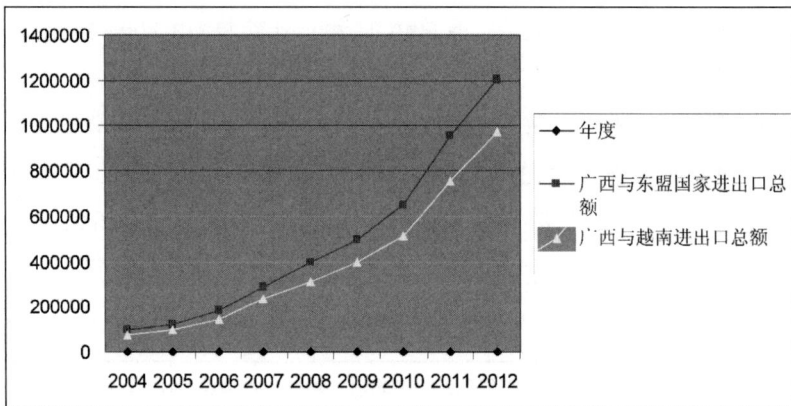

图 1-1　2004—2012 年广西与东盟国家及越南进出口贸易额的对比

资料来源:根据表 1-10 的相关数据编制。

2. 产品结构

随着广西—越南双边贸易的发展,贸易的商品结构也出现了很大的变化。总体而言,广西对越南出口的商品主要有 7 种,首要的是工业制成品,主要有机电设备、纺织品及服装、化工产品、贱金属及其制品、运输设备和杂项制品等。其次为资源密集型产品,诸如植物产品等。2002—2013 年广西对越南出口的机电设备、纺织品及服装和植物产品占了总出口额的 60％左右,其中纺织品及服装的出口额占广西对越南总出口额的比重从 2002 年的14.69％增至 2013 年的 52.10％,呈现不断上涨的趋势,位列出口的第一位;植物产品则从 23.27％减至 5.49％,而呈下降趋势;机电产品也从24.14％减至 15.16％,发展相对平稳。同时,广西从越南进口的商品主要有 6 种,首要的是自然资源密集型产品,诸如矿产品、植物产品、木材及木制品等;其次为工业制成品,诸如塑料制品、杂项制品、纺织品及服装等。2002—2013 年广西从越南进口的主要商品是矿产品和植物产品,其中矿产品的进口比重由 2002 年的 11.12％剧增至 2013 年的 50.04％,位列进口商品的第一位;植物产品位居第二,比重由 50.38％缩减为 28.16％。

大体上,广西对越南的出口以工业制成品为主,从越南的进口则以资源类的初级产品为主,双边贸易的互补性较为明显。不过,在农产品进出口方面,诸如植物产品,又存在一定的竞争性。总体上看,贸易的互补性相对更大,这是双边贸易持续、快速增长的内在动力。①

3. 贸易方式

广西—越南贸易的一个重要特征是边境贸易占了极大的比重,特别是其中的边境小额贸易。地理上的连接给边境贸易创造了前提。广西有 8 个边境县市与越南的广宁、谅山、高平、河江 4 个边境省接壤,沿陆上边境有东兴、凭祥、友谊关、水口、龙邦 5 个国家一类口岸,有 7 个国家二类口岸和近25 对边民贸易互市点,沿海还有 4 个边贸码头。其中凭祥、东兴、防城港是最主要的边境小额贸易口岸,占了广西边境小额贸易总额的 90％以上。

边贸形式也多样,呈现边民互市贸易、边境小额贸易和边境地方贸易三种形式并存,不过边境小额贸易是最主要的贸易形式。如图 1-2 所示,2004—2011 年广西与越南的贸易额不断攀升,其中边境小额贸易额也不断攀升,并始终占了贸易总额的绝大部分。诸如 2009 年,广西—越南边境小额贸易进出口总额达 31.2 亿美元,同比增长 54.9％,占广西外贸进出口总额的 21.96％。其中出口 23.41 亿美元,同比增长 89.7％,占广西外贸出口

---

① 李伊:《广西与越南贸易的竞争性与互补性研究》,《当代经济》2015 年第 14 期,第102～103 页。

总值的 27.96%；进口 7.79 亿美元，同比下降 0.2%，占广西外贸进口总额的 13.35%。边境小额贸易占广西—越南贸易总额的 78.31%，占广西与东盟贸易总额的 63.06%，为当时的历史最高纪录。[①] 2012 年 1—10 月广西—越南边境贸易额近 60 亿美元，同比增长 23.9%，其中边境小额贸易额占同期广西贸易总额的 26.2%，占同期广西—越南贸易额的 84%，[②] 所占比重相较于 2009 年又大为提升。

单位：万美元

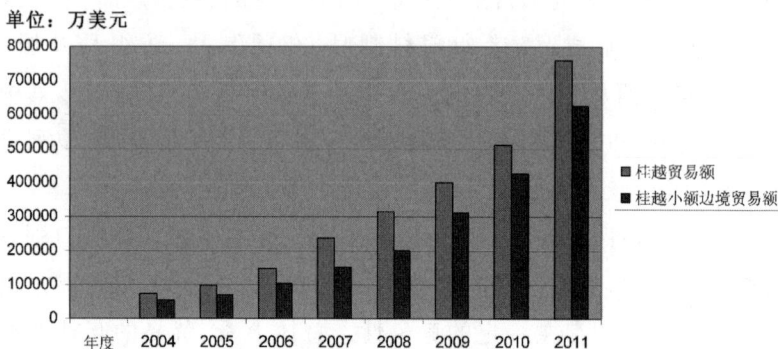

图 1-2　2004—2011 年桂越贸易与小额边境贸易额

资料来源：陈光龙：《越南与中国广西边境贸易研究》，首都经济贸易大学硕士学位论文，2012 年，第 21 页。

（二）投资

地理邻近使得投资者往来便利，中越两国在政治、经济、文化诸领域的诸多相同或相似点使得投资者更容易适应，这让广西与越南的相互投资享有更多的发展推动力。近年来，广西企业向越南"走出去"的步伐明显加快，积极在越南开展房地产、路桥、水电工程等承包业务。截至 2010 年，广西与越南已签订工程承包合同 149 份，合同额 5.44 亿美元，营业额 2.6 亿美元。此外，广西企业还广泛投资越南的商品贸易、农业、化工和矿产资源等行业。截至当年 6 月，广西批准在越南投资项目 114 个，协议投资额 2.1 亿美元，

---

① 徐剑斯：《促进广西边境贸易发展的思考》，《中国商界》2010 年第 19 期，第 87 页。

② 《广西与越南就推动双边边境贸易发展达成系列共识》，广西新闻网，2012 年 12 月 12 日，http://news.gxnews.com.cn/staticpages/20121213/newgx50c9058b—6590094.shtml.

中方协议投资额 1.54 亿美元。当时广西在越南最大的投资项目是广西明阳生化科技股份有限公司投资 5142 万美元设立的越南明阳生化有限责任公司。随着广西—越南经贸往来的加强,越来越多的越南企业也开始在广西投资办厂。截至 2010 年 6 月,越南在广西设立的外商投资企业累计 22 家,合同外资金额 9053 万美元,实际利用外资金额 1589 万美元,投资领域主要是制造业、科学研究和综合技术服务业。[①]

(三)经济合作

广西与越南的经济联系不仅限于贸易与投资,在双方政府的大力推动下,还开展了形式多样的经济合作。

1. 农业合作

广西的农业技术,特别是在水稻育种,果蔬、桑蚕、柑橘、剑麻、木薯、甘蔗等作物的种植管护,动植物防疫等方面具有较大优势。此外,广西自主创新并集成推广的"三免三避"、"间套种"、户用沼气等先进的农业农村适用技术在东盟国家也适用。依托自身的农业技术优势和人才资源,广西各级农业部门积极探索与东盟各国,特别是与越南边境地区开展农业技术交流,以提升中越边境地区农业产业发展和农业经济水平。近年来,越南新种桑园中 10% 的桑树是广西桑品种,饲养的蚕种也有 1/3 是广西的。广西农科院还在越南建立了"中越农业综合技术示范研究推广基地",开展杂交水稻组合和瓜菜品种的种植示范,分别试种中国和越南的水稻、瓜菜、蔬菜品种。广西种子公司也先后在越南开展了约 20 个水稻、玉米品种的试种示范,其中部分种子已通过越南审定。依托中越两国边境农业厅长联席会议平台,广西农业企业也纷纷加强与越南边境省份开展农业投资项目合作。龙州、宁明、大新、防城等地与越南下琅、海河等县签订了跨国合作种植甘蔗协议。2008 年至 2011 年,广西与越南边境各省累计合作种植甘蔗面积超过 6.5 万亩。广西格霖农业科技公司还与越南广宁、谅山两省农业与农村发展厅分别签署了全面开展马铃薯生产及销售合作框架协议。2011 年项目已进

---

① 王军伟:《越南成广西企业"走出去"重要目的地》,新华网,2010 年 9 月 9 日,http://news.xinhuanet.com/fortune/2010—09/09/c_12534708.htm.

入实质操作阶段,已从中国调运 50 吨脱毒马铃薯种薯赴越南进行规模种植。[①]

2. 旅游合作

近年来,广西与越南不断推进跨境旅游便利,开辟海上旅游线路,共同培育中越旅游品牌,培训旅游人才等合作措施。2008 年 3 月广西与越南河内、广宁、谅山三省市签署了《中越边境旅游管理合作备忘录》,合作开拓越南北部至广西南部的跨国旅游市场。已开通的北海至越南下龙、河内的海上旅游航线,成为当时中国唯一允许凭边境通行证出国旅游的线路。2009 年 2 月中国政府批准凭祥正式恢复边境旅游异地办证试点工作,使得中越旅客出入境更为便捷。2011 年 3 月,广西正式实施公民参团赴越南边境旅游办理出入境通行证即时收理、当天办结工作制。[②] 2013 年上半年,广西北海、防城港、崇左、百色 4 个城市的 6 个口岸启动了异地办证业务,东兴口岸借助国家重点开发开放试验区,取得了外国人落地签证的政策,所有这些都进一步深化了广西与越南的旅游合作。合作成效也非常显著,越南是广西最大的旅游客源国,2012 年广西接待的越南游客近 50 万人次,同时经广西到越南的中国游客也快速增加,2012 年广西的旅行社组织了 17.24 万名中国游客去越南旅游。[③]

3. 能源合作

广西与越南在能源领域的合作也在逐步展开。2005 年 12 月广西电力工程建设公司承揽的越南海防火电厂一期项目开工。2006 年初广西与越南签订煤炭贸易战略性合作协议,为广西与越南开展包括煤炭等能源的合作打下了良好基础。2007 年 10 月广西国电崇左发电有限公司与越南对外贸易运输总公司签署《投资合作建设崇左火电厂协议书》,正式启动装机容量 240 万千瓦的中越合资崇左火电厂项目一期工程。

4. 交通合作

在中越"两廊一圈"跨国次区域经济合作继续推进,大力促进公路、铁路建设的前提下,广西与越南进一步加强交通基础设施建设合作,重点建设便

---

① 覃柳丹:《桂越农业合作"两头甜"》,《农家之友》2012 年第 1 期,第 17 页。

② 吕余生、王士威:《中国—东盟年鉴 2012》,北京:线装书局,2012 年,第 182~183 页。

③ 《广西多方面加强与越南的旅游合作》,国家旅游局网站,2013 年 10 月 17 日,http://www.cnta.gov.cn/html/2013-10/2013-10-17-11-3-07221.html。

捷高效的高速公路,提升铁路运力,开通直达的客货车。至 2010 年底广西通往越南所有一类口岸的公路全部改造为二级以上公路,主要工程项目包括南宁—友谊关、百色—罗村口、南宁—百色、隆林—百色、崇左—防城,崇左—靖西等高速公路;南宁—防城铁路和田东—靖西铁路也在建设中,建成后将成为广西通往东盟最早的两条高速铁路,其中田东—靖西铁路也是广西通往越南高平省的重要通道。[①]

第二节　其他沿海沿边省份外向型经济发展现状

一、广东省外向型经济发展现状

广东作为我国海外交通的窗口,历史悠久。改革开放以来,广东充分利用毗邻港澳的地理优势和中央赋予的特殊政策,积极实行外向型发展战略,参与国际分工和交换,承接发达国家与地区的产业转移,对外开放水平日益提升,经济长时间高速增长,成为我国经济发展最快的地区之一。

（一）进出口贸易

作为第一经济大省,也作为我国对外贸易的主要窗口,广东的进出口贸易额遥遥领先于国内其他省市。

1. 贸易额

表 1-11　近年来广东的进出口总额

单位:亿美元

年份	进出口总额	出口	进口	差额
2009	6111.18	3589.56	2521.62	1067.93
2010	7848.96	4531.91	3317.05	1214.86
2011	9133.34	5317.93	3815.41	1502.52
2012	9839.47	5740.59	4098.88	1641.71

资料来源:广东省统计局编:《广东统计年鉴 2013》,北京:中国统计出版社,2013 年,第 473 页。

[①]　吕余生、王士威:《中国—东盟年鉴 2012》,北京:线装书局,2012 年,第 184～185 页。

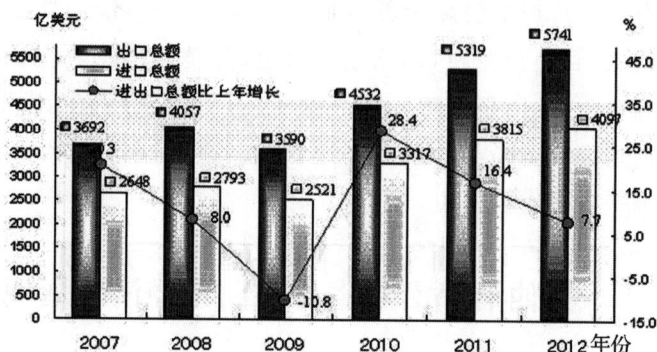

图 1-3   2007—2012 年广东的进出口总额及增速

资料来源:广东省统计局发布的《2012 年广东国民经济和社会发展统计公报》。

从表 1-11 可以看出,2009—2012 年广东的进出口贸易总额由 6111.18 亿美元猛增至 9839.47 亿美元,接近万亿美元的大关,平均每年增加了 1200 多亿美元,贸易顺差也逐年扩大,由 2009 年的 1067.93 亿美元增至 2012 年的 1641.71 亿美元,平均每年增长了近 200 亿美元。2014 年上半年,广东外贸进出口总额达到了 2.89 万亿元,同比下降 16.7%,但总量蝉联第一,并且比排名第二的江苏省的 1.68 万亿多了将近一倍。[①] 如图 1-3 所示,进出口增速也由 2009 年的负增长转为中高速增长,2010 年更是暴增 28.4%。

2. 商品结构

至于广东对外贸易的商品结构,从表 1-12 中可以看出来,2009—2012 年,广东的出口商品中农产品所占的份额极小,每年都低于总额的 1.5%;机电产品占了出口总额的大半,约占 70%,其中又以电器及电子产品为重头戏,约占该类产品出口额 55%,其次为机械及设备,约占该类产品出口额的 26%;剩下的为高新技术产品,其中又以计算机与通信技术为重头戏,占该类产品出口额的 80% 左右。

---

① 《上半年 31 省份外贸进出口排名出炉,广东蝉联第一》,中国贸易金融网,2014 年 8 月 20 日,http://www. sinotf. com/GB/News/1003/2014-08-20/4NMDAwMDE3ODg 4NA. html.

至于进口商品,如表 1-12 所示,其结构与出口商品有点类似,其中农产品所占的份额同样很低,不过相较于出口,其份额多出一倍,约为 3％;机电产品同样占了进口总额的大半,不过份额相较于出口略低,约为 60％以上,其中又以电器及电子产品为最大宗,占该类产品进口额的约 62％,其次为机械及设备,占该类产品进口额的 20％左右,第三为仪器设备,占该类产品进口额的约 13％;剩下的为高新技术产品,其中以电子技术产品为最大宗,占了该类产品进口额的 50％以上,其次为计算机与通信技术产品,占了该类产品进口额的 28％左右。

表 1-12　近年来广东按产品类型分的进出口额

单位:亿美元

年　份		2009	2010	2011	2012
出口总额		3589.56	4531.93	5317.93	5740.59
农产品		48.58	56.71	69.70	75.04
机电产品	合计	2501.36	3156.84	3597.19	3894.54
	金属制品	117.01	133.67	152.76	151.69
	机械及设备	659.76	867.14	943.67	1010.09
	电器及电子产品	1365.38	1704.46	1983.79	2151.00
	运输工具	73.11	112.87	135.98	133.06
	仪器仪表	126.71	172.15	186.86	251.18
	其他	159.38	166.56	194.12	197.51
高新技术产品	合计	1393.74	1753.39	1975.25	2213.70
	生物技术	0.05	0.07	0.14	0.08
	生命科学技术	10.74	13.26	15.16	16.73
	光电技术	72.13	102.20	102.97	152.66
	计算机与通信技术	1170.28	1448.96	1626.15	1693.16
	电子技术	122.38	162.74	200.17	316.41
	计算机集成制造技术	10.37	14.86	17.49	18.33
	材料技术	4.63	7.39	8.86	12.16
	航空航天技术	2.38	3.05	3.41	3.18
	其他	0.77	0.86	0.90	0.98

续表

年 份		2009	2010	2011	2012
进口总额		2521.62	3317.05	3815.41	4098.88
农产品		79.91	97.93	119.79	138.21
机电产品	合计	1576.77	2055.00	2266.18	2453.31
	金属制品	20.04	26.38	30.15	29.51
	机械及设备	297.12	407.40	454.46	460.32
	电器及电子产品	983.97	1256.87	1406.53	1525.33
	运输工具	62.18	77.20	74.43	72.97
	仪器仪表	200.69	270.26	282.08	337.04
	其他	12.78	16.89	18.54	28.15
高新技术产品	合计	1150.84	1489.79	1656.95	1860.68
	生物技术	0.65	0.50	0.70	0.92
	生命科学技术	11.61	14.43	17.44	20.20
	光电技术	138.03	183.90	188.22	240.66
	计算机与通信技术	303.46	384.11	469.72	539.25
	电子技术	621.45	790.21	848.76	930.42
	计算机集成制造技术	29.80	59.04	73.69	64.30
	材料技术	16.25	19.08	20.42	23.33
	航空航天技术	28.52	37.34	36.84	39.86
	其他	1.06	1.18	1.15	1.74

资料来源:广东省统计局编:《广东统计年鉴 2013》,北京:中国统计出版社,2013 年,第 475 页。

3. 进出口市场结构

作为全国最大的贸易省份,广东的进出口贸易覆盖了全球六大洲,不过分布并不均匀。从表 1-13 可知,广东出口的 55% 以上都流向了亚洲,并且这一比例逐年上升,至 2012 年达到了 60.3%,其中又以港澳地区为最大的出口对象,出口额占了广东出口总额 1/3 左右,这一比例也逐年上升,2012 年达到了 38.6%。北美洲是广东的第二大出口市场,出口额占了出口总额 17% 以上,但是这一比例逐年下降,由 2009 年的 20.4% 降至 2012 年的

17%,其中的绝大部分流向了美国,出口额差不多占了广东出口总额的
16%以上,这一比例也逐年下降,由 2009 年的 19.2%降至 2012 年的
15.9%。欧洲是广东的第三大出口市场,出口额占出口总额的 13.6%以
上,但这一比例逐年下降,由 2009 年的 16.4%降至 2012 年的 13.6%,其中
绝大多数流向了欧盟,出口额差不多占了广东出口总额的 12%以上,这一
比例也逐年下降,由 2009 年的 15%降至 2012 年的 11.9%。

广东进口贸易分布的不均衡性更为突出,从表 1-13 可知,广东进口的
3/4 以上来自亚洲,2009 年的比例更是高达 79.2%,其中中国台湾、日本和
东盟是三个最大的进口来源地,占广东进口总额的比例均在 11%以上,与
出口相反,广东从港澳地区的进口不到 2%。然而,广东从亚洲进口的比例
逐年下降,由 2009 年的 79.2%降至 2012 年的 74.5%,从中国台湾、日本和
东盟的进口也都呈下降趋势。非洲是广东增长最快的进口市场,2009—
2012 年进口份额增加了近 4 倍,并于 2012 年超过北美成为广东第三大进
口市场,当年的进口额占广东进口总额的 6.6%,而北美市场仅为 5.1%。

表 1-13　2009—2012 年广东的进出口市场结构

单位:亿美元

年份		2009		2010		2011		2012	
地区		金额	比重(%)	金额	比重(%)	金额	比重(%)	金额	比重(%)
出口总额		3589.56	100.0	4531.91	100.0	5317.93	100.0	5740.59	100.0
亚洲	总额	1972.06	55.0	2504.24	55.3	3069.93	57.5	3480.50	60.6
	港澳地区	1173.14	32.7	1542.96	34.0	1886.89	35.5	2216.08	38.6
	中国台湾	40.39	1.1	57.72	1.3	74.90	1.4	72.61	1.3
	日本	174.9	4.9	216.39	4.8	247.71	4.7	268.37	4.7
	东盟	268.29	7.5	313.30	6.9	378.95	7.1	397.06	6.9
	中东十七国	151.56	4.2	171.89	3.8	216.42	4.1	206.02	3.6
非洲		101.97	2.8	120.58	2.7	144.77	2.7	144.84	2.5

续表

年份		2009		2010		2011		2012	
欧洲	总额	587.98	16.4	741.72	16.4	827.78	15.6	783.25	13.6
	欧盟	539.93	15.0	667.32	14.7	729.43	13.7	685.69	11.9
	俄罗斯	24.74	0.7	45.48	1.0	61.91	1.2	64.54	1.1
拉丁美洲		135.78	3.8	203.46	4.5	262.07	4.9	272.49	4.7
北美洲	总额	733.80	20.4	894.62	19.7	940.90	17.7	974.72	17.0
	美国	688.65	19.2	838.53	18.5	881.44	16.6	910.96	15.9
大洋洲及其他		56.97	1.6	67.29	1.5	82.48	1.6	84.78	1.5
进口总额		2521.62	100.0	3317.05	100.0	3815.41	100.0	4098.88	100.0
亚洲	总额	1996.77	79.2	2610.49	78.7	2896.36	75.9	3054.68	74.5
	港澳地区	42.04	1.7	60.84	1.8	63.50	1.7	79.22	1.9
	中国台湾	345.44	13.7	438.43	13.2	448.45	11.8	513.71	12.5
	日本	360.70	14.3	465.92	14.0	484.07	12.7	451.84	11.0
	东盟	364.73	14.3	492.97	14.9	552.60	14.5	526.59	12.8
	中东十七国	80.49	3.2	108.79	3.3	143.29	3.8	143.04	3.5
非洲		35.00	1.4	61.52	1.9	155.39	4.1	269.03	6.6
欧洲	总额	237.76	9.4	300.21	9.1	343.13	9.0	339.86	8.3
	欧盟	198.56	7.9	262.20	7.9	289.58	7.6	262.31	6.4
	俄罗斯	19.09	0.8	15.17	0.5	18.26	0.5	12.96	0.3
拉丁美洲		65.41	2.6	95.29	2.9	105.90	2.8	107.67	2.6
北美洲	总额	137.01	5.4	169.96	5.1	191.72	5.0	209.58	5.1
	美国	120.11	4.8	144.97	4.4	162.95	4.3	182.34	4.4
大洋洲及其他		49.67	2.0	79.59	2.4	122.91	3.2	118.06	2.9

资料来源：广东省统计局编：《广东统计年鉴2013》，北京：中国统计出版社，2013年，第477～478页。

（二）投资

广东不仅是贸易大省，也是工业生产大省，有大量外资流入广东，同时广东企业也大量走出去，到世界各地投资，同时广东各级政府为了大力推动外向型经济发展，也积极拓展与其他国家和地区的经济合作。

1. 投资额

作为一个外向型经济发达的省份，广东所吸引的外资金额以及对外投资的金额相对而言均在全国领先。就吸引外资而言，如表1-14所示，2000年广东所签订的外资项目达到了16879个，随后虽然数量有所波动，但整体上呈现下降趋势，至2012年降为6263个。与签订的外资项目数量变化正好相反，外商直接投资项目自2000年开始一路攀升，虽然中途波动较大，但整体上呈现上升趋势，由当年的4245个增至2012年的6043个。这两个变化趋势正好说明，广东外资合同的执行率不断提升。至于利用外资的合同金额，其变化与外商直接投资项目的变化基本一致，由2000年的约111亿美元攀升至2007年的约365亿美元，随后降至2009年的约182亿美元，随后又逐年上升至2012年的约354亿美元。而实际利用外资的变化又与合同外资的变化不一致，由2000年的约146亿美元逐年增至2003年的约189亿美元，2004年骤降为约129亿美元后又逐步增至2012年的约241亿美元。

表1-14　2000年以来广东的利用外资情况

年份	签订项目（个）	外商直接投资	合同外资额（万美元）	外商直接投资	实际利用外资（万美元）	外商直接投资
2000	16879	4245	1108598	868393	1457466	1223720
2001	13198	5317	1580386	1343463	1575526	1297240
2002	11706	6613	1890108	1617119	1658946	1311071
2003	11472	7306	2446711	2178926	1894081	1557779
2004	10530	8322	2217800	1936046	1289900	1001158
2005	11786	8384	2675695	2374365	1517358	1236391
2006	11276	8452	2838923	2456820	1780780	1451065
2007	11705	9506	3646583	3393817	1961771	1712603
2008	8980	6999	3071447	2863991	2126657	1916703

续表

年份	签订项目（个）	外商直接投资	合同外资额（万美元）	外商直接投资	实际利用外资（万美元）	外商直接投资
2009	5693	4346	1824109	1755834	2028688	1953460
2010	6022	5641	2516987	2460075	2102646	2026098
2011	7289	7035	3485492	3469238	2232847	2179836
2012	6263	6043	3544579	3499424	2410578	2354911

注：1.2002年起外商直接投资统计口径调整，企业投资总额内的境外借款只包括外方
股东贷款。

2.2004年实际利用外商直接投资统计口径作了调整，与2003年以前的年份不
可比。

3.2004年起签订项目数、合同外资额、实际利用外资不包括对外借款。

资料来源：广东省统计局编：《广东统计年鉴2013》，北京：中国统计出版社，2013年，第
497页。

至于广东的对外投资，据商务部《中国对外投资合作发展报告2011—2012》所作的统计，2011年广东非金融类对外直接投资规模继续扩大，全省全年经核准新设566家境外企业，新增中方协议投资额28.99亿美元，比2010年分别增长10.3%和47.3%。当年新批中方协议投资超千万美元的项目24个，投资额达18亿美元，占投资总额的62%，其中超亿美元项目2个，分别是广晟资产经营有限公司出资5.8亿美元收购澳大利亚卡利登资源公司（煤矿项目）和粤电集团出资2.5亿美元联合华能集团收购美国国际电力公司50%股权项目。当年对外直接投资流量36.33亿美元，位居全国首位，投资存量179.8亿美元。[①] 邻近的香港和东盟是广东重要的投资目的地。2011年广东在香港和东盟分别设立企业365家与34家，中方协议投资额为21.88亿美元与2.26亿美元，分别占全年广东全省对外直接投资总额的75.5%和7.8%。[②]

————————

① 中华人民共和国商务部：《中国对外投资合作发展报告2011—2012》，2012年12月，第75、153页。

② 中华人民共和国商务部：《中国对外投资合作发展报告2011—2012》，2012年12月，第75～76、153页。

2. 资金来源

广东的外资来源地和贸易对象一样,覆盖了世界六大洲,但各地所占的比重极不均衡。从《广东统计年鉴2013》的统计数据来看,2000—2012年广东签订的外资协议(合同)绝大多数是同亚洲国家或地区签订的,占了协议总数的82%以上,并且这一比例逐年攀升,至2012年达到了90%。其中中国香港是最主要的来源地,协议数占了广东所签协议总数的58%以上,并且这一比例逐年攀升,至2012年达到了75%;其次为中国台湾,但协议数占广东所签协议总数的比例逐年下降,由2000年的11%降至2012年的4%;第三为中国澳门,但协议数占广东所签协议总数的比例也呈下降趋势,由2000年的7%降为2012年的3%。此外,拉丁美洲的维尔京群岛,北美洲的美国以及大洋洲的萨摩亚也是比较重要的来源地。

从实际利用外资金额来看,亚洲同样是最主要的来源地,占广东实际利用外资总额的比例为70%左右,这一比例的变化虽然有所波动,但总体呈下降趋势,由2000年的76%降为2012年的71%。其中中国香港是第一大来源地,所投金额占广东实际利用外资总额的比例为60%左右。

以2012年为例,签订投资协议最多的国家或地区是香港,为数4525个,占广东所签利用外资协议总数的75%,第二多的为中国台湾,为数219个,第三多的为中国澳门,为数184个;实际投资最大的国家或地区为香港,为数约148亿美元,占广东实际利用外资总额的58%,排在第二位的是维尔京群岛,为数约21.7亿美元,占总额的8.6%,排在第三位的是新加坡,为数约11.7亿美元,占总额的4.6%;协议投资最多的也是香港,为数约242亿美元,占广东协议利用外资金额总数的70%,排第二位的是也维尔京群岛,为数约18.3亿美元,约占总额的5.2%,排在第三位的也是新加坡,为数约14亿美元,约占总额的4%。[①]

3. 外资流向

从表1-15可以看出,截至2012年底,广东外资流入最多的是制造业,注册企业达46949家,投资总额为2744亿美元,注册资本为1676.44亿美元,其中外方所投资本为1434.44亿美元,占外方所投资本总额的62%;外

---

① 广东省统计局编:《广东统计年鉴2013》,北京:中国统计出版社,2013年,第499~501页。

资流入第二多的行业为房地产业,注册企业为2638家,投资总额为586.98亿美元,注册资本为355.48亿美元,其中外方所投资本为291.39亿美元,约占外方所投资本总额的12.7%;外资流入第三多的行业为租赁和商业服务业,注册企业为4341家,投资总额为235.90亿美元,注册资本为157.73亿美元,其中外方所投资本为118.80亿美元,约占外方所投资本总额的5%;外资流入第四多的行业为批发和零售业,注册企业为9659家,投资总额为196.28亿美元,注册资本为121.75亿美元,其中外方所投资本为101.91亿美元。

表1-15　广东分行业外商投资企业工商注册登记情况(2012年末)

行　　业	企业数（户）	投资总额（亿美元）	注册资本（亿美元）	外方所投资本
总计	74551	4786.45	2832.69	2301.98
农、林、牧、渔业	1505	40.72	28.34	25.56
采矿业	43	6.46	3.35	3.75
制造业	46949	2744.08	1676.44	1431.44
电力、燃气及水的生产和供应业	313	297.70	102.43	51.60
建筑业	436	99.65	41.84	25.50
交通运输、仓储和邮政业	1860	215.58	109.08	68.65
信息传输、计算机服务和软件业	1821	57.97	38.27	35.18
批发和零售业	9659	196.28	121.75	101.91
住宿和餐饮业	999	62.53	40.50	33.33
金融业	81	37.15	33.38	25.14
房地产业	2638	586.98	355.48	291.39
租赁和商务服务业	4341	235.90	157.73	118.80
科学研究、技术服务和地质勘察业	2870	129.87	74.85	49.60
水利、环境和公共设施管理业	116	16.92	9.71	6.80
居民服务和其他服务业	476	20.06	13.54	11.92
教育	21	0.78	0.47	0.38
卫生、社会保障和社会福利业	25	3.10	1.86	1.32
文化、体育和娱乐业	299	27.19	17.19	14.79

续表

行　　　业	企业数（户）	投资总额（亿美元）	注册资本（亿美元）	外方所投资本
其他	108	7.53	6.46	5.93

　　资料来源：广东省统计局编：《广东统计年鉴2013》，北京：中国统计出版社，2013年，第504页。

（三）对外经济技术合作

　　广东作为中国对外开放的前沿地带，对外贸易大省和吸引外商投资大省，其对外经济技术合作也很密切。

1. 对外承包工程

　　从表1-16可以看出，就对外承包工程签订的合同数而言，自2000至2012年，数量起伏很大，2000年为86份，2005年竟有2061份，2012年又降为517份。但合同金额总体上呈现快速上升趋势，由2000年的3.66亿美元增至2012年的190.5亿美元。营业额也总体呈上升趋势，由2000年的3.45亿美元增至160.5亿美元。至于年末在外人数，也波动较大，不过整体上呈上升趋势，由2000年的634人增至2012年的3863人。

表1-16　2000年以来广东的对外经济技术合作

年份	对外承包工程			对外劳务合作			
	签订合同数（宗）	合同金额（万美元）	营业金额（万美元）	年末在外人数（人）	劳务人员合同工资总额（万美元）	劳务人员实际收入总额（万美元）	年末在外人数（人）
2000	86	36555	34515	634	12941	10777	19564
2001	250	53924	26192	641	13271	11752	30695
2002	165	64827	58986	643	19114	17059	18922
2003	193	97055	86898	730	23132	21926	21738
2004	801	168338	161287	856	27392	28315	17043
2005	2061	326752	247189	606	32762	30878	20469
2006	1625	458442	344170	752	41898	37030	27024

续表

年份	对外承包工程			对外劳务合作			
	签订合同数(宗)	合同金额(万美元)	营业金额(万美元)	年末在外人数(人)	劳务人员合同工资总额(万美元)	劳务人员实际收入总额(万美元)	年末在外人数(人)
2007	757	597733	546069	964	80824	62927	27880
2008	331	844352	686045	886	68209	58420	33691
2009	556	814859	758799	2105	54718	59469	33124
2010	605	986740	820815	4554	76575	58428	33901
2011	528	1343526	1134158	4017	46578	46445	38621
2012	517	1905053	1605342	3863	46643	38600	44301

注:1. 2009 年以后,"对外承包工程"包含"对外设计咨询";

2. 2011 年对外劳务统计口径调整。

资料来源:广东省统计局编:《广东统计年鉴2013》,北京:中国统计出版社,2013 年,第503 页。

2. 对外劳务合作

对外劳务合作也波动较大。就劳务人员合同工资总额而言,由 2000 年的 1.3 亿美元增至 2012 年的约 4.7 亿美元,但高峰期在 2007 年,达 8 亿多美元。劳务人员的实际收入总额同样波动很大,由 2000 年的 1 亿美元增至 2012 年的约 3.9 亿美元,但高峰期也在 2007 年,金额达 6.3 亿美元。年末在外人数也是如此,由 2000 年的 19564 人激增至 2001 年 30695 人,2002 年又骤降为 18922 人,至 2012 年又逐步增至 44301 人。

(四)深圳在广东外向型经济发展中的龙头作用

深圳、东莞、惠州、广州、佛山、中山、珠海、江门这珠江三角洲的 8 个城市无论在外向型经济总量还是发展水平上,均居广东前列,明显高于其它地区。该地区毗邻港澳,原来工农业生产基础较好,再加上中央赋予的优惠政策,改革开放后吸引了大量外商投资,建成了各种类型的保税区、加工区、经济技术开发区和高新技术产业区,形成了多层次、多功能、多形式的对外开

放格局,已成为广东乃至全国外向型经济发展水平最高的地区。深圳具有
优越的地理位置,享有特区优惠政策,在全国开放最早、开放度最大,因而外
向型经济最发达。

1. 进出口贸易

作为广东外向型经济发展的龙头,广东对外开放的窗口城市,深圳的进
出口贸易额占广东全省进出口贸易总额的比例很高,占了将近一半。2012
年,深圳市外贸进出口总值比 2011 年增长 12.7％,比全国高 6.5 个百分点,
比广东省高 5 个百分点,外贸进出口三项金额指标值均保持占全国的十分
之一以上。[①]

(1)贸易额

自 2009 至 2012 年,无论是进口还是出口,深圳每年都大幅领先广东其
他各市,并呈现出快速上升的发展势头。出口额自 2009 年的 1619.79 亿美
元增至 2012 年的 2713.56 亿美元,占广东总出口的份额大体在 46％左右,
几乎一半。进口额自 2009 年的 1081.75 亿美元增至 2012 年的 1954.47 亿
美元,占广东总进口的份额大体在 44％左右,2012 年则升至 48％,也占了
将近一半。深圳每年创造的贸易顺差也很庞大,2009—2012 年每年都超过
了 1000 亿美元,其中 2011 年更是达到了 1500 多亿美元。[②]

(2)开放格局

作为广东外向型经济发展的龙头,深圳市的开放格局更为全面,这一点
通过其一类口岸的开放使用情况便可窥知。深圳的版图并不大,但是在广
东各市中拥有最多的一类开放口岸,占了总数 58 个中的 17 个,约占 30％,
远多于排在第二位的珠海,后者拥有 8 个一类开放口岸。其中陆运口岸占
了总数 14 个中的 7 个,占了一半;水运口岸占了总数 39 个中的 9 个,约占
23％。水、陆、空全面开放,众多一类开放口岸同时使用,极大地促进了深圳
外向型经济的发展。[③]

2. 外商投资

深圳的外向型经济如此发达,在广东的进出口贸易中独占鳌头,与深圳

———————

① 深圳市统计局:《深圳市统计年鉴 2012》,北京:中国统计出版社,2013 年,第 298 页。

② 广东省统计局编:《广东统计年鉴 2013》,北京:中国统计出版社,2013 年,第 486～
487 页。

③ 广东省统计局编:《广东统计年鉴 2013》,北京:中国统计出版社,2013 年,第 505 页。

吸引的外商投资密不可分。深圳吸引的外商投资数额巨大,外商投资企业直接拉动了深圳的进出口贸易。

(1)外商投资额

深圳外向型经济发展的龙头作用还表现在其吸引外资方面。2011年广东全省签订的外商投资项目共有7035个,其中有2513个在深圳,约占总数的36%,2012年深圳所占的比重更高,即占了总数6043个中的2428个,超过了40%。至于合同外资额,2011年广东全省约347亿美元,其中76.3亿美元流向了深圳,约占总额的22%。实际利用外资的金额也不小,2012年广东全省实际利用外资约235.5亿美元,其中约52.3亿美元投在深圳,约占总数的22.2%。[①]

从广东各市外商投资企业工商注册登记来看,截至2012年末,广东全省共有74551家外商投资企业注册登记,其中23275家落户在深圳,约占总数的31.2%;投资总额为4786.45亿美元,其中深圳的外商投资企业投了1090.97亿美元,约占总数的22.8%;注册资本总额为2832.69亿美元,其中深圳的外商投资企业注册资本为640.76亿美元,约占总数的22.6%;外方投资总额为2301.98亿美元,其中深圳的外商投资企业投了512.35亿美元,约占总数的22.3%。[②]

(2)外商投资企业对进出口贸易的贡献

2009—2012年深圳外商投资企业的出口总额由2009年的925.15亿美元攀升至2012年的1401.59亿美元,占广东全省外商投资企业出口总额的比重在41%至43%之间浮动。进口的情况大体相似,2009—2012年深圳外商投资企业的进口总额由2009年的732.20亿美元增至2012年的945.24亿美元,占广东全省外商投资企业进口总额的比重在41%至46%之间浮动。可见外商投资企业对深圳的进出口贸易贡献极大。[③]

二、福建省外向型经济发展现状

福建地处祖国东南沿海,台湾海峡西岸,自古在中国的对外经济往来中

---

① 广东省统计局编:《广东统计年鉴2013》,北京:中国统计出版社,2013年,第502页。
② 广东省统计局编:《广东统计年鉴2013》,北京:中国统计出版社,2013年,第504页。
③ 广东省统计局编:《广东统计年鉴2013》,北京:中国统计出版社,2013年,第488页。

占据重要地位。改革开放 30 年来,福建充分利用率先开放、政策先行的对外开放优势,发挥侨、台、海、特的省情,以改革促开放,以开放带发展,积极发展外向型经济,使福建从昔日封闭、半封闭的海防前哨变成中国对外开放的前沿、中国经济发展最快和最具活力的地区之一,对外经贸主要指标跻身全国前列。

(一)进出口贸易

福建作为东南沿海省份,发展进出口贸易具有明显的优势,尤其近年来其对外贸易增长强劲,2012 年福建省的进出口额、出口、进口额分别位列全国第 7、第 6、第 8 位,[①]外贸规模位居国内前列。

1. 贸易额

由表 1-17 可知,自 2000 至 2012 年,福建的进出口贸易总额由 212 亿美元暴增至约 1560 亿美元,增长了近 7 倍。其中出口由 129 亿多美元猛增至 978 亿多美元,增长了近 7 倍;进口由 83 亿多美元增至 581 亿多美元,增长了 6 倍。贸易顺差也由约 46 亿美元猛增至 397 亿多美元,增长了近 8 倍。

表 1-17　2000—2012 年福建的进出口总额

年份	进出口总额 (万美元)	出口	进口	进出口总额 (人民币万元)	出口	进口
2000	2122332	1290828	831504	17568664	10685474	6883190
2001	2262601	1392232	870369	18729811	11524896	7204915
2002	2839882	1737086	1102796	23508543	14379598	9128945
2003	3532551	2113173	1419378	29242457	17492846	11749611
2004	4752704	2939476	1813228	39338131	24330043	15008088
2005	5441130	3484195	1956935	44572105	28541480	16030625
2006	6295921	4126174	2139747	49375457	32514251	16861206
2007	7445081	4994039	2451042	56612396	37974673	18637723
2008	8482094	5699184	2782910	58908991	39581403	19327588

---

① 《2012 年福建省外贸进出口突破 1500 亿美元》,福州海关,2013 年 1 月 22 日,http://fuzhou.customs.gov.cn/publish/portal123/tab63612/info414565.htm.

续表

年份	进出口总额（万美元）	出口	进口	进出口总额（人民币万元）	出口	进口
2009	7964937	5331902	2633034	54408483	36422225	17986258
2010	10878027	7149313	3728715	73638807	48397273	25241534
2011	14352244	9283779	5068465	92698273	59962074	32736199
2012	15593796	9783259	5810536	98435836	61756825	36679010

资料来源：福建省统计局编：《福建统计年鉴2013》，北京：中国统计出版社，2013年，第144页。

2. 贸易方式

从表1-18可知，就出口贸易而言，2000—2012年所占份额最多还是一般贸易，并且占出口总额的份额不断提升，自2000年的47％增至2012年的69％。排在第二位的为进料加工贸易，但所占份额呈下降趋势，由2000年的40％降为2012年的22.6％。就进口而言，一般贸易占进口总额的份额急剧攀升，由2000年的32.6％激增至2012年的65.8％。相反，进料加工贸易在进口总额中所占的份额则逐步下降，由2000年的43％降为2012年的19.7％。

表1-18　按主要贸易方式分福建的进出口商品贸易额

单位：万美元

年　份	2000	2005	2010	2011	2012
出口总额	1290828	3484195	7149313	9283779	9783259
一般贸易	609737	1674278	4384049	6324439	6756271
来料加工贸易	114888	185823	380759	382092	340166
进料加工贸易	519328	1434781	979050	2137475	2212979
保税监管场所进出境货物	—	—	—	159550	131084
海关特殊监管区域物流货物	—	—	—	241149	290036

续表

年　份	2000	2005	2010	2011	2012
进口总额	831504	1956935	3728715	5068465	5810536
一般贸易	271095	755531	1924371	3018112	3824261
来料加工装配贸易	59377	149781	528723	499693	410707
进料加工贸易	358368	697131	911150	1056258	1146271
来料加工装配进口的设备	246	1345	2492	3053	445
外商投资企业作为投资进口的设备、物品	80631	86086	71502	107666	61206
保税监管场所进出境货物	—	—	—	213796	186382
海关特殊监管区域物流货物	—	—	—	125653	148299
海关特殊监管区域进口设备	—	—	—	1097	1697

资料来源:福建省统计局编:《福建统计年鉴2013》,北京:中国统计出版社,2013年,第145页。

3. 贸易对象

从表1-19可以看出,2000年排在前五位的出口对象国或地区分别为美国、日本、香港、德国和新加坡,其中美国以约31.9亿美元居首,新加坡以约3.36亿美元居第五。2012年,福建排在前五位的出口对象国或地区分别为美国、香港、日本、德国和菲律宾,其中美国以179亿美元仍居首位,菲律宾以35亿美元居第五位。前后对比,一个最突出的变化就是对菲律宾出口增长十分迅速,从2000年的1369万美元猛增至2012年的35亿多美元,12年间增长约255倍,福建邻近菲律宾的区位优势得到了充分的发挥。

表 1-19　按主要国别(地区)分福建的出口商品贸易额

单位:万美元

年　份	2000	2005	2010	2011	2012
总　计	1290828	3484195	7149313	9283779	9783259
亚洲 小计	598838	1451213	2902323	3867565	4373104
中国香港	150910	287749	455702	618100	833593
中国澳门	1712	1049	2998	3242	7154
日本	235623	575271	540847	655987	625551
菲律宾	1369	42498	167682	231826	350049
泰国	9247	26149	93315	124803	154440
马来西亚	17160	47458	194220	244092	304194
新加坡	33553	64781	112406	165183	188189
阿拉伯联合酋长国	13850	54608	121220	171988	207758
欧洲 小计	243597	782456	1640547	2119722	1963290
德国	50336	129290	338727	441026	382067
法国	17232	51731	110858	140918	122815
意大利	20560	59350	125495	152698	125986
芬兰	2243	11766	20697	25260	28291
英国	32751	86154	187950	257310	258943
丹麦	3295	11986	29589	38239	35971
瑞典	4921	14360	24651	30715	29689
瑞士	2219	30875	14742	17612	15228
西班牙	16783	50610	112045	137874	120789
北美洲 小计	342526	934389	1605509	1955960	1934377
加拿大	23586	70914	118966	145776	143730
美国	318940	863366	1486505	1810163	1790617
大洋洲 小计	22229	58104	133950	179695	198859
澳大利亚	19539	49842	114185	151178	169885
拉丁美洲及非洲	83638	258032	864546	1160836	1311171

资料来源:福建省统计局编:《福建统计年鉴2013》,北京:中国统计出版社,2013年,第147页。

从表 1-20 可以看出,2000—2012 年福建的主要进口对象有着很大的变化,2000 年排在前五位的进口对象国或地区分别为日本、美国、香港、马来西亚和德国,其中日本以约 13 亿多美元居首,德国以约 1.7 亿多美元居第五。2012 年,福建排在前五位的进口对象国或地区分别为美国、日本、澳大利亚、泰国和德国,其中美国以 46.9 亿美元仍居首位,德国以 14.2 亿美元居第五位。前后对比,一个最突出的变化就是从澳大利亚的进口增长十分迅速,从 2000 年的 9636 万美元猛增至 2012 年的 19.3 亿多美元,12 年间增长约 20 倍。

表 1-20　按主要国别(地区)分福建的进口商品贸易额

单位:万美元

年　份		2000	2005	2010	2011	2012
总　计		831504	1956935	3728715	5068465	5810536
亚洲	小计	625345	1397806	2466713	3108327	3835701
	中国香港	28314	20269	16226	36434	50134
	中国澳门	220	8	33	81	14
	日本	131488	248474	363345	347073	341505
	菲律宾	3934	27452	38813	56253	81915
	泰国	14143	34576	122670	136284	142474
	马来西亚	28086	77553	121207	136284	123658
	新加坡	13641	50249	51225	55521	66580
	阿拉伯联合酋长国	3788	4144	2258	3634	10882
欧洲	小计	88734	205506	436401	677581	596916
	德国	17143	61429	121344	163144	142261
	法国	4959	10947	26250	67781	46647
	意大利	9633	21073	40692	55306	46353
	芬兰	2277	6635	10893	18268	19442
	英国	15857	29740	37122	42404	42649
	丹麦	1632	3251	4216	5305	5654
	瑞典	2963	5114	9386	21821	14030
	瑞士	6064	14145	8924	63671	73046
	西班牙	3157	6017	31233	29548	28716

续表

年 份		2000	2005	2010	2011	2012
北美洲	小计	86030	209506	420234	560398	575509
	加拿大	6106	16665	46738	99649	106423
	美国	79910	192836	373471	460744	468973
大洋洲	小计	12342	27841	108206	239567	229303
	澳大利亚	9636	22275	86550	206518	193348
拉丁美洲及非洲		19053	116276	296951	482405	572736

资料来源:福建省统计局编:《福建统计年鉴2013》,北京:中国统计出版社,2013年,第148页。

(二)投资

作为外向型经济较为发达的省份,福建在吸引外资方面也表现突出,所吸引的外商投资金额在近年呈上升趋势,外资来源地也较为多样。同时福建的企业也积极"走出去",前往海外投资。

1. 投资额

至于福建的利用外资情况,如表1-21所示,2000年以来福建所签订的外资项目数起伏很大,但总体上呈下降趋势,由2000年的1463个减至2012年的916个,最高峰的2004年多达2277个。相较于合同数的起伏变化,2000—2012年福建利用外资的合同金额并不一致,除了个别年份有轻微回落,总体上呈增长趋势,由2000年的43亿美元增至2012年的93亿美元。特别值得一提的是,虽然2012年福建省所签订的合同数为历年最少,但是吸收的合同外资金额却是历年最高,这说明近些年福建所吸引的大型投资在增多,合同的执行率在提升。

至于实际利用外资,福建实际利用外资的变化又与合同外资的变化不相一致,2004—2012年一直保持较大幅度的增长,由22.2亿美元增到63.4亿美元,达到历年来的最高值,而且一直呈比较稳健的增长趋势,这说明近年来福建省在利用外商投资工作方面比较务实。

表 1-21　2000—2012 年福建外商直接投资合同数和合同金额

年　份	合同数	合同外资 （万美元）	实际利用外资 （万美元）
2000	1463	431373	
2001	1670	500717	
2002	1825	390089	
2003	2274	477321	
2004	2277	537299	222120
2005	1988	595715	260775
2006	2164	862069	322047
2007	1722	867422	406058
2008	1101	715201	567171
2009	939	536095	573747
2010	1139	737557	580279
2011	1039	921880	620111
2012	916	929083	633774

资料来源：福建省统计局编：《福建统计年鉴 2013》，北京：中国统计出版社，2013 年，第 153、158 页。

福建企业也不断向海外投资。2013 年福建对外直接投资流量 9.52 亿美元，居全国第 9 位。截止到 2013 年末，福建对外直接投资存量近 40 亿美元，居全国第 9 位；设立境外直接投资企业 908 家，居全国第 7 位。2014 前三季度，福建核准对外直接投资项目 174 个，投资额 19.6 亿美元，同比增长 2.9 倍。其中新设境外企业和分支机构 145 家，同比增长 68.6%；投资额 14.6 亿美元，同比增长 3.9 倍；境外企业增资项目 29 个，同比增长 31.8%；增资额 5 亿美元，同比增长 1.5 倍。据福建省商务厅官员分析，福建对外投资剧增主要是受到大项目带动影响，福耀集团在美国投资建设汽车玻璃项目就是显著的一例。①

①　罗钦文：《福建对外投资剧增，今年前三季度近 20 亿美元》，中国新闻网，http://www.chinanews.com/cj/2014/10—16/6685463.shtml.

2. 资金来源

福建所签订的外资合同大多数是同亚洲国家或地区签订的,2000年的占比为58%、2005年为62%,至2012年降成了44%,整体上呈下降趋势。香港是福建最主要的外资来源地,所签合同数占福建所签合同总数的比例,2000年为41%,2005年达到46.3%,近年来有所下降,2012年仅为34.6%;其次为美国,所签合同数占福建所签合同总数的比例起伏不定,但总体呈下降趋势,由2000年的5.4%降为2012年的3.2%。此外,与新加坡和日本所签的合同也不少。

从合同金额来看,亚洲是最主要的来源地,占福建实际利用外资总额的比例在70%左右,2000年为62%,2009年达到83.8%,2012年降到了61%。香港是第一大来源地,所投金额占福建利用外资总额的比例大体为64%左右。

以2012年为例,签订合同数最多的国家或地区是香港,为数317个,占福建所签外资合同总数的34.6%,第二多为美国,为数29个,第三多的为新加坡,为数28个;所签合同金额最多国家或地区为香港,为数53亿美元,占福建所签合同外资总额的57.1%,排在第二位的是新加坡,为数2.2亿美元,占总额的4.2%,排在第三位的是澳大利亚,为数1.3亿美元,占总额的1.4%。[①]

至于实际利用的外资,亚洲同样是最主要的来源地,占福建实际利用外资总额的比例也起伏较大,2000年为47%,2011年为68%,2012年为58%。香港仍是第一大来源地,以2012年为例,实际投资最大的国家或地区为香港,为数15.2亿美元,占福建实际利用外资总额的53.7%,排在第二位的是英属维尔京群岛,为数4.8亿美元,占总额的7.5%,排在第三位的是新加坡,为数1.2亿美元,占总额的0.2%。[②]

3. 外资流向

福建外资流入最多的是制造业,以2012年为例,注册企业多达12362家,注册投资总额为946.2亿美元,制造业的投资总额在近年来呈强劲增长

---

① 福建省统计局:《福建统计年鉴2013》,北京:中国统计出版社,2013年,第157页,或根据该页的数据计算而来。

② 福建省统计局:《福建统计年鉴2013》,北京:中国统计出版社,2013年,第159页,或根据该页的数据计算而来。

趋势,由 2005 年的 472.7 亿美元增长到 2012 年的 946.3 亿美元,增长率约为 100%;外资流入第二多的行业为房地产业,2012 年注册企业数仅为 1066 家,注册投资总额近 170 亿美元,房地产业的投资总额在 2009 年之前呈波动、小幅增长的趋势,但在 2009 年以后呈稳健的增长趋势,由 2009 年的 138.6 亿美元增长到 2012 年的 170 亿美元;外资流入第三多的行业为纺织服装、鞋、帽制造业,值得一提的是虽然这一行业的投资总额在 2006—2012 年之间一直呈上升趋势,由 71.6 亿美元增长到 108.6 亿美元,但是在 2009 年以后增长趋势明显放缓,远不如前述两个产业的增速;外资流入第四多的行业为通信设备、计算机及其他电子设备制造业,这一行业的投资总额由 2005 年的约 35 亿美元增长到 2012 年的约 97.3 亿美元,增长率为 178%。说明近年来劳动密集型的产业流入的外资额减少,流入技术含量和附加值较高的技术产业的外资额大大增加。[①]

（三）对外经济技术合作

至于对外承包工程,2000—2012 年的合同金额虽然波动比较大,但总体上也是呈上升趋势,由 2000 年的 1.2 亿美元增至 2012 年的 5 亿美元。至于对外劳务合作,劳务人数总体上呈波动且下降的趋势,由 2000 年的 53685 人减为 2012 年的 33375 人;劳务人员的合同工资总额呈波动且上升的趋势,由 2000 年的 3 亿美元增至 2012 年的 5.3 亿美元。[②]

（四）厦门在福建外向型经济发展中的龙头作用

厦门具有优越的地理位置又享有国家优惠政策,外向型经济在福建最为发达,2013 年外贸综合竞争力稳居全国百强城市前 5 位。

1. 进出口贸易

自 2000 年至 2012 年,无论是进口还是出口,厦门每年都大幅领先福建其他城市,而且呈现快速上升的发展势头。进出口总额自 2000 年的 100 亿美元增加到 2012 年的 745 亿美元,增长了近 6.5 倍,几乎占福建进出口总

---

① 福建省统计局:《福建统计年鉴 2013》,北京:中国统计出版社,2013 年,第 160~162、166~168 页。

② 福建省统计局:《福建统计年鉴 2013》,北京:中国统计出版社,2013 年,第 170 页。

额的一半。出口额由 2000 年的 58.8 亿增加到 2012 年的 454 亿,除了在 2009 年有轻微回落,其余年份一直保持稳定增长,占福建总出口份额的一半左右。进口额总体呈上升趋势,尤其是自 2009 年之后呈现较强劲的增长趋势,由前一年的 156 亿美元增长到 217 亿美元,而且这一数字直到 2012 年一直保持增长,达到 291 亿美元,为历年最高值,占当年福建总进口份额的 50%。厦门每年创造的贸易顺差也很庞大,自 2007 年之后每年都超过了 100 亿美元,其中 2012 年更是达到了 163 亿美元。[①]

2. 外商投资

厦门的外向型经济高度发达,在福建的外向型经济中处于领军地位,与厦门吸引的外商投资密不可分。厦门吸引的外商投资数额较大,外商投资企业直接拉动了厦门的进出口贸易。

(1)外商投资额

厦门外向型经济发展的龙头作用同时表现在其吸引外资方面。从表 1-22 可以看出,厦门所签订的外资合同数占福建所签订的外资合同总数的比例较高,尤其是 2008—2012 年占到了三分之一以上,2012 年更是达到了 36.1%。至于合同金额,2008—2012 年厦门约占福建总额的四分之一左右,实际利用金额约占三分之一。

表 1-22　厦门在福建合同数、合同外资、直接利用外资额方面的情况表

年份	合同数			合同外资(万美元)			直接利用外资额(万美元)		
	福建	厦门	占百分比	福建	厦门	占百分比	福建	厦门	占百分比
2000	1463	259	17.7	431373	100400	23.2	380386		
2001	1670	343	20.5	500717			391804		
2002	1825	380	20.8	390089			424995		
2003	2274	374	16.4	477321			499329	42200	8.5
2004	2277	435	19.1	537299			222120		
2005	1988	364	18.3	595715	129492	21.7	260775	70740	27.1
2006	2164	569	26.3	862069			322047		

---

① 福建省统计局:《福建统计年鉴 2013》,北京:中国统计出版社,2013 年,第 171～173 页。

续表

年份	合同数			合同外资(万美元)			直接利用外资额(万美元)		
	福建	厦门	占百分比	福建	厦门	占百分比	福建	厦门	占百分比
2007	1722	472	27.4	867422			406058		
2008	1101	355	32.2	715201	190847	26.7	567171	204244	36
2009	939	325	34.6	536095	139531	26	573747	168674	29.4
2010	1139	398	35	737557	166157	22.5	580279	169651	29.2
2011	1039	368	35.4	921880	225037	24.4	620111	172583	27.8
2012	916	331	36.1	929083	225010	24.2	633774	177453	28

资料来源:根据《福建统计年鉴2013》的相关统计数据整理并计算而得出。

(2)外商投资企业对进出口贸易的贡献

据厦门海关统计,2008年第一季度厦门关区进出口总值150亿美元,比2007年同期增长27%,其中出口96亿美元,增长20.3%,增势较为平稳;进口54亿美元,增长41.1%,增幅为近3年来最高;一般贸易仍占主导,进出口总值75.8亿美元,增长22.3%,占厦门关区进出口总值的50.5%;加工贸易进出口总值58.8亿美元,增长36%。外商投资企业进出口总值95.9亿美元,增长31.3%,在厦门关区各类型企业中增速最快,占同期厦门关区进出口总值的63.8%。私营企业进出口29.8亿美元,增长25.6%,占同期厦门关区进出口总值的19.8%。国有企业进出口22.6亿美元,增长16.4%,占同期厦门关区进出口总值的15%。[1]可见,外商投资企业是推动厦门进出口贸易发展的主力军。

三、浙江省外向型经济发展现状

浙江省地处东南沿海,素有"鱼米之乡"的美誉。改革开放以来,浙江凭借良好的区位优势、深厚的文化积淀成为国内经济社会发展势头最好、居民生活水平较高的省份之一。而宁波则成为拉动整个浙江省外向型经济发展的龙头。

---

[1] 刘频:《厦门外资企业进出口总值快速增长》,《中国国门时报》2008年4月16日,第7版。

（一）进出口贸易

浙江作为外向型经济发达的省份,其进出口贸易的成交额在全国名列前茅,而且其贸易对象也覆盖了六大洲的多个国家。

1. 贸易额

表 1-23　2000—2012 年浙江的进出口总额

单位:万美元

年份	进出口总值	出口	一般贸易	进口	一般贸易
2000	2783265	1944279	1540108	838986	528135
2001	3279969	2297747	1825752	982222	635302
2002	4195650	2941102	2426940	1254548	859007
2003	6141083	4159499	3418932	1981584	1361717
2004	8521312	5814638	4674761	2706674	1665622
2005	10739123	7680353	6023916	3058770	1858590
2006	13914686	10089427	7731170	3825259	2143288
2007	17685633	12827293	9935900	4858341	2922772
2008	21110927	15426700	12185303	5684227	3440144
2009	18773488	13301032	10664403	5472456	3744581
2010	25353311	18046487	14500708	7306824	4943317
2011	30937777	21634949	17648423	9302827	6534332
2012	31240276	22451854	17968381	8788421	6243733

资料来源:浙江省统计局编:《浙江统计年鉴 2013》,北京:中国统计出版社,2013 年,第 411 页。

由表 1-23 可知,自 2000 年至 2012 年,浙江的进出口贸易总额由 278 亿美元暴增至约 3124 亿美元,增长了 10 倍之多。其中出口由 194 亿美元猛增至 2245 亿多美元,增长了近 11 倍;进口由约 84 亿美元增长至 879 亿,增长了近 10 倍。贸易顺差也由约 110 亿美元猛增至 1366 亿美元,增长了近 12 倍。

2. 贸易方式

从表 1-24 可知,就出口贸易而言,2009—2012 年所占份额最多的还是一般贸易,并且占出口总额的份额在这几年来一直稳定在80%。排在第二位的为进料加工贸易,但所占份额呈下降趋势,由2009年的16.9%降为2012年的14.3%。就进口而言,一般贸易占进口总额的份额由2009年的68.4%增至2012年的71%,呈小幅上升的趋势。进料加工贸易在进口总额中所占的份额也有小幅上升,由2009年的18.9%上升到2012年的21.8%。

表1-24　2009—2012年浙江进出口货物贸易总值(按分贸易方式)

单位:万美元

年　份	出　口				进　口			
	2009	2010	2011	2012	2009	2010	2011	2012
总值	13301032	18046487	21634949	22451854	5472456	7306824	9302827	8788421
一般贸易	10664403	14500708	17648423	17968381	3744581	4943317	6534332	6243733
来料加工装配贸易	245707	236865	253583	245343	139648	161160	185349	166124
进料加工贸易	2245295	3064189	3350211	3224060	1036271	1414075	1533967	1360785
报税监管场所进出境货物	85757	145874	288896	393973	325690	378887	588681	681105
海关特殊监管区域物流货物	39565	83602	76745	66548	112253	312353	349928	243882

资料来源:浙江省统计局编:《浙江统计年鉴2013》,北京:中国统计出版社,2013年,第414页。

3. 贸易对象

2012年,浙江省排在前五位的出口对象国或地区分别为美国、日本、德国、英国、中国香港,其中美国以382亿美元居首,中国香港以66.3亿美元居第五位。浙江省排在前五位的出口对象国或地区中,浙江省对美国的出口增长最为迅速,由2010年的304.5亿美元增至2012年的382亿美元,在短短三年间增长了25%。同年浙江排在前五位的进口对象国或地区分别为日本、中国台湾、韩国、美国、德国,其中日本以112.6亿美元居首,德国以31.6亿美元居第五位。浙江省排在前五位的出口对象国或地区中,对韩国的进口增长最为迅速,由2010年的63.5美元增至2012年的84亿美元,在短短三年间增长了 24.4%。[①]

(二)投资

1. 投资额

至于浙江的外资利用,如表 1-25 所示,2000—2012 年浙江所签订的外资项目数波动较大,大体上呈现倒 V 字形,并且整体上呈现下降趋势,由 2000 年的 1742 个降为 2012 年的 1597 个,而顶峰的 2003 年多达 4442 个。值得注意的是,浙江利用外资协议金额的变化与其所签订的外资项目数的变化并不一致。浙江利用外资的协议金额除了个别年份轻微回落,总体上呈增长趋势,从 2000 年的 30 亿美元增长到 2012 年的 266.6 亿美元,增长了近 8 倍。这种不一致性说明,后期所吸收的外商投资项目投资额较大,大型投资增多。

表 1-25　2000—2012 年浙江利用外资协议合同数和金额

年份	协议合同(项目)(个)			协议金额(万美元)		
	合计	对外借款	外商直接投资	合计	对外借款	外商直接投资
2000	1742	100	1642	306977	56029	250948
2001	2311	1	2310	717502	209462	501588
2002	3364		3364	720846	38453	678912
2003	4442		4442	1317478	108301	1205014
2004	3824		3824	1567591	106407	1456066
2005	3396		3396	1858137	209649	1612667
2006	3583		3583	2175249	192344	1910261
2007	2919		2919	2585485	271271	2040043
2008	1858		1858	2115422	290101	1781995
2009	1738		1738	1761290	142406	1601785
2010	1944		1944	2313902	260493	2004666
2011	1691		1691	2637868	579475	2058393
2012	1597		1597	2666132	558919	2107213

资料来源:浙江省统计局编:《浙江统计年鉴 2013》,北京:中国统计出版社,2013 年,第 417 页。

---

① 　浙江省统计局:《浙江统计年鉴 2013》,北京:中国统计出版社,2013 年,第 413 页。

至于外资的实际利用,如表 1-25 所示,浙江实际利用外资额的变化与利用外资协议金额的变化几乎一致。总体来看,浙江实际利用外资金额在 2006 年以前都呈上升的趋势,经过 2008 年、2009 两年较大幅度的下降后又一直保持平稳的增长趋势,在 2012 年达到历年最高值 162 亿美元,而 2000 年还略少于 25 亿美元。[①]

在吸引外资的同时,浙江企业也大量走出去,且投资额度很大。截至 2007 年,浙江企业对外直接投资遍布 121 个国家和地区,对外直接投资途径也逐渐多样化,从单纯出资设立企业到跨国参股并购、境外上市。同时,企业从单打独斗"走出去"发展到集群式规模开发,当年浙江的华立集团、康奈集团等已分别在泰国、俄罗斯建立国家级的工业园区。[②]

截至 2010 年底,已经有 4564 家境外企业及相关机构经过浙江省的审核与批准,对外投资总额高达 83.6 亿美元,其中中方投资额 71.8 亿美元。至 2012 年,浙江对外投资企业和机构数量稳居全国第一,投资规模大幅度扩张。近年来,浙江企业逐渐推动多元化的投资格局,包括研发机构、生产企业、资源开发等若干领域,不断实现结构的优化与升级。近年来浙江企业的投资方式趋于多样,境外并购成为亮点。诸如 2010 年境外并购项目有 43 个,2006—2010 年浙江省境外并购过程中,中方投资额从 2379.1 万美元已经增长到 16 亿多美元。[③]

2. 资金来源

以 2012 年为例,浙江的外资合同大多数是同亚洲国家或地区签订的,占合同总数的 61.5%,其中又以中国香港为最,所签合同数占了合同总数的 44.3%,美国居其次,所签合同数占合同总数的 9.7%。从合同金额来看,亚洲也是最主要的来源地,2012 年占浙江外资总额的 72% 左右,其中还是以中国香港为最,金额占浙江外资总额的 62.6%,为 132 亿美元;排在第二位的是维尔京群岛,为 12 亿美元,占总额的 5.7%,排在第三位的是美

---

① 浙江省统计局:《浙江统计年鉴 2013》,北京:中国统计出版社,2013 年,第 418 页。

② 王海燕、袁萍:《关注浙江企业对外投资》,《浙江经济》2008 年第 5 期,第 17 页。

③ 赵建华:《新形势下浙江企业"走出去"的战略思考》,《国际经济合作》2012 年第 8 期,第 91~92 页。

国,为 7.8 亿美元,占总额的 3.7%。[①]

3. 外资流向

浙江外资流入最多的是制造业,2012 年实际流入 64 亿美元,占总额的 49%。外资流入第二多的行业为房地产业,为数 26.3 亿美元,占总额的 20%。外资流入第三多的行业为批发和零售业,为数 12.5 亿美元,占总额的 9.5%。外资流入第四多的行业为租赁和商务服务业,为数 7.7 亿美元,占总额的 5.9%。[②]

(三)对外经济技术合作

从表 1-26 可以看出,就新签对外承包工程和劳务合作合同额而言,波动较大且整体上升,2006 年为 18 亿美元,2012 年增至 36 亿美元,增长一倍。从对外承包工程和劳务合作营业额方面看,自 2008 年以来总体呈比较稳定的增长趋势,2006 至 2008 年保持在 21 亿美元,2012 年增至 38 亿美元,增长率达 81%。至于对外承包工程和年底在外人数,总体看波动不大,这一数字最少的年份为 2011 年,为数 1.8 万人,最多的年份为 2012 年,为数 2.7 万人,2006—2012 年这七年的平均值为 2.4 万人。境外投资企业数由 2006 年的 425 个增加到 2012 年的 634 个。境外企业中方投资额增长明显,2006 年仅为 3 亿美元,到 2012 年达 39 亿美元,增长了 12 倍。

表 1-26　2006—2012 年浙江对外经济合作情况

项目	2006	2007	2008	2009	2010	2011	2012
新签对外承包工程和劳务合作合同额(万美元)	181163	174753	336265	247103	246106	295438	361220
对外承包工程和劳务合作营业额(万美元)	208347	208451	209313	239345	291076	302693	382974

---

① 浙江省统计局:《浙江统计年鉴 2013》,北京:中国统计出版社,2013 年,第 421 页,或根据该页的数据计算而来。

② 浙江省统计局:《浙江统计年鉴 2013》,北京:中国统计出版社,2013 年,第 420 页,或根据该页的数据计算而来。

续表

项目	2006	2007	2008	2009	2010	2011	2012
对外承包工程和劳务合作在年底在外人数（人）	26978	24462	25054	23504	26261	17836	27149
境外投资企业数（个）	425	420	427	475	630	568	634
境外企业中方投资额（万美元）	30044	60606	86088	123491	336008	344551	389236

资料来源：浙江省统计局编：《浙江统计年鉴2013》，北京：中国统计出版社，2013年，第421页。

（四）宁波在浙江外向型经济中的龙头作用

宁波凭借其优越的自然地理条件和历史人文条件成为推动浙江外向型经济发展的龙头，已成为浙江乃至全国外向型经济发展水平较高的地区之一，与其他计划单列市相比，宁波市进出口、出口和进口规模仅次于深圳，居计划单列市第二位；进出口和进口增幅均居计划单列市第五位，出口增幅居计划单列市第四位。[①]

1. 进出口贸易

如表1-27所示，自2008年至2012年，无论是进口还是出口，宁波每年都大幅领先浙江其他各市。进出口总额自2008年的678.4亿美元增至2012年的965.7亿美元，占浙江总进出口的份额大体在32%左右，约占三分之一。出口额自2008年的463.3亿美元增至2012年的614.4亿美元，占浙江总出口的份额大体在28.6%左右。进口额自2008年的215.1亿美元增至2012年的351.3亿美元，占浙江总进口的份额大体在37.8%左右，2012年则升自40.1%。

[①] 《2012年宁波外贸进出口规模居副省级城市第三》，宁波政府网，2013年1月15日，http://gtob.ningbo.gov.cn/art/2013/1/15/art_10333_967628.html.

表 1-27　2008—2012 年宁波进出口贸易在浙江所占比重

单位:亿美元

年份	地区	进出口总额	占总数	出口额	占总数	进口额	占总数
2008	浙江	2111.5	——	1542.9	——	568.6	——
	宁波	678.4	32.1%	463.3	30%	215.1	37.8%
2009	浙江	1877.3	——	1330	——	547	——
	宁波	608.1	32.4%	386.5	29%	221.6	40.5%
2010	浙江	2534.7	——	1804.8	——	729.9	——
	宁波	829	32.7%	520	28.8%	309	42.4%
2011	浙江	3094	——	2163.6	——	930.4	——
	宁波	981.9	31.7%	608.3	28.1%	373.6	40.1%
2012	浙江	3122.4	——	2245.7	——	876.7	——
	宁波	965.7	30.9%	614.4	27.3%	351.3	40.1%

资料来源:根据 2008—2012 年《浙江省国民经济和社会发展统计公报》和《宁波国名经济和社会发展统计公报》编制。

2. 外商投资

宁波的外向型经济高度发达,一直是浙江省外向型经济的典范,在引进外商投资方面,宁波在浙江的表现历来突出。

宁波外向型经济发展的龙头作用同时表现在其吸引外资方面。如表 1-28 所示,宁波的合同外资金额由 2008 年的 41.2 亿美元增至 2012 年的 53.1 亿美元,占浙江全省合同外资总额的 22.8% 左右,超过五分之一。至于实际利用外资,2008 年宁波的金额为 25.4 亿美元,2012 年增至 28.5 亿美元,约占浙江总额的 22.8% 左右。

表 1-28　2008—2012 年宁波外资在浙江所占的比重

年份	地区	合同利用外资(亿美元)	实际利用外资(亿美元)
2008	浙江	178.2	100.7
	宁波	41.2	25.4

续表

年份	地区	合同利用外资(亿美元)	实际利用外资(亿美元)
2009	浙江	160	99
	宁波	34.2	22.1
2010	浙江	200.5	110
	宁波	40.5	23.2
2011	浙江	205.8	116.7
	宁波	50.2	28.1
2012	浙江	210.7	130.7
	宁波	53.1	28.5

资料来源:根据 2008—2012 年《浙江省国民经济和社会发展统计公报》和《宁波国名经济和社会发展统计公报》编制。

四、云南省外向型经济发展现状

云南是我国西南的重要边疆省份,共有 8 个边境地州和 26 个边境县市,和缅甸、老挝、越南三个东盟成员国直接接壤,具有连接国内市场和国外市场的地理区位优势,因而其外向型经济相对来说也比较突出。

(一)进出口贸易

云南虽然与多国接壤,进出口贸易近年急剧攀升,但其规模在全国范围来看并不算大,不在全国排名前列。

1. 贸易额

由表 1-29 可知,2000—2012 年,云南的进出口贸易总额由 18.13 亿美元猛增至约 210.05 亿美元,增长了近 11 倍。其中出口由 11.75 亿美元增至 100.18 亿美元,增长了近 8 倍;进口由 6.38 亿美元增至 109.87 亿美元,增长了 16 倍。

2. 贸易方式

从表 1-30 中可知,就出口贸易而言,2000—2012 年所占份额最多的还是一般贸易。不过一般贸易占出口总额的比例波动较大,2008 年之前大体占

73%左右;2008 年之后波动较大,2011 年的占比为 71.7%,2012 年则降为 48.2%。至于边境小额贸易,无论是进口额还是出口额都有明显增加,出口额由 2000 年的 2.78 亿美元增至 2012 年的 13.95 亿美元,增长了 4 倍;进口额由 2000 年的 0.78 亿美元增至 2012 年的 7.54 亿美元,增长了近 9 倍。

表 1-29 2000—2012 年云南的进出口贸易总额

单位:亿美元

年份	进出口总额	进口额	出口额	差额(出超+、入超-)
2000	18.13	11.75	6.38	5.37
2001	19.89	12.44	7.45	4.99
2002	22.26	14.3	7.97	6.33
2003	26.77	16.77	9.91	6.85
2004	37.48	22.39	15.09	7.3
2005	47.38	26.42	20.97	5.45
2006	62.32	33.91	28.4	5.51
2007	87.8	47.36	40.44	6.92
2008	95.99	49.87	46.12	3.75
2009	80.19	45.14	35.05	10.09
2010	133.68	76.06	57.62	18.43
2011	160.53	94.73	65.8	28.93
2012	210.05	100.18	109.87	-9.96

资料来源:云南省统计局编:《云南统计年鉴2013》,北京:中国统计出版社,2013 年,第 120 页。

表 1-30 2000—2012 年云南的进出口贸易(按主要贸易方式分)

单位:亿美元

年份	进出口总额	出口额	进口额	一般贸易		边境小额贸易	
				出口额	进口额	出口额	进口额
2000	18.13	11.75	6.38	7.84	4.21	2.78	0.78
2001	19.89	12.44	7.45	8.66	5.25	2.3	1.16
2002	22.26	14.29	7.97	10.57	5.25	2.31	1.37
2003	26.77	16.76	9.92	12.82	6.97	2.53	1.66
2004	37.48	22.39	15.04	16.73	11.27	3.09	2.15

续表

年份	进出口总额	出口额	进口额	一般贸易		边境小额贸易	
				出口额	进口额	出口额	进口额
2005	47.38	26.42	20.97	18.24	15.21	3.86	2.69
2006	63.32	33.92	28.4	22.34	20.28	4.65	3.11
2007	87.8	47.36	40.44	34.54	30.15	5.68	4.43
2008	95.99	49.87	46.12	39.96	37.51	5.72	6.29
2009	80.19	45.14	35.05	35.85	27.74	7.07	5.54
2010	133.68	76.03	57.62	44.34	47.23	9.88	7.47
2011	160.53	94.73	65.8	67.98	53.32	12.16	7.88
2012	210.05	100.18	109.87	48.33	64.45	13.95	7.54

资料来源:云南省统计局编:《云南统计年鉴2013》,北京:中国统计出版社,2013年,第121页。

3. 贸易对象

云南省的进出口贸易虽覆盖了全球六大洲,不过分布并不均匀。云南出口的主要对象是亚洲国家,这一比例在2011年为65.2%,至2012年达到86.9%。缅甸、越南是云南重要的出口对象,对缅甸的出口额约占云南出口总额的1/4,对越南的出口额在2011年为10.3%,在2012年则下降为8.3%。其中值得一提的是中国香港,云南对香港的出口额在2011年仅为5.94亿美元,但2012年暴增至38.44亿美元,增长了546.9%。[1]

云南的进口贸易分布也不均衡。2012年云南进口的50.5%都来自亚洲,其中缅甸、马来西亚是重要的进口来源地,云南对缅甸的进口额占云南进口总额的比例约为8.5%。最引人注目的是,云南从香港的进口额占总额的比例由2011年的0.12%暴增至2012年的15%,增长了20348%。云南从东盟国家的进口额占云南进口总额的比例则由2011年的36.5%下降到2012年的28.1%。[2]

---

[1] 云南省统计局:《云南统计年鉴2013》,北京:中国统计出版社,2013年,第130~132页,或根据该页的数据计算而来。

[2] 云南省统计局:《云南统计年鉴2013》,北京:中国统计出版社,2013年,第133~134页,或根据该页的数据计算而来。

（二）投资

与东南亚多国接壤的区位优势，既有利于云南吸引外商直接投资，也有利于云南企业"走出去"。

1. 投资额

2002—2012 年云南所吸引的外资金额虽然有所增加，但是相比东部沿海省份还是有较大差距。就项目数而言，云南协议利用外资的项目数波动较大，总体上呈下降趋势，由 2002 年的 150 个降为 2012 年的 121 个，期间 2008 年为最高值，为数 228 个。就协议金额而言，2011 年之前大体呈递增趋势，由 2003 年的 5.44 亿美元增至 2011 年的 21.54 亿美元，但 2012 年骤降为 10.95 亿美元。至于实际利用金额，其变化趋势与协议金额有所不同，2002—2012 年整体呈上升趋势，金额由 2.84 亿美元增至 21.89 亿美元，增长了近 7 倍。[①]

至于云南的对外投资，截至 2009 年 11 月，云南境外投资企业达 248 家，对外实际投资额为 6.83 亿美元，在全国排第 10 位，在西部、沿边省份排第 1 位。云南省委、省政府高度重视和贯彻国家实施的"走出去"战略，先后出台了一系列扶持政策和便利措施，使该省对外投资从邻国传统市场发展到北美、澳洲和欧洲的一些发达国家；从边境民营企业起步到省属国有大型企业积极参与，再到省外大企业、央企积极落户云南参与"走出去"战略，对外投资合作队伍不断充实；从对外援助、对外承包工程到境外并购、参股等，"走出去"模式不断丰富。[②] 2013 年，云南新批境外投资企业 40 家，对外实际投资突破 8 亿美元，达 8.21 亿美元，同比增长 15.6%。截至同年底，云南省境外投资企业已达 440 家，对外实际投资累计达 33.8 亿美元。2013 年云南的对外投资呈现四大特点。第一，大湄公河次区域五国是云南企业"走出去"的主体市场。云南企业在缅甸、老挝、越南、柬埔寨、泰国五国实际投资共计 5.82 亿美元，占同期实际投资的 70.8%。第二，投资行业渐显多元化。云南对外投资共分布在国民经济行业分类的 12 个大类，其中建筑、批发和零售、租赁和商贸服务等第三产业共实际投资 4.84 亿美元，占比

---

① 云南省统计局：《云南统计年鉴 2013》，北京：中国统计出版社，2013 年，第 124 页。
② 吴晓燕、万涛：《云南对外投资西部领先》，《云南日报》2010 年 1 月 7 日，第 1 版。

58.8%；矿产开发行业 2 亿美元，占比 24.4%。第三，民营企业逐渐成长为云南省对外投资的中坚力量。云南建生、云南海诚、瑞丽大通、云锰集团、云南捷丰投资等民营企业实际投资 4.67 亿美元，占同期实际投资的 56.8%，占比首次超过国有企业。第四，利润再投资成为新的增长点。当年利润再投资 0.9 亿美元，占同期实际总投资额的 11.06%。①

2. 资金来源

以 2012 年为例，当年实际利用外资 21.89 亿美元，较上一年增长了 26%。其中亚洲是最主要的外资来源地，占实际利用外资总额的 76.3%。其中又以香港为第一大来源地，金额达 15.82 亿美元，占云南当年实际利用外资总额的 72%；其次为维尔京群岛，金额 0.45 亿美元，占总额的 2%；第三为新加坡，金额 0.33 亿美元，占总额的 1.5%。②

3. 外资流向

同样以 2012 年为例，当年云南外资流入最多的是房地产业，吸引了实际外资 6.58 亿美元，占全省实际外资总额的 30%；外资流入第二多的行业为社会服务业，金额 4.27 亿美元，占全省实际外资总额的 19.5%；外资流入第三多的行业为批发和零售贸易餐饮业，金额 3.47 亿美元，占全省实际外资总额的 15.8%；外资流入第四多的行业为制造业，金额 2.72 亿美元，占全省实际外资总额的 12.4%。③

（三）对外经济技术合作

1. 对外承包工程

云南的对外承包工程，总体上呈上升趋势。从签订的合同数来看，2000—2011 年数量起伏很大且总体上呈下降趋势，由 2000 年的 162 份降至 2011 年的 47 份。然而合同金额的变化与合同数并不一致，大体呈逐年递增的趋势，由 2000 年的 2.96 亿美元增至 2011 年的 11.21 亿美元，增长

---

① 陈保江：《民企渐成云南对外投资中坚》，《人民日报》（海外版）2014 年 12 月 18 日，第 2 版。

② 云南省统计局：《云南统计年鉴 2013》，北京：中国统计出版社，2013 年，第 135 页。或根据该页的数据计算而来。

③ 云南省统计局：《云南统计年鉴 2013》，北京：中国统计出版社，2013 年，第 126 页，或根据该页的数据计算而来。

了近 3 倍。完成营业额的变化也是如此,呈比较稳定的上升趋势,由 2000年的 1.53 亿美元增至 2011 年的 11.45 亿美元。值得注意的是,2012 年之后云南统计年鉴就没有了相关的统计数据。[①]

2. 对外劳务合作

至于劳务合作,2000 年以来总体上变化不大。所签的劳务合同由 2000年的 8 个增至 2009 年的 26 个,2010 年又降为 16 个。合同金额也变化不大,2000—2010 年在 0.01 亿～0.06 亿美元之间浮动。完成的营业额也是如此,波动不大且整体上升,由 2000 年的 0.02 亿美元增至 2010 年的 0.05亿美元。值得注意的是,2011 年之后云南统计年鉴就没有了相关的统计数据。[②]

(四)昆明在云南外向型经济中的龙头作用

昆明作为云南的省会城市,无论是在外向型经济的总量还是发展水平上,均居云南前列,明显高于其他地区。

1. 进出口贸易

以 2012 年为例,当年昆明的进出口总额、出口额和进口额,占云南全省的份额都大大高于其他地区。其中进出口总额 144.1 亿美元,占云南进出口总额的 67%,出口额 56.86 亿美元,占出口总额的 57%,进口额 87.2 亿美元,占进口总额的 79.3%。[③]

2. 外商投资

昆明的外向型经济发展高于云南其他地区,与昆明所吸引的外商投资密不可分,外商投资企业拉动了昆明的进出口贸易。如表 1-31 所示,2011年云南全省的协议投资项目 163 个,其中有 77 个在昆明,占了总数的47.2%,2012 年昆明所占的比重更高,即占了 121 个中的 63 个,达到了52%。2011 年云南全省的协议投资金额约 21.54 亿美元,其中 9.47 亿美元流向了昆明,占了总额的 44%。2012 年云南全省实际利用外资的金额约21.89 亿美元,其中约 14.01 亿美元投在昆明,约占总数的 64%。

---

① 云南省统计局:《云南统计年鉴 2013》,北京:中国统计出版社,2013 年,第 129 页。
② 云南省统计局:《云南统计年鉴 2013》,北京:中国统计出版社,2013 年,第 129 页。
③ 云南省统计局:《云南统计年鉴 2013》,北京:中国统计出版社,2013 年,第 123 页,或根据该页的数据计算而来。

表 1-31　2011—2012 年云南各州市利用外商直接投资情况

单位：亿美元

州市	协议投资				实际投资金额	
	项目（个）		金　额			
	2011	2012	2011	2012	2011	2012
全省	163	121	21.54	10.95	17.38	21.89
昆明	77	63	9.47	3.77	11	14.01
西双版纳	7	5	0.69	0.01	0.05	0.14
曲靖	5	5	0.47	0.36	0.28	0.11
德宏	5	3	0.68	0.74	0.52	0.89
玉溪	2	2	0.20	0.02	0.34	0.46
保山	4	1	3.34	0.78	0.52	0.73
昭通	2	1	1.5	0.11	0.04	0.09
丽江	3	2	0.07	−0.01	0.03	0.29
普洱	5	2	0.31	0.41	0.42	1.01
楚雄	4	3	0.20	0.02	0.25	0.36
临沧	5	—	0.26	—	0.3	0.32
红河	3	3	0.43	0.01	0.22	0.29
文山	5	3	0.37	0.08	0.08	0.09
大理	4	7	0.04	0.12	0.3	0.39
怒江	—	—	0.03	0.06	0.15	0.01
迪庆	2	2	0.04	0.12	1.03	0.36

资料来源：云南省统计局编：《云南统计年鉴 2013》，北京：中国统计出版社，2013 年，第 127 页。

第二章

比较视野下广西外向型
经济发展驱动平台分析

第一节　中国—东盟博览会与其他省贸(投)洽会的比较

一、中国—东盟博览会

中国—东盟博览会(以下简称"博览会")是由中国和东盟十国政府经贸主管部门及东盟秘书处共同主办,以中国—东盟自由贸易区为主题的国家级、国际性经贸盛会,内容涵盖商品贸易、投资合作和服务贸易。博览会是中国—东盟关系发展的产物,也伴随中国—东盟关系走过了"黄金十年",已是一个助推中国—东盟关系发展的老平台。永久落户南宁并已成功举办了十四届的博览会,也对广西的社会经济发展贡献极大,俨然已成为广西对外开放合作最重要的平台和抓手。

（一）组织结构

博览会是政府主导型的高规格展会,由中国商务部、东盟十国经贸主管部门和东盟秘书处共同主办,由广西人民政府承办,实行"政府主导,商协会组织,企业参与"的共办机制,[①]但中国商务部在筹备工作中起核心作用,东盟国家的经贸主管部门尽力协助博览会的办会工作。除了主办单位,博览

---

①　郑军健、刘大可:《循环与创新——展览业与中国—东盟博览会发展研究》,北京:中国民主法治出版社,2011年,第125页。

会现有科技部、工业和信息化部、交通运输部、海关总署、国家旅游局、中国贸促会、香港贸易发展局等多家协办单位,现有文莱斯市中华总商会、柬埔寨总商会、印尼工商会馆中国委员会、老挝国家工商会、马来西亚—中国总商会、缅甸工商联合会、菲华商联总会、新加坡工商联合总会、泰国中华总商会、越南工商会、中国纺织品进出口商会、香港中华总商会等42家支持的国内外商协会。

博览会的组织机构分为领导机构和承办机构。组委会作为领导机构由商务部牵头组织成立,成员包括中宣部等十几个部委,各部委指派一位领导担任组委会委员,组委会的职责是负责拟定相关政策和落实工作,协调解决博览会相关事务,对博览会筹备、办会过程中的重大事项作决定。由广西壮族自治区党委和政府成立的领导小组负责指挥博览会的重大事项,广西领导小组下设"两会"指挥中心,再分设八个部门负责统筹协调、展览工作、投资促进、接待工作、安全保卫、新闻宣传、峰会工作、南宁市工作等八方面任务。博览会秘书处(对内称广西国际博览事务局)为常设机构,是自治区政府直属正厅级事业单位,下设综合协调部、研究发展部等多个部门,负责联络各主办方、策划方案、统筹具体活动、博览会管理经营工作等日常工作。

博览会的运营资金,一方面来自国家各部委给予的补助和经费支持,一方面来自市场化运作筹集的资金。至于博览会的招商招展工作,由东盟各国政府负责推动,各商协会、商业代理是招商招展工作的重要渠道。广西壮族自治区人民政府作为承办方,广西自治区党委和政府领导人出访东盟国家时也会大力推进招商招展工作,广西还向国内其他重点省区派出由省级领导带队的推介团队,进行博览会的推介工作。此外,博览会秘书处也与各国的商协会合作招商招展。[①]

(二)发展成就

自2004年举办首届以来,博览会的各个领域都在不断提升和完善,所取得成就令人瞩目。

---

① 郑军健、刘大可:《循环与创新——展览业与中国—东盟博览会发展研究》,北京:中国民主法治出版社,2011年,第122页。

1. 硬件设施建设

博览会的展览场馆是展览活动的基础和物质载体,可以说展览场地的规模和展馆的硬件设施一定程度上决定了展会的规模和层次。博览会之前广西展览业的基础设施很薄弱,大型展览活动都在广西展览馆举行,承办博览会之后,博览会的基础设施建设就作为专项被纳入南宁市城市基础设施建设年度投资建设计划。[①] 2004 年南宁国际会展中心建成,2010 年又建成了广西体育中心,其他展览配套设施也在不断完善,诸如荔园山庄国际会议中心配套设施,博览会相关交通设施等。

博览会有三个会场,即国际会展中心、华南城和广西展览馆,其中南宁国际会展中心是主会场,也已成为南宁城市的文化标识。需要说明的是,随着博览会的规模不断扩大,尽管南宁国际会展中心的设施条件在不断提升,但无论从展馆面积还是从设施功能来看,都与国内外知名展馆有一定差距。

2. 经贸规模

高规格是博览会的一大特色,历届出席博览会的领导人和重要嘉宾的比例不断提升。至 2014 年,十一届博览会共有 57 位中国和东盟国家领导人、2300 位部长级贵宾出席,[②]博览会的规模在逐步扩大。如表 2-1 所示,博览会总展位数由第一届的 2506 个上升到了第九届的 4600 个,只是由于展馆面积所限,展位数扩展到 4600～4700 就无法再增加,从而影响了参展企业的数量。参展企业由第一届的 1505 家增加到第十届的 2300 家,前后十届参展企业累计达 21043 家。参展参会客商由第一届的 1.8 万人增长到第十二届的 6.5 万人,增长了 2.6 倍。交易金额一直呈上涨趋势,由第一届的 10.84 亿美元增至第十届的 19.1 亿美元,翻了将近一番,十届的累计交易金额则达 154.78 亿美元。国际和国内合作项目签约金额也都翻了将近一番,且十届博览会国际合作项目签约额累计达 664.32 亿美元,国内合作项目签约额达 6461.93 亿元。

① 郑军健、刘大可:《循环与创新——展览业与中国—东盟博览会发展研究》,中国民主法治出版社,2011 年,第 48 页。

② 《王雷:第 12 届中国—东盟博览会商机更多》,中国—东盟博览会官网,2015 年 4 月 7 日,http://www.caexpo.org/html/2015/bolanhuidongtai_0407/208252.html.

表 2-1　第一届至第十二届中国—东盟博览会经贸成效一览表

项目	第一届	第二届	第三届	第四届	第五届	第六届	第七届	第八届	第九届	第十届	第十一届	第十二届
总展位数（个）	2506	3300	3350	3400	3400	4000	4600	4700	4600	4600	4600	4600
参展企业总数（家）	1505	2000	2000	1908	2100	2450	2200	2300	2280	2300	2330	2207
参展参会客商人数（人）	18000	25000	30000	33480	36538	48619	49125	50600	52000	55000	55700	65000
贸易成交（亿美元）	10.84	11.51	12.7	14.24	15.97	16.54	17.12	18.07	18.78	19.1		
国际合作项目签约额（亿美元）	49.68	52.9	58.5	61.5	63.64	64.4	66.9	74.2	82.04	90.56		
国内合作项目签约额（亿元）	485.4	501.8c	553.7c	582.1c	612.01	618.45	674.46	731.1	802.12	900.79		

资料来源：中国—东盟博览会官方网站。

（三）对中国—东盟关系发展和广西对外开放合作的贡献

自 2004 年以来，博览会已成功举办了十四届，对中国—东盟关系发展和广西的对外开放合作做出了重要贡献，已成为助推中国—东盟关系发展的老平台，广西对外开放合作最重要的平台和抓手。

1. 助推中国—东盟关系发展的老平台

2003年10月8日,时任国务院总理温家宝在第七次中国与东盟(10+1)领导人会议上倡议,从2004年起每年在中国南宁举办中国—东盟博览会,同期举办中国—东盟商务与投资峰会,这一倡议得到了东盟十国领导人的普遍欢迎。博览会以"促进中国—东盟自由贸易区建设,共享合作与发展机遇"为宗旨,围绕《中国与东盟全面经济合作框架协议》以双向互利为原则,以自由贸易区内的经贸合作为重点,面向全球开放,为各国商家共同发展提供新的机遇。

(1)中国—东盟关系的"黄金十年"

立意于"全面深化和拓展中国与东盟的合作关系,培育睦邻友好,加强互利合作,为本地区的长期和平、发展与合作做出更大贡献",2003年10月8日中国与东盟国家领导人在印尼的巴厘岛签署联合声明,宣布建立"面向和平与繁荣的战略伙伴关系",中国成为第一个与东盟建立战略伙伴关系的国家。回顾2003年至2013年中国—东盟战略伙伴关系的发展,可谓硕果累累,是名符其实的"黄金十年"。

政治互信不断加深。双方保持着频繁的双、多边高层交往,建立了一整套完善的对话合作机制,包括领导人、部长、高官等各个层级。其中在部长层级,双方建立了12个会议机制,在20多个领域开展互利合作。各层级的密切交往极大地增进了相互了解和相互信任,为双方关系发展奠定了良好的政治基础。

双边贸易大幅提升。双边贸易额由2003年的782.5亿美元增至2013年的4436.1亿美元,①增长了5倍多,中国已连续四年成为东盟的第一大贸易伙伴,东盟则是中国的第三大贸易伙伴。双方还在2010年建成了发展中国家之间最大的自贸区。

双向投资快速增长。双向投资额由2002年底的301亿美元增至2013年6月的1100多亿美元,增长了近4倍,其中中国对东盟国家直接投资累计近300亿美元,约占中国对外直接投资的5.1%,东盟已成为中国对外直接投资的第四大经济体,同期东盟对华投资累计超过800亿美元,占中国吸

---

① 方冬莉、聂艳明、李红:《2013—2014年中国—东盟货物贸易数量分析与预测》,《东南亚纵横》2014年第2期,第6～7页。

引外资总额的 6.6%,是中国第三大外资来源地。

人文交流空前密切。10 年间双方人员往来从 387 万人次增加到 1500 万人次,增长了近 3 倍,双向留学生人数已超过 17 万人。其中 2012 年中国赴东盟游客 732 万人次,较 10 年前增长了 2.6 倍,中国已成为东盟第二大游客来源地。同年东盟来华游客达 589 万人次。[①]

(2)博览会对中国—东盟关系"黄金十年"的贡献

中国—东盟关系走过了"黄金十年",博览会也成功举办了十届,对"黄金十年"的实现功不可没。概而言之,主要有以下几个方面的贡献。

搭建了促进政治互信和政商互动的平台。集政治、外交、经贸和人文为一体的博览会作为国家层面举办的具有特殊国际影响力的重点展会,已形成中国和东盟双边领导人定期会晤的惯例,通过领导人会见、开幕式、巡视展馆、主题国活动等一系列高层友好交往,增进政治互信,增强各国应对复杂经济形势、加强合作发展的信心和决心,也为双方经贸合作和其他领域合作提供政治和机制性保障,带动商界的务实合作。十届博览会共有 52 位国家领导人和 2040 位部长级贵宾出席,举行了多场双方领导人、部长、地方负责人之间的会谈。[②]

搭建了经贸合作的平台。博览会高度集中了 11 国的企业、商品、服务、项目、资金和信息,既有商品贸易,也有投资合作和服务贸易。商品贸易既有出口也有进口,投资合作既有投资也有引资。服务贸易包括信息服务、旅游、金融、物流、服务外包、教育服务等方面内容,为中国和东盟的全面合作提供了最便捷的平台,使双边合作从共识走向实践,使潜在需求变为现实商机。十届博览会共有 39.8 万名客商参会,展示了 11 国的商品、项目、产业园区、城市、科技、旅游等多方面的商机,达成了中马"两国双园"、中国·印尼经贸合作区等一大批合作项目,成为中国—东盟自由贸易区建设的"助推

[①] 《杨秀萍大使:中国与东盟的关系从未像今天这么紧密》,中国经济网,2013 年 9 月 27 日,http://finance.sina.com.cn/roll/20130927/181516874781.shtml.

[②] 《中国—东盟博览会:搭建海上丝绸之路政策沟通宽渠道》,南宁市政府网,2014 年 9 月 12 日,http://www.nanning.gov.cn/Specials/2014nrdzt/2014lhyj/zwblh/201409/t20140912_183526.html.

器"。①

搭建了多层次、宽领域、跨区域交流合作的平台。在多层次合作方面,博览会不仅有领导人会见、部长级磋商、主题国活动等国家层面的友好交流,而且广泛推动地方参与,中国和东盟众多省份积极参加,已有 104 个城市作为"魅力之城"参展。在多领域合作方面,博览会根据双方经贸合作快速发展对海关、检验检疫、金融、港口、物流等相关领域服务配套提出的新需求,每年举办一系列高层次会议和论坛及相关活动,研究解决上述领域相关问题的办法,建立了中国—东盟港口城市合作网络、中国—东盟技术转移中心、中国—东盟企业家联合会、中国—东盟青年联谊会、中国—东盟教育培训中心等一批合作机制。在跨区域合作方面,每年博览会还邀请越来越多的区域外企业参会,举办了"10+6"企业家交流会等活动,推动中国和东盟作为一个整体参与国际经济合作,提高在世界的影响力。②

2. 广西对外开放合作最重要的平台和抓手

作为中国唯一与东盟国家山水相连的省份,作为中国面向东盟的门户,广西在中国—东盟合作中有着"近水楼台先得月"的优势,也深受裨益。作为助推中国—东盟关系发展的老平台,作为永久落户南宁唯一的国家级、国际性经贸交流盛会,博览会也早已成为广西对外开放合作最重要的平台和抓手,成为广西外向型经济发展最重要的助推器。

(1)直接拉动作用

作为永久举办地,广西享有"主场"优势,历届博览会的贸易成交额(国际贸易额)、国际国内经济合作投资额和合作项目数量几乎都呈稳步上升趋势。广西商家通过展览商品拿订单,通过商谈引投资,通过交流拓合作的愿望变成了现实。

对外贸易。广西的贸易分为国际进出口贸易以及与其他省市区的国内贸易。从表 2-2 可以看出,第一至七届博览会,广西的贸易总成交额均占了很大的比重,特别是第三届占了整个博览会成交总额的 41.7%,并且总成

---

① 《中国—东盟博览会》,南宁市政府网,2014 年 9 月 4 日,http://www.nanning.gov.cn/Specials/2014nrdzt/2014lhyj/blhgs/201409/t20140904_182758.html.

② 《中国—东盟博览会》,南宁市政府网,2014 年 9 月 4 日,http://www.nanning.gov.cn/Specials/2014nrdzt/2014lhyj/blhgs/201409/t20140904_182758.html.

第二章
• 比较视野下广西外向型经济发展驱动平台分析

交额中出口额所占的比重相当高,多数年份都占到了一半以上。可见博览
会作为一个外向型的经贸平台,对广西的进出口起到一定的推动作用。但
是,与其高规格相比,博览会在提升广西进出口方面还有很大的施展空间。

表 2-2　广西在历届博览会的成交额

(单位:亿美元)

	总成交额	出口额	占总额	进口额	国内贸易额
第一届	1.54	0.85	55.30%	0.26	0.43
第二届	1.67	1.24	74.3%	0.4	0.02
第三届	5.3	3.31	62.5%	0.53	1.46
第四届	4.29	3.02	70.4%	0.6	0.67
第五届	6.15	1.69	27.5%	0.03	4.42
第六届	5.17	3.44	66.5%	无	1.73
第七届	1.65	0.73	44.2%	无	0.92
第八届					
第九届					
第十届					

资料来源:《中国—东盟博览会发展报告》(桂林:广西师范大学出版社,2009 年,第 231
页)和中国—东盟博览会官方网站。

经济合作。广西通过博览会这一平台开展经济合作,既包括国际经济
合作,也包括国内经济合作,并取得了丰硕成果。在国际经济合作方面,博览
会是重要的融资平台,投资合作是其五大专题之一,近年来许多大型外资
项目均借助博览会平台而落户广西,为广西的社会经济发展注入了强大动
力。在国内经济合作方面,广西通过博览会招商引资,承接东部产业转移,
成功吸引了大批企业落户广西。

表 2-3　第一至十届博览会广西境外合作项目一览表

	境外合作项目(个)	总投资额(亿美元)	增长率(%)
第一届			
第二届	72	40.97	
第三届	76	30.05	

续表

	境外合作项目(个)	总投资额(亿美元)	增长率(%)
第四届	81	32.44	
第五届	104	38.77	
第六届	84	43.1	11.2
第七届	112	52.34	21.4
第八届	69	46.9	
第九届	69	56.66	
第十届			

资料来源:据《中国—东盟博览会发展报告》各卷的相关数据所编制。

(2)辐射效应

博览会对广西外向型经济发展的影响除了直接拉动作用外,还有其重要的辐射效应。总体上来说,博览会对广西贸易、投资、产业发展以及对外经济合作均有着巨大的辐射效应。

对外贸易。博览会对广西外贸的辐射效应主要体现在两个方面,一是推高了广西—东盟贸易在广西外贸中的比重,二是推进了广西外贸的快速发展。如表 2-4 所示,虽然在博览会举办的前两届辐射效应尚不明显,广西—东盟贸易在广西贸易中所占的比重甚至有所下降,但随后总体上呈现出快速上升的趋势,至 2013 年则达到了 48.45%,几乎占了一半。至于广西外贸的发展,如表 2-4 所示,2004 至 2013 年,除了个别年份贸易额增长率在 10%左右,其他年份则维持在 20.8%~43.2%之间。虽然 2004 年之前的五年间(1999—2003 年),有些年份的贸易额同样增长显著,但从平均增长率来看,博览会的辐射效应则非常明显,因为前五年(1999—2003 年)的平均增长率仅为 5.95%,后十年(2004—2013 年)则达 26.69%。

表 2-4　广西对外贸易额 1999—2003 年与 2004—2013 年比较

年　份	总　额(亿美元)	增长率(%)
1999	17.53	−41.24
2000	20.38	16.2

续表

年　　份	总　　额（亿美元）	增长率（%）
2001	17.97	−11.8
2002	24.3	35.2
2003	31.92	31.3
1999—2003 年平均增长	——	5.95
2004	42.89	34.4
2005	51.83	20.8
2006	66.74	28.8
2007	92.77	39
2008	132.84	43.2
2009	142.06	7.3
2010	177.06	24.3
2011	233.31	31.5
2012	294.74	26.2
2013	328.37	11.4
2004—2013 年均增长	——	26.69

资料来源:南宁海关,http://nanning. customs. gov. cn/publish/portal150/tab61930/

　　吸引外资。博览会对广西吸收外资的辐射效应同样显著。从表 2-5 可以窥知,虽然 1999 至 2013 年广西吸收外资的总额波动较大,增长率也时正时负,但从平均增长率来看,博览会举办前五年(1999—2003 年)相较于后十年(2004—2013 年)明显要低得多,前者为−9.44%,后者为 10.29%,可见博览会对吸引外资有着很强的间接拉动作用。

表 2-5　广西接收外商投资额 2000—2003 年与 2004—2013 年比较

年份	外商直接投资额（亿美元）	增长率（%）
1999	6.37	−28.1
2000	5.04	−20.9
2001	3.84	−23.8
2002	4.85	26.2

续表

年份	外商直接投资额（亿美元）	增长率（%）
2003	4.56	−0.6
1999—2003 年平均值	——	−9.44
2004	2.96	−35.2
2005	3.79	28
2006	4.47	18.2
2007	6.84	52.9
2008	9.71	42
2009	10.35	6.6
2010	9.12	11.9
2011	10.14	11.2
2012	7.49	−26.2
2013	7	−6.5
2004—2013 年平均值	——	10.29

资料来源：根据《广西壮族自治区国民经济和社会发展统计公报》的相关数据所整理。

产业发展。有关研究显示，国际上展览业的产业带动系数大约为1：9，即展览场馆的收入如果是1，相关社会收入为9。[1] 博览会不仅带动了贸易和投资的发展，还带动了相关服务行业的相应发展。以旅游业为例，2013年全年南宁吴圩国际机场旅客吞吐量达815.7万人次，比博览会举办前的2003年的122万人次增加了5.6倍。[2] 国际旅游收入也大幅攀升。如图2-1和图2-2所示，1999—2003年，广西国际入境游客人数和国际旅游收入一直在低位徘徊，自2004年之后，都基本呈现快速上升趋势。

区域合作。博览会不仅拉动了广西的对外贸易、外资引进和产业发展，还为广西参与区域、次区域合作搭建了平台，成功催生了一批广西参与或落

---

[1] 宋晓天、杜新、郑军健：《中国—东盟博览会发展报告》，桂林：广西师范大学出版社，2008年，第11页。
[2] 《2013年全国机场生产统计公报》，中国民用航空局官方网站，http://www.caac.gov.cn/I1/K3/201403/t20140324_62919.html。

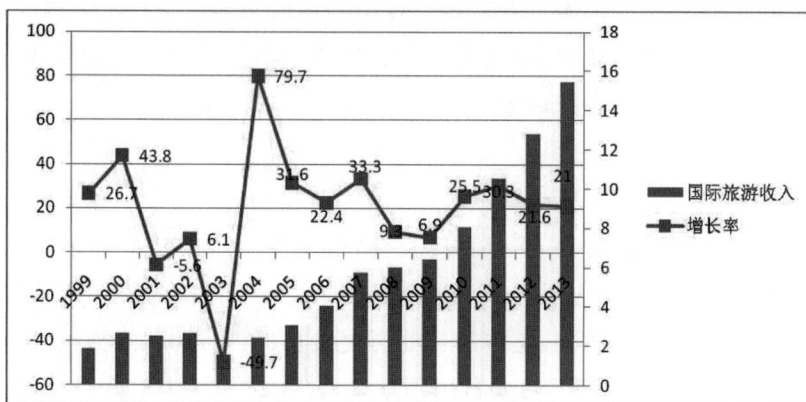

图 2-1　1999—2013 年广西国际旅游收入及增长率

资料来源:据 1999—2013 年《广西国民经济和社会发展统计公报》的相关数据所编制。

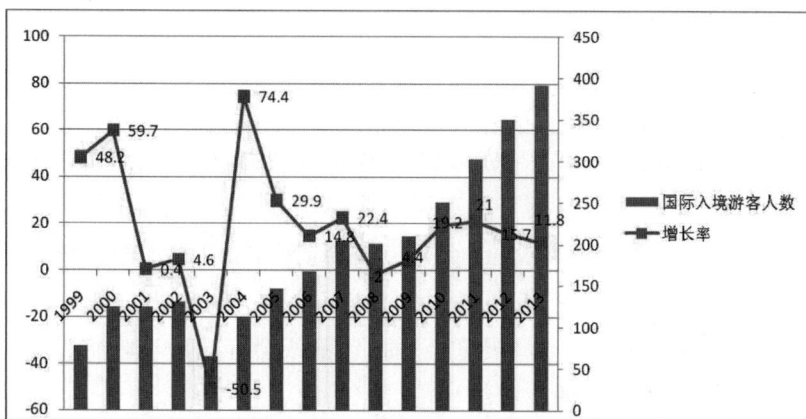

图 2-2　1999—2013 年广西国际入境游客人数及增长率

资料来源:据 1999—2013 年《广西国民经济和社会发展统计公报》的相关数据所编制。

户于广西的重大国际合作项目。在第六届博览会上签下了国家级重点项目中国—印尼经贸合作区,该合作区经国家商务部和发改委批准,由广西农垦集团承建,是中国在印尼设立的第一个集工业生产、仓储、贸易为一体的经济贸易合作区。在第八届博览会举办期间,时任总理温家宝与马来西亚的纳吉布总理共同见证了中马钦州产业园区的签字仪式,该园区是一个集工

业、商业、居住三位一体的产业新城。在第九届博览会上举行了中国—泰国
(崇左)产业园区签约仪式,该园区将被打造成中泰合作园区的典范,建成中
泰两国共同推进产业合作的重要平台。

二、广交会

中国进出口商品交易会,又称广交会,由商务部和广东省人民政府联合
主办、中国对外贸易中心承办,创办于 1957 年,每年春秋两季在广州举办,
至 2014 年已有 57 年历史,是中国目前历史最长、层次最高、规模最大、商品
种类最全、到会采购商最多、分布国别地区最广、成交效果最好且信誉最佳
的综合性国际贸易盛会。广交会吸引了资信良好、实力雄厚的两万四千多
家中国公司以及五百多家境外公司参展。广交会以进出口贸易为主,贸易
方式灵活多样,除传统的看样成交外,还举办网上交易会,开展多种形式的
经济技术合作与交流,以及商检、保险、运输、广告、咨询等业务活动。来自
世界各地的客商云集广州,互通商情,增进友谊。①

(一)组织结构

广交会,由商务部和广东省人民政府联合主办,中国对外贸易中心承
办。中国对外贸易中心是商务部直属事业单位,自 1957 年随广交会创办而
成立以来,一直负责承办广交会;在非广交会期间,主办和承办各种展览会、
博览会、洽谈会,如中国(广州)国际家具博览会、中国(广州)国际汽车展览
会、马来西亚中国进出口商品展览会暨投资洽谈会等。出于职能所需,中国
对外贸易中心有着完善的组织结构(见图 2-3)。

在广交会举办期间,为了适应需求,还成立了如下职能机构:大会秘书
处、业务办公室、外事办公室、政治工作办公室、保卫办公室、新闻中心、卫生
保障办公室、广交会客户联络中心。②

---

① 《中国进出口商品交易会(广交会)概况》,广交会官方网站,2015 年 5 月 1 日,
http://www. cantonfair. org. cn/html/cantonfair/cn/about/2012—09/119. shtml.
② 《中国进出口商品交易会职能机构》,广交会官方网站,2015 年 5 月 1 日,http://
www. cantonfair. org. cn/html/cantonfair/cn/about/2012—09/123. shtml.

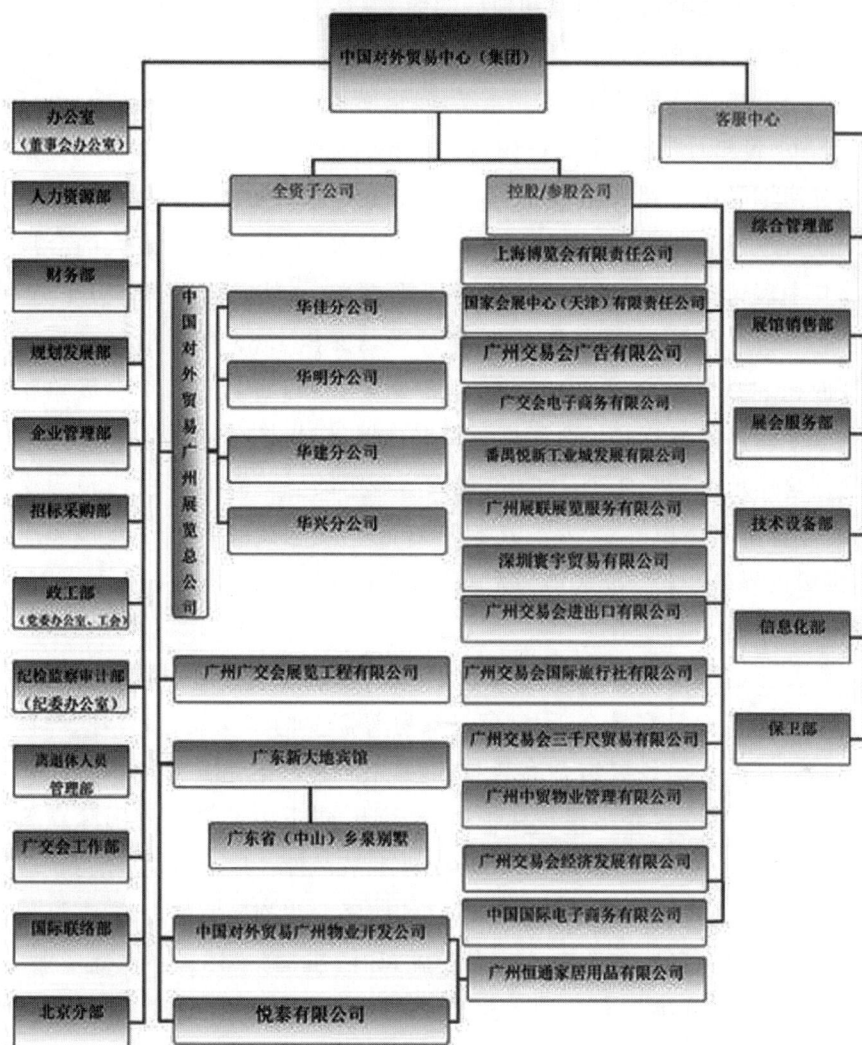

图 2-3　中国对外贸易中心(集团)组织结构图

（二）发展成就

广交会自 1957 年举办首届以来至 2014 年底已经成功举办了 116 届。截至第 116 届,广交会累计出口成交约 11225 亿美元,累计到会境外采购商约 710 万人。目前,每届广交会展览规模达 118 万平方米,境内外参展企业超过 2.4 万家,200 多个国家和地区的约 20 万采购商与会。[①]

1. 软硬件设施建设

广交会流花路展馆建于 1974 年,展馆面积达 17 万平方米。自 2004 年 4 月第 95 届起,广交会全面启用琶洲展馆,同时在琶洲展馆和流花路展馆两馆分两期举办。琶洲展馆总建筑面积 110 万平方米,室内展厅总面积 33.8 万平方米,室外展场面积 4.36 万平方米,是目前亚洲最大的会展中心。其中展馆 A 区室内展厅面积 13 万平方米,室外展场面积 3 万平方米;B 区室内展厅面积 12.8 万平方米,室外展场面积 1.36 万平方米;C 区室内展厅面积 8 万平方米。2014 年 6 月,广州又宣布,将新建广交会展览馆四期和 300 米高的地标建筑会展塔。根据规划,广州将在琶洲 10.4 万平方米的规划总用地上建设 4 个集群区,建成后展馆的展览面积将达到 50 万平方米,超过德国汉诺威的 47 万平方米;整个琶洲地区会展面积达到 66 万平方米,位居世界第一。[②] 至 2014 年秋,广交会的展馆总面积达 118 万平方米,总展位数量达 60222 个。[③]

广交会的琶洲展馆是目前亚洲规模最大、设施最先进、档次最高,能满足大型国际级商品交易会、大型贸易展览等需要的多功能、综合性、高标准的国际展览中心。该展馆是高科技、智能化、生态化完美结合的现代化建筑,按照国家 5A 智能化建筑标准进行设计,建设中大量应用国际高新科技,智能、通风、交通系统体现了世界先进水平;层高、地面负荷、电力供应可满足大型机械展、帆船展等各种对展馆条件要求苛刻展览的要求;展馆周围建设有与会议和展览相关联的配套设施,如酒店、写字楼、银行、商业服务、博物馆等,能充分满足客商的商旅要求;交通便利,设有地铁站台,东、西、南、北向均有城市干道。

2. 到会采购商及成交额

从后文的表 2-6 和表 2-7 可知,广交会到会采购商的人数,采购商所覆

---

① 《秘书长致辞》,广交会官方网站,2015 年 5 月 1 日,http://www.cantonfair.org.cn/html/cantonfair/cn/about/2012—09/120.shtml.

② 兰馨:《广交会展馆"低调"再扩建,配套设施同步升级》,《中国贸易报》2014 年 6 月 24 日,第 5 版。

③ 《中国进出口商品交易会(广交会)概况》,广交会官方网站,2015 年 5 月 1 日,http://www.cantonfair.org.cn/html/cantonfair/cn/about/2012—09/119.shtml.

盖的国家和地区以及贸易成交额都非常可观。从到会采购商人数来看,春
秋两季的情况不完全一致,就春季交易会而言,除了2003年非典导致到会
采购商人数剧减(仅有23128人)这一特殊情况外,大体上自2000至2005
年一直保持上升势头,由9.8万人升至19.5万,增加了将近一倍。此后呈
现一定的波动状态,人数最多的年份出现在2012年,将近21万。就秋季交
易会而言,2000—2006年大体呈现上升态势,到会采购商人数由10.5万升
至19.2万,也翻了将近一倍。此后同样呈现一定的波动状态,人数最多的
年份出现在2011年,也将近21万。从采购商所覆盖的国家和地区来看,除
了2003年春季比较特殊(仅覆盖167个国家和地区),春秋两季都很相似,
大体上自2000至2005年呈现上升态势,均由174个国家或地区升至210
个国家和地区,此后基本上保持稳定,覆盖最广的是2014年的春季交易会,
采购商覆盖了214个国家和地区。

表 2-6　2000—2014 年的采购商到会统计

年　份	采购商人数		来自国家和地区	
	春季	秋季	春季	秋季
2014	188119	186104	214	211
2013	202766	189646	211	212
2012	近 21 万	188145	213	211
2011	207103	209175	209	210
2010	203996	200612	212	208
2009	165436	188170	209	212
2008	192013	174562		
2007	206749	189500	211	213
2006	190011	192691	211	212
2005	195464	177000	210	210
2004	159717	167926	203	203
2003	23128	150485	167	201
2002	120576	135482	185	191
2001	111886	101382	181	176
2000	98005	105031	174	174

资料来源:《历届成交额》,广交会官方网站,2015 年 5 月 1 日,http://www.cantonfair.org.
cn/html/cantonfair/cn/about/2012—09/125.shtml.

成交额的变化与采购商人数的变化有一定的对应性,但不完全一致。从春秋两季的全年成交额来看,除了 2003 年爆发非典这一特殊年份外,大体上自 2000 至 2007 年一直处于上升态势,由 286 亿美元升至 738 亿美元,近乎增加了两倍。此后开始出现一定幅度的波动,2011 年达到最高值的 747.6 亿美元。就单季交易额而言,春交会以 2008 年的 382.3 亿美元为最,秋交会以 2011 年 379 亿美元为最。

表 2-7 2000—2014 年的成交额统计

年份	成交额(百万美元)		全年成交额 (百万美元)	比前一年增、减(%)
	春交会	秋交会		
2014	31051	29160	60211	−10.44%
2013	35540	31690	67230	−2.15%
2012	36030	32680	68710	−8.09%
2011	36860	37900	74760	
2010	34300			
2009	26230	30470	56700	−18.7%
2008	38230	31550	69780	−5.5
2007	36390	37450	73840	11.4
2006	32220	34060	66280	13
2005	29230	29430	58660	13.4
2004	24510	27200	51710	107.5
2003	4420	20490	24910	−29.4
2002	16850	18470	35320	21.2
2001	15774	13367	29141	1.9
2000	13652	14950	28602	17.9

资料来源:《历届成交额》,广交会官方网站,2015 年 5 月 1 日,http://www.cantonfair.org.cn/html/cantonfair/cn/about/2012−09/126.shtml。

(三)对广州社会经济发展的贡献

据国际上会展业发展的经验,会展业自身获利和对地区相关经济的拉动系数是1∶9,而我国会展业发展对经济的间接拉动效应达到1∶10。[①] 那么广交会对广州经济发展的贡献如何呢?我们从图2-4可以比较直观地看到,1957—2010年广州的GDP增长与广交会成交额的变化基本上呈现一种正相关的关系,可见两者之间存在一种内在联系。

根据马凤华、陈丽坤两位博士的研究,广交会与广州城市经济增长之间存在密切的内在联系。广交会成交金额和参展商人数的增加带动了广州经济增长,其中前者带动了第一、三产业的发展,后者带动了第三产业的发展。在广交会上,采购商的住宿、购物、餐饮费用支出比较大,参展企业在展位费用、搭建费用、相关活动、住宿、广告宣传、娱乐等费用方面支出较大,参展个人的购物花费约占直接消费的一半,旅游、娱乐花费也较大。这意味着广交会采购商和参展商的增加有效带动了广州商务服务业、零售业、住宿餐饮业、旅游业、文化娱乐业等第三产业的发展。同时,广州经济增长也带动了广交会的发展。广州三次产业的发展促进了广交会成交金额的增长,广州第一、三次产业的发展促进了广交会参展商人数的增加。广州三次产业增加值的规模与水平在广东省内均名列前茅。[②]

由中国对外贸易中心与中山大学合作开展的"广交会区域经济拉动效益研究项目"的研究报告显示,以2008年秋第104届广交会和2009年春第105届广交会的现场调查和数据为依据,每届广交会给广州带来的直接经济效益,即境内外访客和商务机构在广州的直接消费支出为55.25亿元人民币,其中,剔除长途交通费用,剔除不在广州住宿的境内外商务人士的相关消费,间接经济效应为107.97亿元,合计约163.22亿元。由此推算,一年两届广交会带给广州的直接经济效益,即国内外访客和相关机构的直接消费为110.5亿元,间接经济效益为215.94亿元。直接效应与间接效应合计为326.44亿元。2008年广州市国内生产总值(GDP)为8215.82亿元,一年两届广交会带来的经济收益则占广州市全年GDP的4%。同时,一年两届广交会直接拉动全职或兼职就业为10.92万人,间接拉动全职或兼职就业人数为194.16万人,直接和间接带动的就业人数合计为205.08万人。

---

① 雷莹、吴宗敏:《会展设计在广东经济发展中的作用》,《家具与室内装修》2011年第2期,第57页。

② 马凤华、陈丽坤:《大型综合性展会与城市经济增长的关系研究——以广交会为例》,《特区经济》2012年12月,第272页。

广交会间接拉动就业人数的辅助性行业包括零售、酒店、餐饮、交通、货运、展位搭建和广告。带动岗位最多的分别是餐饮业、零售业和酒店业。此外，广交会参展商在穗停留时间为 7.5 天，人均每天消费 2956.4 元。[①]

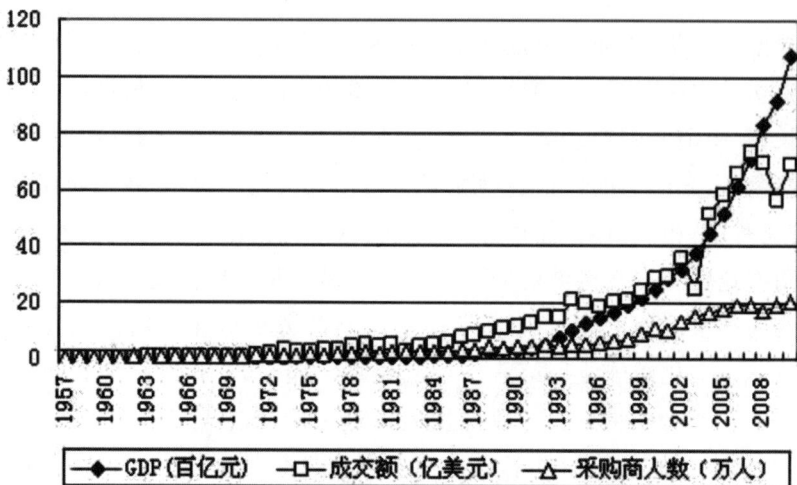

图 2-4　1957—2010 年广州 GDP 与广交会成交额、采购商人数的变化

资料来源：马风华、陈丽坤的《大型综合性展会与城市经济增长的关系研究——以广交会为例》，《特区经济》2012 年 12 月，第 271 页。

三、九八投洽会

厦门九八投洽会（以下简称"投洽会"）是经国务院批准，于每年 9 月 8—11 日在中国厦门举办的国际性经贸合作交流会。投洽会以"引进来"和"走出去"为主题，以"突出全国性和国际性，突出投资洽谈和投资政策宣传，突出国家区域经济协调发展，突出对台经贸交流"为主要特色，主要包括投资和贸易展览、国际投资论坛及系列投资热点问题研讨会和以项目对接会为载体的投资洽谈等内容。投洽会不仅全面展示和介绍中国及中国大陆各省、自治区、直辖市和香港特别行政区、澳门特别行政区的投资环境、投资政策、招商项目和企业产品，同时也吸引其他国家和地区的投资促进机构前来

　　[①]　李和英、何志明：《广交会每年为广州增收 326 亿元，广交会平台和阵地越来越重要》，《中国商报》2009 年 10 月 23 日，第 004 版。

参展并举办投资说明会、推介会。此外,投洽会还为境外商客提供投资政策咨询和投资资讯服务,并为其介绍中国的投资环境,帮助他们在最广泛的范围内选择最合适的投资项目和投资合作伙伴。①

(一)组织结构

投洽会是由商务部联合联合国贸发会议、联合国工发组织、世界贸易组织、经济合作与发展组织、世界银行国际金融公司、世界投资促进机构协会主办,科学技术部、国家质量监督检验检疫总局、国家知识产权局、国家旅游局、国务院侨务办公室、国务院台湾事务办公室、中国国际贸易促进委员会、中华全国工商业联合会、中国人民对外友好协会、中国开发区协会、中国扶贫开发协会、中国外商投资企业协会、中国国际投资促进会、海峡两岸经贸交流协会、中国个体劳动者协会、中国交通运输协会、中国企业联合会暨中国企业家协会、中华全国归国华侨联合会、新疆生产建设兵团、哈尔滨市、青岛市、深圳市、厦门市、香港特别行政区政府、澳门特别行政区政府以及除了台湾之外的所有省份、自治区和直辖市共同参与,由福建省人民政府、厦门市人民政府和商务部投资促进事务局承办的大型国际性经贸合作交流会。

组委会下设办公室、会务部、联络部、投资贸易部、新闻中心等工作机构,通过组织招商展览、投资论坛和项目洽谈等形式,既让外资"走进来",也让中国企业"走出去"。

(二)发展成就

应该说,投洽会自创办以来已经取得了非常丰硕的成果。从表 2-8 可以看出,截止 2013 年的第 17 届,投洽会共吸引了 197434 位境外客商参加,签订了 16510 个合同项目,合同利用外资金额累计达 1725.84 亿美元。

从发展态势来看,境外客商的与会人数和境外客商所覆盖的范围在大多数年份内均呈现逐步发展态势,不过近几年有所波动。就境外客商的与会人数而言,由第一届的 6200 人一直稳步增长至第十四届的 15581 人,第十五届略有减少,第十六届又增至 16112 人,达到了现有的最高人数记录。

---

① 《投洽会简介》,中国国际贸易投资洽谈会官方网站,2015 年 5 月 1 日,http://www.chinafair.org.cn/china/overview/about.aspx.

就境外客商所覆盖的范围而言,第一届境外客商来自 52 个国家和地区,此后覆盖范围几乎呈现稳步扩大的态势,至第九届达到了 125 个,第十届降至 113 个后又逐步上升,至第十四届增至了 144 个,达到现有的最高纪录。至于合同利用外资金额则波动较大,但整体上呈上升趋势,由第一届 62.19 亿美元增至第十七届的现有最高值 321.6 亿美元,其中第五届为最低谷,仅有 47.98 亿美元。所签合同项目数的变化几乎和境外客商与会人数以及境外客商所覆盖范围的变化相反,大体呈现逐步减少的趋势,由第一届的 1668 个减为第十五届的 339 个,但是第十七届又突然增至 1386 个。

表 2-8 投洽会历届成果

届　　次	与会国家和地区(个)	与会境外客商数(人)	签订合同项目(个)	合同利用外资金额(亿美元)
第一届	52	6200	1668	62.19
第二届	60	6377	1606	55.2
第三届	80	6418	1228	51.83
第四届	89	8500	1261	50.01
第五届	97	8950	1027	47.98
第六届	96	10107	1151	63.6
第七届	102	11781	1259	66.52
第八届	118	11841	1110	81.22
第九届	125	12015	1053	122.43
第十届	113	12650	752	76.17
第十一届	119	13158	669	96.2
第十二届	126	13685	517	80.99
第十三届	125	13768	515	75.3
第十四届	144	15581	484	99.6
第十五届	112	15118	339	104.6
第十六届	132	16112	485	270.4
第十七届	118	15173	1386	321.6

资料来源:《历届成果》,中国国际贸易投资洽谈会官方网站,2015 年 5 月 1 日,http://www.chinafair.org.cn/china/overview/outcome.aspx.

从客商来源来看,投洽会覆盖了世界六大洲,但是最大的客商群体还是来自大中华区。以第十七届投洽会为例,到会客商总数为 55296 人,其中来自中国大陆的有 40123 人,占了总数的 72.6%;来自港澳台的有 6637 人,占了总数的 12%;除了大中华区之外,来自亚洲的最多,有 2694 人,约占总数的 5%;来自非洲、欧洲、北美洲和南美洲的客商人数差别不大,人数在 1100~1700 之间;大洋洲人数最少,仅为 256 人。

第十七届投洽會客商來源（人數）

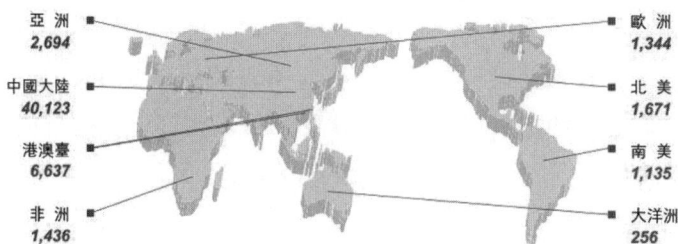

第十七届投洽會客商結構（人數）

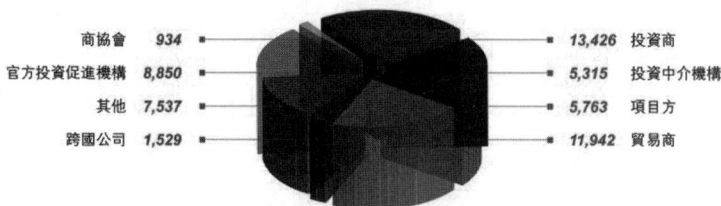

图 2-5   第十七届投洽会的客商来源与客商结构

资料来源:《历届成果》,中国国际贸易投资洽谈会官方网站,2015 年 5 月 1 日,http://www.chinafair.org.cn/china/overview/outcome.aspx.

(三)对福建经济发展的影响

作为东道主,福建将投洽会作为展示八闽风貌、走向世界的重要窗口,因而投洽会成为福建扩大开放、招商引资的有力助推器,在吸引外资方面发挥着越来越重要的作用。

2009 年前后,福建每年新批外商投资金额中 30％以上是在投洽会上签约的。[①] 投洽会汇集了项目、资金、人才和信息,正成为助推福建跨越发展的重要平台。2010 年的投洽会福建共签约项目 532 项,总投资 176.2 亿美元,利用外资 150.5 亿美元,其中合同项目 437 项,总投资 110.2 亿美元,利用外资 90.4 亿美元。其中投资千万美元以上项目 302 项,投资 3 亿美元以上的 10 项,呈现出项目规模越来越大、投资结构不断优化的特点,项目质量明显提高。福建各地各部门还不断改善投资环境,促签约项目尽快落地。截至 2011 年 8 月中旬,签约项目中已有 336 项获批,其中合同项目 313 项,总投资 66.1 亿美元,合同外资 61.4 亿美元,报批率分别为 71.6％、60％和 67.9％。[②] 外商投资数量提升的同时,签约项目的投向也更趋合理。据统计,2012 年福建的签约项目中,现代服务业项目就占 11.4％,与电子信息、机械制造、石油化工等三大产业,新材料新能源、环保节能和生物医药等新兴产业占据半壁江山。[③]

各类项目签署并落地,给福建跨越式发展带去了强劲的推动力。投洽会让福建区域经济迸发活力。2010 年福建平潭综合实验区签下了总投资达 272 亿元的 8 个项目,由世茂集团与台湾远雄投资的海峡如意城已启动,将引进喜来登酒店管理团队的红岩山庄平潭国际大酒店也已开建。投洽会让福建的先进制造业加快发展。由全球最大的电子玻璃厂商、第二大手机外壳厂以及最大触控技术生产厂共同投资成立的宸鸿科技(厦门)有限公司,2010 年投洽会上签约再投资 10 亿元,新上五期扩建项目,预计 2011 年产值可达 180 亿元。投洽会让福建的投资结构不断优化。2008 年厦门集美服务业项目签约额 50.9 亿元,占全部签约额的 54％,首次超过工业项目,2010 年这一比重提升到 72％。[④]

此外,投洽会还促进了厦门旅游业的发展。投洽会举办,最直接受益的

① 《万商云集的厦门"9·8"投洽会》,《福建党史月刊》2009 年第 10 期,第 52 页。
② 王永珍:《"9·8"成为福建跨越式发展的"推进器"》,《福建日报》2011 年 9 月 5 日,第 001 版。
③ 林侃:《"9·8"引擎强驱动,福建发展"加速度"》,《福建日报》2013 年 9 月 7 日,第 001 版。
④ 王永珍:《"9·8"成为福建跨越式发展的"推进器"》,《福建日报》2011 年 9 月 5 日,第 001 版。

是厦门旅游业。投洽会节省了厦门旅游业的宣传成本,因为旅游宣传方式中亲历者的宣传是最低成本的宣传方式,并能起到良好的口碑效应。以第十三届投洽会为例,该届投洽会共吸引了来自全球 125 个国家和地区的 13768 名境外客商,41687 名境内客商,他们均是高端旅游消费的潜在客源。他们普遍反映投洽会组织得很好,规模越来越大,厦门是一座美丽而又充满活力的城市,无形中为厦门做了很好的免费宣传,提升了城市形象。投洽会的举办还增加了厦门的旅游收入。据厦门市一些专业会议公司统计,一场千人以上的大型企业订货会和年会,可为厦门市住宿、餐饮、购物、旅游带来约 1000 万的收入。1987—2009 年厦门举办了十届福建投资贸易洽谈会和十三届中国国际投资贸易洽谈会,展览面积达 81 万平方米,展位总数达 34000 个,按每个展位 10000 元计,展位直接收入 3.4 亿元,按国际展览联盟 1 比 9 的计算方式,历届投洽会共为厦门创造经济效益超过 30 亿元,其中受益最多的是旅游业。[①]

四、浙洽会

中国浙江投资贸易洽谈会(简称浙洽会),是由浙江省人民政府主办,每年一次的综合性对外经济贸易交流活动,于每年 6 月 8—12 日在浙江宁波举行,已连续举办了十七届,是浙江引进资金、技术、人才、管理等的载体,也是浙江走出国门、走向国际的平台。自 1999 年首届起至今,浙洽会已形成了集投资洽谈、贸易展览、会议论坛、人文交流引进于一体的国内大型展会。中国国际日用消费品博览会(简称消博会)是中国进出口商品四大交易会之一,自 2002 年开始与浙洽会同期举办。

(一)组织结构

浙洽会由浙江省人民政府主办,宁波市人民政府、浙江省商务厅承办,浙江全省各市人民政府、省级有关部门、国家有关商会及部分国内外城市协办。同期举办的中国国际日用消费品博览会由国家商务部和浙江省人民政府主办,宁波市人民政府和浙江省商务厅承办,宁波市商务委员会执行承

---

① 唐黎:《9·8 投洽会与厦门旅游业关联互动发展研究》,《特区经济》2010 年第 11 期,第 163 页。

办,中国对外贸易中心、中国对外经济贸易企业协会、中国轻工工艺进出口商会、中国机电产品进出口商会、中国纺织品进出口商会、中国食品土畜进出口商会、香港贸易局协助支持。

浙洽会的组织机构共有九个职能部门,分别是组委会办公室、投资洽谈部、贸易展览部、中东欧论坛部、人文交流部、接待联络部、安全保卫部、综合保障部、新闻中心等。

(二)发展成就

从表 2-9 可以看出,自从 1999 年的第一届至 2014 年的第十六届,浙洽会整体上呈发展趋势,但部分指数有所波动。就摊位数而言,除了第五和第六届有所波动外,其余均呈现上升态势,由第一届的 123 个摊位增至第十六届的 12.5 万平方米。就参加的客商数而言,由第一届的 3213 人一直增长至第十届的 13616 人,然而第十一届则剧减至 7970 人,至第十六届又激增至 1.5 万的峰值。相应的,贸易成交额也由第一届的 5382 万美元一路增长值第十届的 10.73 亿美元峰值,然后基本呈现下滑趋势,至第十六届降为 4.6 亿美元。投资总额基本呈现上升态势,由第一届的 38.28 亿美元增至第十五届的 128.1 亿美元,但协议外资金额从第一届至第十三届均在 20 亿~30 亿美元波动,只有在第十四、十五届增势明显,然而第十六届又回到了 30 多亿美元。各项指数的波动与中国入世、消博会举行、国际金融危机、会展业竞争等诸多因素的影响密切相关。

至于自 2002 年开始举办第一届的消博会,参展企业由第一届的 800 家增至第十一届的 2800 家,期间基本呈现上升趋势,但随后几届略降为 2500 家左右。境外客商则由第一届的 2300 名激增至第七届的 9560 名,随后起伏很大,至第十二、十三、十四届为 10000 多人。2015 年举办的第十四届消博会,展览面积 12 万平方米,共 5000 展位,设装饰礼品展区、餐厨用品展区、日用消费品展区和进口及电子商务展区。该届消博会展位的 44% 即 2200 个为常年展位,37.5% 即 1875 个为出口商品展位,9.5% 即 475 个为进口商品展位,9% 即 450 个为外贸工厂展位。10250 名境外采购商中,68.09% 来自亚洲,12.74% 来自欧洲,11.89% 来自非洲,6.20% 来自美洲,

1.08%来自大洋洲。[①]

表 2-9　浙洽会历届的投资与贸易情况

序号	签约项目 （个）	投资总额 （亿美元）	协议外资 （亿美元）	贸易成交额 （万美元）	摊位数	客商数
第一届	457	38.28	20.87	5382	123	3213
第二届	386	43.99	22.50	9785	215	4098
第三届	451	46.10	25.20	10275	378	4550
第四届	322	51.27	30.78	51100	1750	7057
第五届	277	61.7	26.72	61000	1464	9258
第六届	251	58.53	28.35	65000	1646	10354
第七届	251	58	29	70200	2200	11768
第八届	172	76	31.2	91000	3000	12632
第九届	231	78.4	32.8	101100	3000	13516
第十届	201		35.8	107300	4000	13616
第十一届	192		31.7		4000	7970
第十二届	167		31.			10068
第十三届	103				m²	10191
第十四届	107		47		万 m²	10158
第十五届	87	128.1	51.3	4600	12 万 m²	1.45 万余人
第十六届	37（其中外资 项目 22 个）		38		12.5 万 m²	1.5 万余人

资料来源:浙洽会网站,http://www.zjits.com/index.php/home/hg.html.

(三)对浙江经济发展的贡献

浙洽会落户宁波,是宣传宁波投资环境、加速与国际市场接轨、扩大招商引资的平台,是集国内外的人流、物流、信息流、技术流、资金流的交流和合作平台,为浙江经济社会发展做出了很大贡献。

---

① 《历届回顾》,消博会网站,http://www.cicgf.com/about/about_review.php.

1. 对 GDP 增长的贡献

从表 2-10 可以看出,浙洽会前五年浙江省 GDP 增幅一直在下降,而浙洽会召开后的五年时间,浙江省全年 GDP 增幅在慢慢上升,毫无疑问浙洽会给了浙江省新的经济增长点和经济发展动力,一定程度上为浙江经济的不断发展做出了贡献,虽然这一贡献的大小难以评估。

表 2-10   浙洽会前后 5 年浙江的 GDP 增速比较

年份	GDP(亿元)	增长率(%)
1994	2689.28	20
1995	3557.55	16.8
1996	4188.53	12.7
1997	4686.11	11.1
1998	5052.62	10.2
1994—1998 年平均增幅	/	14.16
1999	5443.92	10
2000	6141.03	11
2001	6898.34	10.6
2002	8003.67	12.6
2003	9705.02	14.7
1999—2003 年平均增幅	/	11.78

资料来源:《浙江统计年鉴 2013》,北京:中国统计出版社,2013 年,第 14 页。

2. 对进出口贸易的贡献

从图 2-6 可以看出,在浙洽会召开之前,浙江每年的进出口总额都低于 2 亿美元并且增长缓慢;在浙洽会召开后,尤其是在 2001 年中国加入世界贸易组织后,浙江省进出口额增长势头强劲,在 2005 年就突破了 10 亿美元大关。毫无疑问,浙洽会对浙江进出口贸易的推动作用是巨大的,这不仅直接反映在每次的贸易成交额上,还反映在其对进出口贸易的间接拉动作用上。

3. 对外贸依存度的拉升

从表 2-11 可以看出,1994—1998 年浙江的外贸依存度在 24%~29%

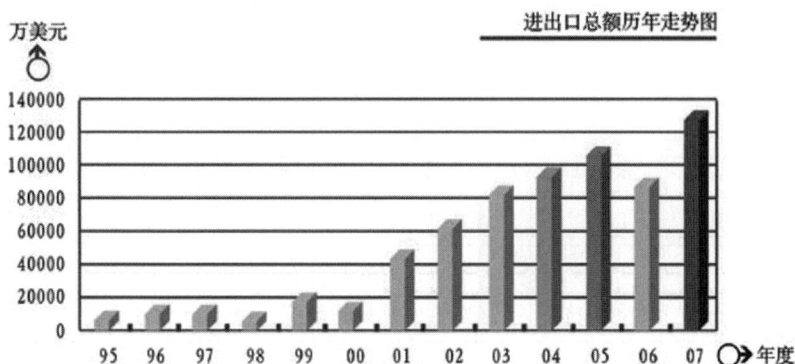

图 2-6　浙江省历年进出口总额历年走势图

资料来源:根据历年的《浙江统计年鉴》数据整理。

之间,且呈现下滑趋势。而自浙洽会召开的 1999 年之后,浙江的外贸依存度开始呈现出直线上升趋势,由 1999 年的 27.8％猛增至 2004 年的62.9％,达历史新高。浙洽会召开后浙江外贸依存度处于稳步上升态势,说明外贸对浙江经济发展的影响程度不断增大。再从出口依存度和进口依存度来分析,浙江省的出口贸易依存度长期以来都高于进口贸易依存度。也就是说,浙江省长期来一直处于对外贸易顺差状态。

表 2-11　浙江对外贸易依存度变化

单位:亿美元

年份	国民生产总值(GDP)	进出口总值	外贸依存度	出口总值	出口依存度	进口总值	进口依存度
1994	312	89.9	28.8％	60.9	19.5％	29.0	9.2％
1995	426	115.1	27％	76.9	18.0％	38.1	8.9％
1996	504	125.4	24.8％	80.4	15.9％	44.9	8.9％
1997	565	142.8	25.2％	101.1	17.9％	41.6	7.3％
1998	610	148.5	24.3％	108.6	17.8％	39.8	6.5％
1999	658	183.0	27.8％	128.7	19.5％	54.3	8.2％
2000	742	278.3	37.5％	194.4	26.2％	83.8	11.2％

续表

年份	国民生产总值（GDP）	进出口总值	外贸依存度	出口总值	出口依存度	进口总值	进口依存度
2001	833	328.0	39.3%	229.7	27.5%	98.2	11.7%
2002	967	419.5	45.4%	294.1	31.8%	125.4	12.9%
2003	1173	614.1	55.4%	415.9	37.5%	198.1	16.8%
2004	1407	852.1	62.9%	581.4	42.9%	270.6	19.2%

资料来源：根据《浙江统计年鉴》数据整理计算。

五、南博会暨昆交会

昆交会，全称中国昆明进出口商品交易会，是获国家商务部批准，由中国商务部和西南六省（区、市）七方联合主办，云南省人民政府承办的、以东南亚、南亚国家为重点的区域性综合性进出口商品交易会，每年6月6—10日在中国昆明国际会展中心举办，1993年开始首届至今已成功举办23届，交易会涵盖了进出口贸易、边境贸易、投资洽谈、对外承包工程、劳务合作等内容。

2009年昆交会期间同时举办了第二届南亚国家商品展。南亚国家商品展由国家商务部、云南省政府、阿富汗商工部、巴基斯坦商务部、马尔代夫商工部、孟加拉国商务部、尼泊尔工商供应部、斯里兰卡出口发展和国际贸易部、印度商工部联合主办，云南省商务厅、阿富汗出口促进局、巴基斯坦贸易发展署、马尔代夫全国工商会、孟加拉出口促进局、尼中经贸协会、斯里兰卡商务局和印度贸易促进组织共同承办，首届南亚国家商品展于2007年12月28—30日在北京举办。2012年10月30日经国务院批准，南亚国家商品展正式升格为中国—南亚博览会。2013年6月7日第一届中国—南亚博览会暨第21届昆明进出口商品交易会云南昆明国际会展中心开幕。

（一）组织机构

昆交会由国家商务部、重庆、四川、云南、贵州、广西、西藏、成都（省、自治区、市）人民政府主办，云南省人民政府承办，全国工商业联合会、中国国际贸易促进委员会、中国石油和化学工业协会、香港贸易发展局、香港中华总商会、澳门中华总商会、泰国中华总商会、马中经贸商会、越南国家工商会、东盟工商会协办。

关于机构设置,中国昆明进出口商品交易会办公室(简称"昆交会办公室",设在云南省商务厅),作为昆交会的常设机构,专门负责昆交会的日常工作。组委会办公室,作为昆交会期间设置的临时工作机构,负责统筹协调、组织会期各项工作。组委会业务处,作为会期临时工作机构,负责联络各交易团,协调组织各项外经贸业务活动,维护交易秩序,汇总、统计并报送成交情况,登记到会客商名录并做好相关服务工作。组委会保卫处,作为会期临时工作机构,负责安全保卫、交通管理、会场安全秩序维护及突发事件处置等相关工作。卫生防疫工作组,作为会期临时工作机构,负责会期防疫。

昆交会实行"省市组团、行业设馆、馆团结合"的组展方式。设境内交易团,各类企业按其所在行政区域或系统参加各省、市(区)交易团,分别按行业进入专业馆;境外各类企业按国别、地区参加由中国贸促会云南省分会组织的境外来展交易团。

(二)发展成就

从表 2-12 可以看出,昆交会的发展规模在第 1～14 届波动比较大,并未呈现直线发展或稳步发展的态势,其中 2000 年的举办的第 8 届处在发展的最低谷,境外客商数、展位数、展出面积均为历届最低,然而矛盾的是,该届国内参展的省区市数量是最多的,参展的国别地区数量也处于高位。第15～24 届大体呈现稳步发展的态势。除了国内参展的省区市数量和国别地区数量始终处于波动状态外,第 1～24 届昆交会在发展规模上总体上呈发展态势,境外客商数由第 1 届的 5169 人增至第 20 届的 23000 人;展位数由第 1 届的 1466 个增至第 23 届的 6150 个;境外展位数由第 7 届的 150 个增至第 17 届的 612 个;展出面积由第 1 届的 16864 平米增至第 24 届的180000 平米。

表 2-12　第 1～24 届昆交会参展情况一览表

时间	国内参展省区市	国别地区	境外客商	展位数	境外展位数	展出面积（m²）
1993	19	45	5169	1466		16864
1994	24	59	5466	1386		15674
1995	22	51	4690	1265		14829
1996	26	61	4800	1326		11934
1997	23	65	5600	1588		14292
1998	27	57	8000	1784		16056
1999	20	52	9500	1530	150	15770
2000	28	53	3000	1220		10980
2001	27	40	7000	1375	117	12375
2002	28	43	8000	1380	150	12420
2003	17	28	6000	1540	263	15260
2004	24	26	8000	1450	277	14550
2005	28	22	8000	1550	275	15050
2006	27	19	9600	1474	250	13266
2007	19	20	8000	2208	306	19872
2008	22	19	8000	2292	390	20628
2009	23	22	8000	2334	612	21006
2010	21	23	20000	2452		22068
2011	19	25	22000	2485		22365
2012		30 多	23000	2485		22365
2013	23	42		2420		21780
2014	24	46		3188		28692
2015	30	75		6150		130000※
2016	29	89				180000※

注：※是指总的展览面积。

资料来源：《中国昆明进出口商品交易会简介》，新华网，2010 年 5 月 31 日，http://www. yn. xinhuanet. com/topic/2010－05/31/content_19935717. htm；《第 18 届昆交会今日闭幕 各项外经贸成交额达 169 亿元》，云南网，2017 年 9 月 25 日，http://yn. yunnan. cn/html/2010－06/10/content_1219736. htm；《云南国际博览事务局 2016 年省级绩效自评报告》，2017 年 3 月 29 日，南博会官网，https://www. csa－expo. com/NBGW/gw/newsInfoCtr/queryInfoContent？infoId＝8Hz7w5c4VEGz9bEW6LwmjGSmUX8zF4qS

从表 2-13 可以看出,昆交会的贸易额与协议投资额在第 15～24 届总体上呈现发展趋势,外经贸总额由第 15 届的 20.74 亿美元增长至第 24 届的 1580.63 亿元;进出口额由第 15 届的 10.39 亿美元增长至第 24 届的 790.69 亿元;签约外资金额由第 15 届的 7.52 亿美元增长至第 24 届的 621.98 亿元;对外经济技术合作金额虽波动较大,也增幅很大,由第 15 届的 1.54 亿美元增至第 24 届的 167.96 亿元;省外计划投资金额也波动较大,由第 15 届的 434.16 亿元猛增至第 20 届的 10387 亿元,至第 23 届仍有 7256 亿元。受全球金融危机影响,2009 年第 17 届昆交会的各项贸易与投资均大幅度下降。

表 2-13　第 15～23 届昆交会的贸易额与协议投资额

	外经贸额	同比增长	进出口额	同比增长	签约外资	同比增长	对外经技合作	同比增长	省外计划投资	同比增长
15 届	20.74 亿美元		10.39 亿美元		7.52 亿美元		1.54 亿美元		434.16 亿元	
16 届	23.56 亿美元	13.6%	11.37 亿美元	9.4%	10.17 亿美元	35.2%	2.02 亿美元	31%	534 亿元	23%
17 届	20.71 亿美元	−12%	10.08 亿美元	−11.3%	9.2 亿美元	−9.5%	0.71 亿美元	−65%	230 亿元	−57%
18 届	24.81 亿美元	19.8%	13.36 亿美元	23.7%	10.6 亿美元	15.2%	0.85 亿美元	19.7%	994 亿元	22.1%
19 届	69.9 亿美元	182%	16.39 亿美元	22.7%	52.1 亿美元	392%	1.07 亿美元	25.9%		
20 届	80.68 亿美元	15.9%	18.08 亿美元	10.3%	59.5 亿美元	14.2%	3.1 亿美元	189.7%	10387 亿元	
21 届	174.66 亿美元	116.5%	51.83 亿美元	186.6%	94.34 亿美元	58.6%	28.48 亿美元	818.9%	5378 亿元	
22 届	210.3 亿美元	20.4%	62.4 亿美元	20%	90.8 亿美元	−3.8%	4 亿美元	−86%	6526 亿元	
23 届	251.9 亿美元	19.8%	126.1 亿美元	102%	95.8 亿美元	5.5%	26.97 亿美元	569.2%	7256 亿元	
24 届	1580.63 亿元	1.2%	790.69 亿元	1.2%	621.98 亿元	4.7%	167.96 亿元	0.4%		

资料来源:根据昆交会和南博会官网的相关数据整理。

(三)对云南经济发展的贡献

昆交会的举办对云南经济发展的推动作用是巨大的。首先,昆交会的举办推动了云南对外贸易的发展。可以说昆交会映照了云南从对外开放的末梢到前沿的辉煌历程。1993 年云南对外贸易总额不足 12 亿美元,到 2011 年进出口总额达 160.5 亿美元,20 年间翻了 12.7 倍。① 2004 年云南全年的对外贸易额为 37.5 亿美元,其中昆交会上签约达成的交易量占了 20%。2005 年 1—4 月份云南的外贸总额达 15.4 亿美元,比 2004 年同期增长 40%,与全国的外贸增幅相比,云南处于第 3 位。②

其次,昆交会的举办促进了昆明基础设施建设的发展。昆明以昆交会为契机加大对城市的交通、通讯、会展场馆、市容整治建设等软硬件的投入,昆明国际会展中心经过多次扩建和维修,至 2009 年已占地 350 亩,每年举办 50 多个国际国内展览、200 多个展会、400 多个宴会,在《会展财富》杂志的"中国会展城市竞争力排行榜"中,昆明名列第六,并连续四年被评为中国会展业最佳会展城市。此外,2009 年昆明机场已跻身中国五大国际航空港之一,有飞往仰光、曼谷、新加坡、济州岛等 60 多条国际航线,以及通往香港、澳门及国内各大中城市的 40 多条航线,铁路、公路等基础配套设施也在逐步完善,昆明已经成为一个立体交通网络的区域性交通枢纽。③

再次,昆交会的举办推动了外部资金流入云南,进而促进各产业的发展。昆交会的举办,不仅促进了国内东西部地区的合作,同时一改投资者主要来自香港、台湾地区的局面,东南亚、美国、日本的投资商明显增加,打开了云南与东南亚及世界各国经济交往的良好局面。可以说从昆交会开始,云南吸引外商投资真正走上了轨道。2009 年前后,云南一大批重大招商引资项目都是通过昆交会实现的。外资方面,香港地区和东盟华商是引资重点。内资方面,长三角地区和中央企业是引资重点。

最后,昆交会的举办促进了云南会展业、旅游业及其他配套产业的发展。2009 年前后,每年在昆明地区举行的 100 人以上的中型会议有近千

---

① 《昆交会:映照云南对外开放历程》,《云南政协报》2012 年 6 月 11 日,第 001 版。
② 阿里:《昆交会助云南经济腾飞》,《中国民族报》2005 年 6 月 21 日,第 011 版。
③ 王坚等:《昆交会延伸发展大舞台》,《云南日报》2009 年 5 月 20 日,第 009 版。

个,承办国际、国内有影响和知名度的节、会、展每年都有 10 个以上,直接产生经济效益 10 亿元人民币,拉动包括旅游业在内的间接经济效益超过 100 亿元人民币。诸如 2003 年的中国国际旅交会,仅参展商就有 11830 人,在昆 5 天期间吃、住、行、游、购、娱 6 项的消费达 4200 万元。[①]

第二节　中马钦州产业园区与中新苏州工业园区的比较

一、中马钦州产业园区

(一)发展历程与规划

1. 发展历程

2011 年 4 月 28 日时值中国与东盟建立对话伙伴关系 20 周年之际,时任国务院总理温家宝访问马来西亚,与纳吉布总理达成双方共建中马钦州产业园区的共识。2011 年 10 月 21 日,第八届中国—东盟博览会期间,温家宝总理和纳吉布总理在南宁共同见证中马钦州产业园区合作文件的签署并为园区揭牌。2012 年 2 月,自治区人民政府批复同意设立自治区级中马钦州产业园区,并要求钦州市加快该园区建设,全面提升广西开放合作水平,推动广西北部湾经济区建设,促进广西的经济发展。2012 年 3 月 26 日,国务院正式批准设立中马钦州产业园区,明确园区为中马两国政府合作项目。[②] 2012 年 4 月 1 日,温家宝总理和纳吉布总理亲赴钦州,共同出席开园仪式并为园区奠基。2013 年 10 月 4 日,国家主席习近平对马来西亚进行国事访问,会见纳吉布总理时明确提出"将钦州、关丹产业园区打造成两国投资合作的旗舰项目,带动两国产业集群式发展",并共同见证钦州、关丹产业园区多项合作协议的签署。

2. 发展规划

中马钦州产业园区是中马两国投资合作旗舰项目,是继中新苏州工业

---

① 王坚等:《昆交会延伸发展大舞台》,《云南日报》2009 年 5 月 20 日,第 009 版。

② 杨青:《自治区政府批复同意设立中马钦州产业园区》,《钦州日报》2012 年 2 月 6 日,第 001 版。

园区、中新天津生态城之后,中外政府间合作建设的第三个园区,与马中关丹产业园区共同开创了"两国双园"国际园区合作新模式。中马钦州产业园区位于钦州市南部,毗邻广西钦州保税港区、国家级钦州港经济技术开发区,规划面积 55 平方公里,规划人口 50 万人。园区分为工业区、科技研发区、配套服务区和生活居住区。其中,工业区占地 30.2 平方公里,产业选择既立足现有基础、深化两国特色优势产业合作,又着眼未来发展、培育战略性新兴产业,重点发展装备制造、电子信息、食品加工、材料与新材料、生物技术等产业。科技研发区占地 2.4 平方公里,鼓励两国企业和世界顶尖研发机构在新一代移动通信、多媒体设备、新材料、生物技术、海洋科技等方面开展技术交流与合作,联手抢占国际产业链的制高点,促进产业与科技融合发展。配套服务区,占地 3.8 平方公里,大力发展现代物流、金融保险、商贸会展、文化康乐、技术咨询、服务外包、教育培训、区域总部经济现代服务业,共同打造产业链和服务链,促进第二、第三产业融合发展。生活居住区占地 18.6 平方公里,按照分级社区服务规划,营造具有浓郁东南亚风情、现代生态城市风格的国际化、高品质产业新城,打造全球客商在钦州投资发展、舒适生活的"第二家园",促进产业与新城融合发展。园区分三期建设,首期 15 平方公里,其中启动区 7.87 平方公里,于 2015 年基本建成。中马钦州产业园区以打造中国—东盟合作的示范园区为目标,着力建设"先进制造基地、信息智慧走廊、文化生态新城、合作交流窗口"。园区不仅服务中马两国企业,同时面向全球招商。

2015 年,在基本实现"3 年打基础"的目标后,中马钦州产业园区开始了华丽转身——进入产城项目为主推进的新阶段,向着"自贸区"版的中国第四代开发园区迈进,在钦州乃至广西的改革开放中发挥窗口作用、试验作用、排头兵作用。改革开放以来,我国园区发展经历四代。为实现园区高水平运作、高起点发展,中马钦州产业园区认真总结我国园区经济从工业集中型园区(1.0 版)向产城融合型园区(2.0 版)再到科教创新型园区(3.0 版)的发展经验,以创建"中国自由贸易试验区"为契机,推进园区开发模式创新和政策创新,积极探索建设具有自由贸易功能的第四代开发园区(4.0

版)。[1] 目前,中马钦州产业园区正在围绕建设第四代开发园区开展总体规划修编工作,重点强化高端产业集聚、城市功能项目建设、科教与人才汇集及国际投资与自由贸易服务功能。《中马钦州产业园区总体规划》的修编工作于 2015 年 3 月启动,委托全国设计大师——苏州工业园区总设计师时匡教授承担园区总体规划修编任务,目前中期成果已报由自治区研究审定。[2]

中马钦州产业园区围绕发展战略性新兴产业和跨境服务业集群,优先考虑与龙头商、先导商、集成商实施战略合作,整合相关技术、人才和资本要素,加快构建一批 TFM(Technology－Finance－Manufacturing & Modern services)产业发展平台,以"园中园"模式实施开发,推进战略性新兴产业平台化、集群化、资本化发展。今后三年内,园区重点支持生物医药、光电新材料、跨境电子商务、卫星应用和科技创业园等一批重点产业发展平台建设,通过设立多种类型的产业投资基金和其他金融扶持形式,促进一批重点骨干企业加速入园,带动战略性新兴产业规模化发展。[3]

(二)运作、管理与开发机制

1. 运作机制

2011 年 10 月中马钦州产业园区总体规划和管理模式已基本确定,园区开发管理体制实行政企分开,按照"合作开发、全球招商、利益共享、共同发展"的目标,由两国企业共同组建园区开发公司,按现代企业制度管理和运营,具体负责园区的开发建设和招商引资。中马钦州产业园的合作建设,在"政府支持、企业运作"的机制下,建立三个层面的合作协商工作机制。第一层面是中马双边经贸联合委员会;第二层面是由中国商务部和相关部委主管司局、钦州市政府以及马来西亚贸工部主管司局组成的中马经贸合作工作组;第三层面是中方地方政府成立的园区管理委员会。[4] 为统筹推进"两国双园"开发建设,中马两国政府还专门组建了由两国商务部(贸工部)

---

① 张冠年:《中马钦州产业园:打造具有自贸功能的 4.0 版开发区》,《广西日报》2015 年 9 月 25 日,第 016 版。

② 杨青:《打造中国第四代开发园区》,《钦州日报》2015 年 9 月 15 日,第 001 版。

③ 杨青:《"TFM"新引擎推动产业招商》,《钦州日报》2015 年 9 月 17 日,第 001 版。

④ 韦义华:《共识、共建、共赢——中马钦州产业园推进纪实》,《广西日报》2011 年 10 月 30 日,第 001 版。

牵头的中马"两国双园"联合合作理事会,建立了"两国双园"联合招商机制。

2. 管理机制

2011 年 12 月 1 日自治区主席马飚在钦州主持召开中国—马来西亚钦州产业园区现场办公会,强调要科学研究确立园区的管理体制,尽快成立自治区中马钦州产业园区工作领导小组以及园区筹备组,推动各项工作落实,要按照"政府搭台、企业运作、项目带动、利益共享"的开发模式尽快协商制定具体方案。[1] 2011 年岁末自治区人民政府成立中马钦州产业园区广西工作领导小组,自治区政府主席马飚担任组长,自治区党委常委、自治区常务副主席黄道伟,自治区党委常委、自治区副主席林念修,自治区副主席杨道喜、蓝天立担任副组长。领导小组成员由自治区政府秘书长王跃飞,自治区政府副秘书长魏然,钦州市委书记张晓钦、市长肖莺子和自治区商务厅、发改委等部门的主要负责同志担任。领导小组下设办公室,办公室设在自治区商务厅,负责牵头协调中马钦州产业园区规划建设有关工作。办公室主任由自治区政府副秘书长魏然、自治区商务厅厅长刘树森、自治区湾办常务副主任陈瑞贤兼任。领导小组的主要职责是:确定中马钦州产业园区的发展战略、总体规划和政策措施;研究、决定和部署中马钦州产业园区建设的重大事项和重要工作任务;统筹安排中马钦州产业园区的重点工作和重大项目;协调中马钦州产业园区建设各部门的工作,听取相关部门的情况汇报;协调解决中马钦州产业园区建设过程中的重大问题。[2] 2012 年 12 月 28 日,中国—马来西亚钦州产业园区举行中共中国—马来西亚钦州产业园区工作委员会和中国—马来西亚钦州产业园区管理委员会(以下简称园区工委、管委)揭牌仪式,园区工委、管委正式启动运行。自治区副主席、园区工委书记、管委主任蓝天立,自治区政府副秘书长魏然,园区工委副书记、钦州市长肖莺子,园区工委副书记、管委常务副主任、钦州市委常委黄洲共同为园区工委、管委揭牌。蓝天立强调,中马钦州产业园区工委、管委分别是自

---

① 陆崇林、陈琳:《举全区之力加快推进园区建设》,《钦州日报》2011 年 12 月 2 日,第 001 版。

② 田时胜:《自治区政府成立中马钦州产业园区广西工作领导小组》,《钦州日报》2012 年 1 月 23 日,第 001 版。

治区党委和自治区政府的派出机构,负责中国—马来西亚钦州产业园区管理工作。[①] 2013 年 3 月 23 日钦州市中马钦州产业园区协调服务领导小组第一次会议暨项目联合审批会议召开,市委副书记唐咸仅出席会议并作工作部署,中马钦州产业园区工委副书记、管委会常务副主任、市委常委黄洲介绍园区建设情况。市发改委、市国土局、市住建委、市工商局等 20 多个市直部门现场为园区发展提供协调服务,当天下午共联合审批 3 个产业项目和 7 个基础设施项目。[②]

3. 开发机制

中马钦州产业园区的开发管理体制实行政企分开,由中马双方企业合资组建园区开发公司,参与的公司包括中方的广西北部湾港务集团和由钦州市政府出资组建的钦州金谷投资有限公司以及马来西亚的常青集团和实达集团,其中中方控股 51%,[③]马方控股 49%,注册资本 3 亿美元。[④] 马方的常青集团与实达集团则共同出资成立钦州发展(马来西亚)联营公司。常青集团与实达集团均为世界 500 强企业,其中常青集团是一个多元化的国际跨国企业集团,主要从事贸易、资源开发,近年又重视文化投入,旗下拥有马来西亚最大的华文日报《星洲日报》,在海外华商中有很强的影响力和号召力;实达集团是马来西亚最大的上市房地产开发商,其项目涵盖房地产市场的所有领域。[⑤]

2013 年 7 月 15 日自治区主席陈武、副主席张晓钦拜会马来西亚总理纳吉布,钦州市长李新元,中马钦州产业园区工委副书记、管委常务副主任、市委常委黄洲,中马钦州产业园区管委副主任李杏参加会见。当日,李新元、黄洲、李杏分别代表中方签署了《中马钦州产业园区开发有限公司中外合资经营合同》、《马中关丹产业园区中外合资公司协议》、《中马钦州产业园

① 陆崇林、王湖禄:《中马钦州产业园区工管委揭牌》,《钦州日报》2012 年 12 月 29 日,第 001 版。
② 杨青:《建立长效机制,提供优质服务》,《钦州日报》2013 年 3 月 23 日,第 001 版。
③ 江玮:《中马"产业园外交"》,《21 世纪经济报道》2012 年 8 月 10 日,第 002 版。
④ 马仕生:《新潮涌动北部湾》,《广西经济》2012 年第 4 期,第 20 页。
⑤ 谢勇云:《郭声琨率广西代表团访问参与中马钦州产业园区开发建设的长青集团、实达集团》,《钦州日报》2012 年 6 月 15 日,第 001 版。

区开发合作协议》等。① 2014 年 11 月 27 日,《中国－马来西亚钦州产业园区管理办法》(以下简称《管理办法》)经自治区人民政府第 107 号令颁布,将于 2015 年 1 月 1 日起正式施行,《管理办法》规定,中国和马来西亚双方公司组建的合资公司根据相关协议开发建设园区,负责园区基础设施和公共设施的投资、建设、运营和维护,并享有相应的投资权、经营权和收益权。②

(三)政策扶持

中马钦州产业园区建设得到了中央政府和广西自治区政府的大力支持,均出台了各种政策予以大力支持。

1. 中央政府的大力支持

中马产业园区的倡导、启动与建设过程始终凝聚着习近平主席、李克强总理、温家宝前总理、贾庆林前政协主席等国家领导人的心血,并在他们的关怀下中央政府出台了一系列扶持政策。2015 年 11 月 10 日,国家主席习近平、国务院总理李克强分别在人民大会堂会见前来北京出席亚太经合组织第二十二次领导人非正式会议的马来西亚总理纳吉布时指出,中马两国政府要进一步加大支持力度,"将钦州、关丹产业园区打造成中马合作旗舰项目和中国—东盟合作示范区"。

首先,产业园区的入园企业将享受中国新一轮西部大开发政策、北部湾经济开发区政策和地方自主优惠政策。在土地价格方面,工业基准地价为 9.6 万元/亩,但是按照相关政策和项目实际情况最低可按《全国工业用地出让最低价标准》的 10％～50％执行。优惠政策不仅体现在土地价格方面,在税收方面,根据规定,国家鼓励类产业企业减按 15％的税率征收企业所得税;同属北部湾经济区鼓励发展的产业,可减按 9％的税率征收企业所得税。企业从事国家重点扶持的公共基础设施项目投资经营所得,以及符合条件的环境保护、节能节水项目所得,可依法享受所得税"三免三减半"优惠。在资金扶持方面,落户园区的加工贸易企业(除"两高一资"即高耗能、

---

① 陈春棠:《我市访马代表团取得系列成果》,《钦州日报》2013 年 7 月 17 日,第 001 版。

② 韦义华:《开发有法可依,管理有发可循》,《广西日报》2014 年 12 月 26 日,第 012 版。

高污染和资源性项目外)生产用自来水、生产用电可享受同级财政部分补贴。①

其次,2013 年 10 月底,国务院特别批准自 2013 年起给予园区连续 3 年每年 8 亿元中央财政补助资金,并正在加快研究出台专门支持园区开发建设的优惠政策。②

再次,2014 年 7 月 20 日国务院办公厅函复广西壮族自治区人民政府和商务部,支持中马钦州产业园区开发建设,同意钦州产业园区在打造中国—东盟自贸区升级版,实现投资便利化、贸易自由化、金融国际化、管理法制化方面先行先试,努力建设中国—东盟产业合作先导区、创新开放试验区、睦邻友好示范区;支持钦州产业园区重点发展装备制造、电子信息、食品加工、材料和新材料、生物技术、海洋产业和现代服务业;鼓励钦州产业园区进行金融改革、创新和国际合作;允许负责钦州产业园区开放建设的合资公司外资资本金及外汇结汇后所得人民币资金用于园区土地开发、基础设施、公用设施建设等经批准的业务;支持钦州产业园区建设中国—东盟开放合作人才特区,创新有利于人才集聚的政策和机制,为外国籍人才、港澳台人才、海外华侨和留学归国人才在园区的就业、生活以及出入境等提供便利;支持钦州产业园区进行土地管理改革。③

最后,2015 年 7 月,国务院出台了支持中马钦州产业园区开发建设的六大专项政策,允许中马钦州产业园区按照上海自由贸易区的创新思路,在投资便利化、贸易自由化、金融国际化、管理法制化等方面先行先试。

2. 广西自治区政府的大力支持

应该说,广西自治区政府是在倾全力支持产业园区建设。2011 年 12 月 1 日时任自治区主席马飚在钦州主持召开中国—马来西亚钦州产业园区现场办公会,强调要举全区之力,下足决心、给足政策、筹足资金,加快推进,确保园区早日建成,不辜负党中央和国务院对广西的厚望;强调要系统

---

① 马仕生:《新潮涌动北部湾》,《广西经济》2012 年第 4 期,第 20 页。

② 李正强:《中马钦州产业园区先行先试,获系列优惠政策》,《中国联合商报》2014 年 8 月 4 日,第 F01 版。

③ 《国务院办公厅关于支持中马钦州产业园区开发建设的复函》,《钦州日报》2014 年 8 月 20 日,第 001 版。

研究、制定专门的优惠政策,全力支持园区开发建设。① 广西自治区政府副主席、中马产业园区管委会主任张晓钦也强调,广西将举全区之力支持该园区的开发建设,积极促进园区在构建"西南、中南新的战略支点"中发挥引擎作用。②

2012年9月18日,中马钦州产业园区开发建设优惠政策经自治区政府常务会议通过并下发通知,优惠政策的内容涵盖财政政策、税收政策、土地政策、金融政策、人力资源和社会保障政策、外事及其他政策等六个部分。其中税收优惠政策的主要内容有:(1)2013年1月1日至2020年12月31日,园区享受国家西部大开发15%税率以及减半征收期税收优惠政策的企业,除国家限制和禁止的企业外,免征企业所得税地方分享部分;(2)2013年1月1日至2020年12月31日,园区内高新技术、轻工食品等工业企业,以及物流业、金融业、信息服务业、会展业、旅游业、文化业、广播电视、新闻出版、体育、卫生等服务企业,免征自用土地的城镇土地使用税和自用房产的房产税;(3)园区内经批准开山填海整治的土地和改造的废弃土地,从使用的月份起免征城镇土地使用税5年,第6年至第10年减半征收。③

2014年7月10日,中马钦州产业园区建设"自治区改革创新先行园区"总体方案经自治区党委常委会审议原则通过,中马钦州产业园区作为广西改革创新先行园区,将在两到三年内实现"基本建立与国际规则相适应的园区开发建设和运营管理体制机制,逐步形成自治区改革创新高地"的主要目标。该方案包括行政管理、财政金融、规划建设、科技创新、社会管理、人事人才、生态文明、开放合作8个方面改革任务,具体细化为法定机构治理、负面清单管理、特殊财政体制、创新外汇监管、推进"三规合一"、着力科技创新、加强社会管理、打造人才高地、创建北部湾自由贸易港区等30项具体改革措施。④

① 陆崇林、陈琳:《举全区之力加快推进园区建设》,《钦州日报》2011年12月2日,第001版。

② 刘玉海:《中马钦州产业园欲成西南经济新引擎》,《21世纪经济报道》2013年12月19日,第007版。

③ 陆崇林:《中马钦州产业园区开发建设优惠政策出台》,《钦州日报》2012年10月22日,第001版。

④ 黄富:《中马钦州产业园区建设"自治区改革创新先行园区"方案获批实施》,《钦州日报》2014年7月11日,第001版。

2015 年 7 月,中马钦州产业园区管委会出台《中马钦州产业园区战略性新兴产业与重点产业发展平台直投资金投资管理暂行办法》。直投资金本质上是政策性扶持资金,遵循"政策扶持、市场运作、鼓励创新、引导为主、规范管理"的原则,探索将财政资金无偿补助转变为可回收、可循环使用的股权投资基金,通过园区组建的广西中马园区产业平台投资有限公司,对直投资金进行投资管理,支持园区企业发展。广西慧宝源医药科技有限公司是第一家受益的企业,获得了园区管委会直投资金的支持。[①]

2015 年 8 月,自治区出台了园区建设自治区改革创新先行园区总体方案,批准实施园区人事管理体制改革,明确提出国家和自治区出台的各项改革创新举措优先放在园区先行先试。[②]

（四）发展成就

在中央、自治区和钦州市的大力支持和推动下,园区建设推进非常顺利,基础设施建设项目和产业开发项目均取得了突出的成就。

1. 基础设施建设项目

截至 2015 年上半年,园区累计完成投资 28 亿元,其中基础设施投资 20 亿元。[③] 经过"三年打基础",园区基础设施和产业配套体系已经初步形成,具备了产业成片开发项目"即到即入园"的条件,园区转入到产业快速发展的新阶段。当时园区 7.87 平方公里的启动区,包括"三纵三横"主干路网在内的园区交通路网,已经全面打通,水、电、气及绿化配套同步推进,园区产业配套服务设施已基本完善。除了交通路网和水、电、气配套工程等主要硬件建设外,园区瞄准产业发展需求打造的几个产业配套项目尤其引人注目。[④] 园区公共服务中心、公租房、国家燕窝及保健食品检测重点实验室等项目已建成,首批产业工人配套用房、标准厂房已封顶,派出所、垃圾处理站、消防站、加油站、变电站、基础教育等公共服务项目已启动建设,初步形

---

① 杨青:《直接投资扶持企业成长》,《钦州日报》2015 年 8 月 31 日,第 001 版。
② 张冠年:《中马钦州产业园区首批项目可望年底投产》,《广西日报》2015 年 11 月 12 日,第 003 版。
③ 杨青:《中马钦州产业园区这三年"蛮拼的"》,《钦州日报》2015 年 8 月 7 日,第 001 版。
④ 李艳晔:《写好产业配套的大文章》,《钦州日报》2015 年 7 月 9 日,第 001 版。

成园区城市规模和服务功能。7 月 14 日揭牌的医疗室已为不少园区干部职工、企业工人、周边农民等提供医疗服务。①

2015 年是中马钦州产业园区启动区基础设施建设的收官之年,为进一步推进项目建设,9 月 1 日园区全面打响为期 120 天的项目建设大会战,开工建设中马南五街、丹桂路、六钦高速公路西侧防护绿化带等项目。12 个项目主要涉及道路、绿化、配套设施等方面,总投资约 23 亿元。项目完工后,中马钦州产业园区 7.87 平方公里启动区的基础设施建设和配套设施建设将会得到进一步改善,为园区引进更好的产业项目提供更广阔的平台。②

经过数年努力,园区启动区 7.87 平方公里"七通一平一绿"已经建成,具备产业和城市项目"即到即入园"的便利条件,2015 年底园区"三年打基础"目标基本实现,2016 年开始进入"五年见成效"的新阶段。

2. 产业开发项目

建设马来西亚进口燕窝产品加工基地是中马钦州产业园区规划建设的重点项目。国家质检总局已批准在中马钦州产业园区设立国家级燕窝及营养保健食品检测重点实验室,园区也已立项建设,2014 年正式投入使用。③ 2015 年 5 月下旬,中马钦州产业园区与马来西亚外贸发展局举行了座谈,决定共同推进中马钦州产业园区燕窝产业发展。2015 年 4 月 5 日,中马钦州产业园区首批 6.5 万吨进口巴西大豆在钦州检验检疫局监管下,开始卸入广西港青油脂有限公司库区。2015 年 7 月该公司已进入试投产的初级阶段。④

截至 2015 年 9 月底,园区内总投资 6.5 亿元的港青油脂项目已建成投产,总投资 9 亿元的慧宝源生物制药项目一期即将完成设备安装。并且已确定合作建设中国—东盟植物药与天然药研究与产业化基地、易通浩光电产业园、中国—东盟卫星应用产业化基地、弘信创业工场(物流电商平台)、

---

① 杨青:《中马钦州产业园区这三年"蛮拼的"》,《钦州日报》2015 年 8 月 7 日,第 001 版。

② 姚绍贤:《中马钦州产业园区投资 23 亿,打响项目建设大会战》,《钦州日报》2015 年 9 月 6 日第 001 版。

③ 苏必庆:《中马钦州产业园:打造燕窝进口加工基地》,《广西日报》2014 年 1 月 8 日,第 10 版。

④ 李艳晔:《写好产业配套的大文章》,《钦州日报》2015 年 7 月 9 日,第 1 版。

中马科技园(创新孵化平台)等五个产业发展平台,每个产业平台将以"园中园"模式引进关联企业集聚入驻。五个平台项目总投资85.8亿元,建成后年产值可达336亿元。园区已完善和提升产业发展规划,进一步明确"互联网＋"、生物技术和新医药、新能源和节能环保、新材料与智能制造、北斗卫星应用等新兴产业为主导产业,推动产品"走出去"。同时以燕窝、清真食品、棕榈油深加工为重点,吸引马来西亚等东盟国家优势产业入驻园区,初步构建具有新业态产业特征的园区产业集群。[①]

特别值得一提的是,2015年10月25日,园区工委副书记、管委会常务副主任高朴与维龙(镇江)电工研究院有限公司董事长李连和在南宁签订了中马维龙智能环保气体绝缘输变电产业基地项目投资协议。项目总投资40亿元,用地面积1000亩,产品包括智能封闭式气体绝缘输电线路(GIL)、气体绝缘封闭式组合电器(GIS)以及气体绝缘金属封闭式开关柜(C−GIS)等。项目分三阶段实施,第一阶段项目投资15亿元人民币,建设总装配厂及辅助设施,将于2016年一季度开工建设,2017年6月30日前竣工投产,建成后年产值约100亿元;第二阶段建设仓储、物流及配套项目;第三阶段建设研发、培训及配套等项目。项目建成后年产值约250亿元。[②]

2015年11月16日,2015年中国产业园区大会在上海举行。会议特别邀请中马钦州产业园区工委副书记、管委会常务副主任高朴发表主题演讲,并为中国产业园区发展创新联盟启动仪式揭牌,中马钦州产业园区同时荣获大会组委会颁发的"最具国际合作潜力园区"奖。获颁"最具国际合作潜力园区"奖,代表着业内同仁对中马钦州产业园区的认可和肯定。[③]

截至2017年7月,入园注册企业150多家,已有80多个产业项目落户园区,总投资超过400亿元,近期投资超过190亿元。很多项目已经试投产,保利协鑫分布式能源项目、凯利数码项目已经开工,一大批新引进项目如3D打印、5G天线、大酉电机等即将启动建设。启动区7.87平方公里产

---

① 张冠年:《中马钦州产业园:打造具有自贸功能的4.0版开发区》,《广西日报》2015年9月25日,第16版。

② 李艳晔:《中马钦州产业园区签下40亿大单》,《钦州日报》2015年10月31日,第1版。

③ 李艳晔:《中马钦州产业园区荣膺"最具国际合作潜力园区"》,《钦州日报》2015年11月17日,第1版。

业项目布局基本完成。[①]

二、中新苏州工业园区

苏州工业园区是中国和新加坡两国政府的合作项目,于 1994 年 2 月经国务院批准设立,同年 5 月实施启动。园区位于苏州古城区东部,规划面积 288 平方公里,中新合作区域 80 平方公里。园区以发达的高速公路、铁路、水路及航空网与周边各主要城市相连。轨道交通 20 分钟到达上海、60 分钟到达南京,与沪、宁、杭融入同城轨道化生活。

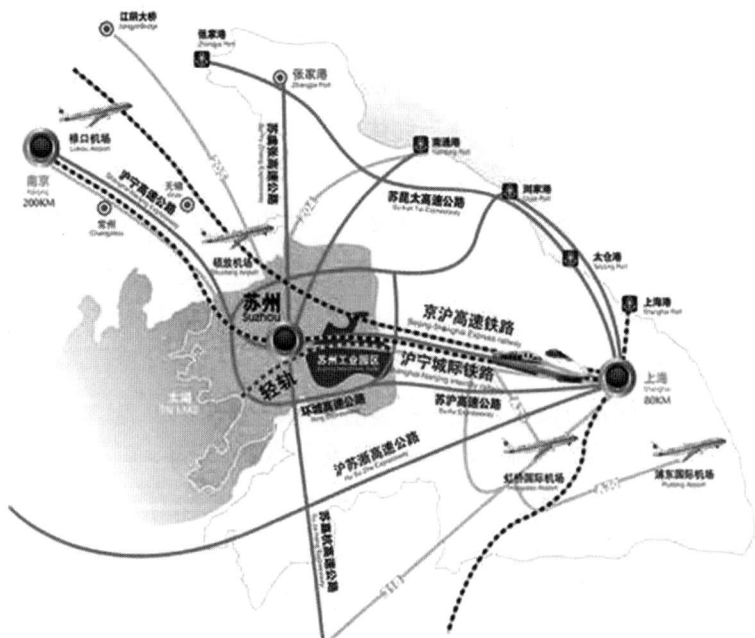

图 2-7 苏州工业园区所处的区位

（一）发展历程

1994 年 2 月 26 日,中国和新加坡两国政府在北京签署了《中华人民共

---

① 《中国—马来西亚钦州产业园区简介》,中马钦州产业园区官网,http://www.qip.gov.cn/News/Detail/d3ad5db6—9c0e—435a—a290—9f91a75beecc.

和国政府和新加坡共和国政府关于合作开发建设苏州工业园区的协议》,成立了中新联合协调理事会。同日,苏州市政府与新方财团代表中新两国政府签署了《苏州工业园区商务总协议》。1994 年 8 月 12 日,经对外经济贸易合作部批准,8 月 13 日经国家工商行政管理局批准,成立了合资公司"中新苏州工业园区开发有限公司"。2008 年 6 月 29 日,中新苏州工业园区开发股份有限公司创立大会召开,6 月 30 日股份公司正式成立,迈出了上市进程中的关键一步。2009 年 6 月 24 日,公司更名为中新苏州工业园区开发集团股份有限公司(简称:中新集团)。中新集团作为中新合作载体,为苏州工业园区开发建设做出了重大贡献。目前集团旗下拥有中新置地、中新公用、中新教服、中新苏通、中新苏滁等 40 多家子公司,员工约 2600 人,总资产 200 亿元。[①]

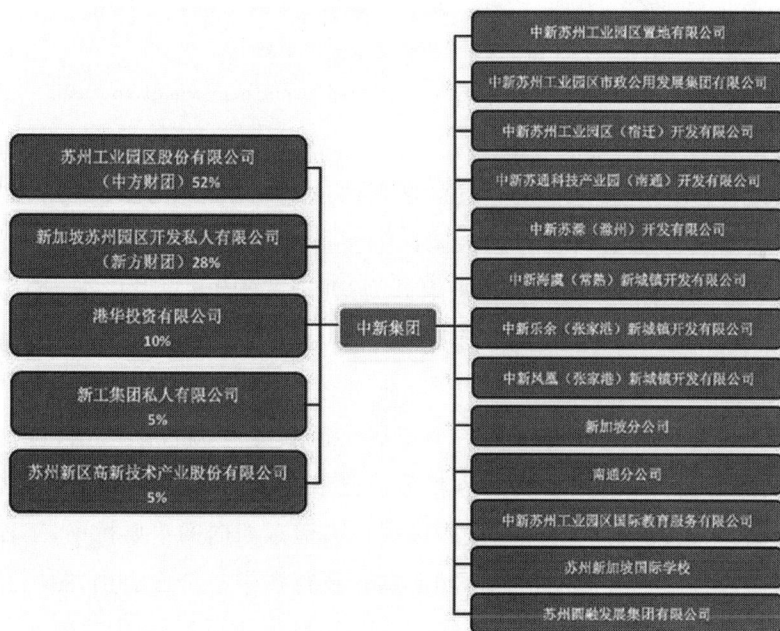

图 2-8 中新集团架构

资料来源:中新集团官网,http://www.cssd.com.cn/gywm_jiagou.asp.

---

① 《集团介绍》,中新集团官网,http://www.cssd.com.cn/gywm.asp.

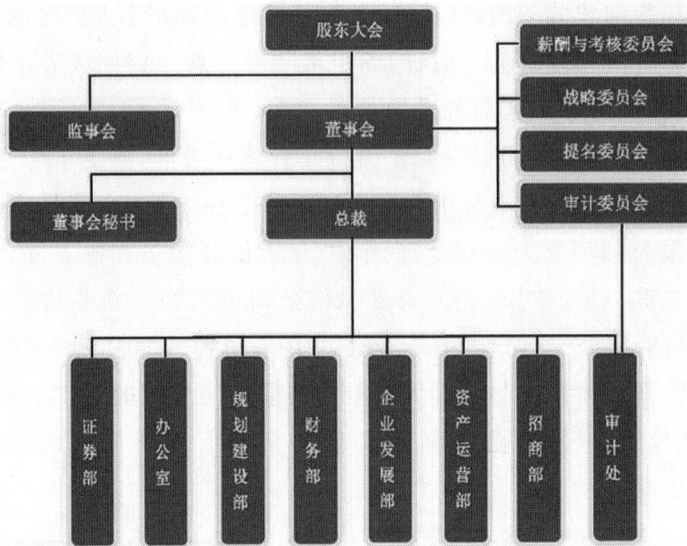

图 2-9　中新集团本部组织架构

资料来源：中新集团官网，http://www.cssd.com.cn/gywm_jiagou.asp.

　　1994 年 2 月，园区首期开发区规划通过了专家审定。3 月，园区"六通到边"基础设施建设工程和进入园区的主干道苏斜路拓建工程全面展开，"六通到边"的基础设施建设后来上升为"九通一平"。5 月 12 日，园区建设打下了第一根桩。11 月园区首期开发区详细规划获得通过。直到此时，园区的第一幅地块才开始转让。

　　1998 年 2 月 5 日，园区第一个安居小区新城花园首期竣工，首批住户入住。1999 年，苏虹路沿线园区北部工业带雏形出现。2003 年 5 月，金鸡湖大桥进入建设高潮，这座连接园区现代大道东西向的重要桥梁，工程总投资 1.3 亿元。2006 年 2 月 6 日，园区湖东新行政中心全面启用，园区开发全面进入新湖东时代。2010 年 6 月 21 日，苏州工业园区管委会在上海举行盛大的情况说明会，主题词为"把苏州工业园打造为'非凡城市'"。在苏州市新制定的城市总体设计中，明确了苏州工业园区在"双城双片区"格局中的"苏州新城"地位，即把园区建设成为长三角地区重要的总部经济和商务文化活动中心之一。[①]

图 2-10　园区发展规划

01. 独墅湖科教创新区　　02. 金鸡湖中央商务区　　　03. 中新生态科技城

04. 综合保税区　　　05. 三期高新产业区　　06. 阳澄湖生态旅游度假区

(二)发展规划

苏州工业园区是中新两国政府间合作的旗舰项目,是中国改革开放试验田和国际合作示范区,也是中国发展速度最快、最具国际竞争力的开发区之一。园区总规划面积 288 平方公里,其中中新合作区 80 平方公里,有 6 个转型发展主阵地,即独墅湖科教创新区,金鸡湖中央商务区,中新生态科技城,综合保税区,三期高新产业区,阳澄湖生态旅游度假区(见图 2-10)。

苏州工业园区目标是要建成具有国际竞争力的高科技工业园区,建成国际化、现代化、信息化的生态型、创新型、幸福型新城区。中新联合协调理

---

① 《地理交通》,中国—新加坡工业园区官网,http://www.sipac.gov.cn/zjyq/zxhz/201403/t20140319_262392.htm.

事会是两国为园区建设而成立的联合协调机构,为园区的建设和发展作出了重要贡献。

(三)发展成就

在中新双方的共同努力下,园区开发建设一直保持着持续快速健康的发展态势,主要经济指标年均增幅达 30% 左右,2012 年实现地区生产总值1738 亿元,地方一般预算收入 185 亿元,进出口总额达 795 亿美元。苏州工业园区以占苏州市 3.4% 的土地、5.2% 的人口,创造了全市 15% 的经济总量。截止 2012 年,园区吸引包括 86 家世界 500 强跨国公司在内的外商投资企业 4818 家,累计实现合同外资约 446.6 亿美元,内资 2868 亿元,涌现出一批年销售额超过 10 亿美元的外商投资企业,企业开工率和投产率均超过 70%,投产两年期以上企业 80% 实现赢利,其中近四分之一的投产企业已收回投资。[①]

2015 年园区常住人口达到了 80.26 万人;地区生产总值达 2059.95 亿元;新批外资项目 273 个,投资总额 48.64 亿美元,历年累计投资额 955.19亿美元;进出口总额为 795.96 亿美元;财政收入达 605 亿多元,海关税收为120 多亿元;累计就业人口达 728165 人;外资企业达 2582 家;在岗职工平均工资 83435 元。截至 2015 年底,投资总额 1 亿美元以上的外资项目为145 个;92 家世界 500 强企业在园区共投资了 154 个项目;外资中香港、台湾、美国、新加坡、日本和韩国位居前六,分别为 28.2%、19.9%、10.4%、10.3%、7.8% 和 5.5%,外资中 79.6% 流向了制造业;规模以上工业企业达806 家。[②]

2015 年,园区国家税务局非居民税收收入持续呈现稳健高增长态势,共组织入库非居民税收收入 23.98 亿元,同比增长 18.36%,占江苏省国税系统非居民税收收入的 16.5%,总量位居全省第二位,仅次于苏州。[③]

---

① 《苏州工业园》,中新集团官网,http://www.cssd.com.cn/szyq.asp.

② 园区管委会:《1994—2015 年主要经济指标》,中国—新加坡工业园区官网,http://www.sipac.gov.cn/government/tjfx/.

③ 《园区国税局非居民税收持续高增长》,中国—新加坡工业园区官网,http://www.sipac.gov.cn/government/tjfx/201601/t20160106_406463.htm.

表 2-14 中新联合协调理事会机构(2013)

中方	新方
主席:张高丽副总理	主席:张志贤副总理
成员:	成员:
商务部	内政部
外交部	贸易与工业部
国家发展和改革委员会	总理公署
科学技术部	教育部
财政部	国家发展部
国土资源部	财政部
住房和城乡建设部	交通部
海关总署	外交部
国家税务总局	文化社区及青年部
国家质量监督检验检疫总局	环境及水源部
江苏省人民政府	
苏州市人民政府	
双边工作委员会	双边工作委会员
苏州市人民政府	贸易与工业部
借鉴机构	借鉴机构
苏州工业园区借鉴新加坡经验办公室	贸易与工业部软件项目办公室

2015 年园区税务部门共组织税收 550.6 亿元,增收 73.8 亿元,增长 15.5%,首次突破 500 亿元大关。园区公共财政预算实现 257.2 亿元,增幅 居苏州第一,达 11.7%;其中税收占公共财政预算比重达 93.6%,继续保持 苏州第一。[①]

园区主要经济指标年均增幅达 30%,综合发展指数位居国家级开发区 第二位,因而赢得了一系列的荣誉头衔:利用外资连续多年名列中国开发区

---

① 《开展开放创新综合试验首年成绩喜人,园区税收突破 500 亿大关》,中国—新加坡 工业园区官网, http://www.sipac.gov.cn/government/tjfx/201601/t20160113_ 407409.htm.

第一;商务部国家级开发区 2009 年投资环境综合评价第二;中国首批新型工业化示范基地;中国首批生态工业示范园区;中国首批国家知识产权示范创建园区;中国首个服务外包示范基地;中国首个鼓励技术先进型服务企业优惠政策试点区域;中国唯一服务贸易创新示范基地;中国唯一国家商务旅游示范区;中国唯一纳米技术创新及产业化基地;中国城市最具竞争力开发区排名第一。[①]

第三节 广西百色国家农业科技园区与福建漳浦台湾农民创业园的比较

一、广西百色国家农业科技园区

百色国家农业科技园区是百色实施亚热带现代农业示范基地,是 2001年 9 月国家科技部批准成立的全国首批 21 个国家农业科技园区(试点)之一,是广西当时唯一的国家级农业科技园区,覆盖右江、田阳、田东、平果 4个县(区)、21 个乡镇、231 个行政村,核心区为田阳县。园区位于右江河谷,处于桂、滇、黔三省交界处,总面积 46.83 万亩,总人口 50 来万人。农业科技园区是现代农业发展的新型模式,是农业技术集成的载体,是市场与农户连接的纽带,是现代农业科技的辐射源,是人才培养和技术培训的基地,对周边地区农业产业升级和农村经济发展起到示范与推动作用。

（一）发展历程

2001 年国家科技部以国科发农社字[2001]322 号文正式批准在广西百色建立国家农业科技园区,这是国家科技部批准建立的首批 21 个国家农业科技园区试点之一,也是广西唯一被批准的一个。科技部指出,对已批复试点的农业科技园区建设运行一段时间后,将进行考评和验收,达标者,授予“国家农业科技园区”并正式挂牌。

经过一年多的建设,2002 年园区已经建成核心区 1.6 万亩、示范区 6.8

---

① 《中新合作》,中国-新加坡工业园区官网,http://www.sipac.gov.cn/zjyq/zxhz/201403/t20140319_262392.htm.

万亩、辐射区 30 多万亩,推广 100 多个新品种,普及 30 多项新技术和新成果。2003 年开始规划建设"七园三车间",规模为 700 亩,其中水果引种园 50 亩,优质水果采穗园 200 亩,苗木繁育园 100 亩,蔬菜引种园 10 亩,蔬菜生产示范园 150 亩,香稻选种园 140 亩及特种养殖园 50 亩。"三车间"分别为健康种苗繁育车间、工厂化育苗车间和标准化生产处理车间。[①]

从科技部批准建设之初至 2007 年,百色国家农业科技园区累计投资 2.0782 亿元在园区核心区创建广西百色现代农业技术研究推广中心,集办公、研发、生产及生活设施于一体,工程用地 50 亩,建设了一栋建筑面积为 12241 平方米的专家实验楼和一栋建筑面积为 4521 平方米的专家公寓楼,按照"高、精、尖"的要求,装备了农业生物技术实验室,农产品检测中心、智能化信息中心、科技培训交流中心、生物组培中心,为开展高尖科技农业产业化铺设了坚固的基石。建设"人才小高地"是现代农业技术研究推广中心立身的准则,该中心先后与清华大学、华南理工大学、北京航空航天大学签订了人才培养协议,与中国农科院、中国热带农业科学院、华南热带农业大学、广西大学、广西农科院等科研单位、院校签订共建百色园区的协议。中心聘请中科院、中国工程院周进宁、朱兆良院士等一批专家作为科技顾问,聘请中国工程院院士方智远、张子仪,中国农业大学教授乔娟,国家杂交水稻工程技术研究中心副主任武小金、中国科学院农业项目办主任王大生等 15 名专家为人才小高地专家。[②]

2009 年 11 月,科技部在京组织了 20 位专家对全国 38 个试点建设的国家农业科技园区进行综合验收,经过专家的严格评审,最后百色国家农业科技园区脱颖而出,名列第九。2010 年 1 月,历经九年艰苦建设的百色国家农业科技园区被正式批准为国家农业科技园区。[③]

2013 年科技部下发了《科技部关于公布国家农业科技园区评估结果的通知》,百色国家农业科技园区在全国 38 家"已验收挂牌园区"中排第七位,

---

① 齐凤、知君:《西部之梦——广西百色国家农业科技园区见闻》,《华夏星火》2003 年第 2 期,第 32 页。

② 何耘夫:《右江河谷的农科"孵化器"》,《广西日报》2007 年 2 月 14 日,第 015 版。

③ 邱烜:《撑起老区农业科技一片天》,《当代广西》2010 年 8 月下半月号第 16 期,第 62 页。

进入全国优秀园区行列,被列为"国家科技特派员农村科技创业基地"。①

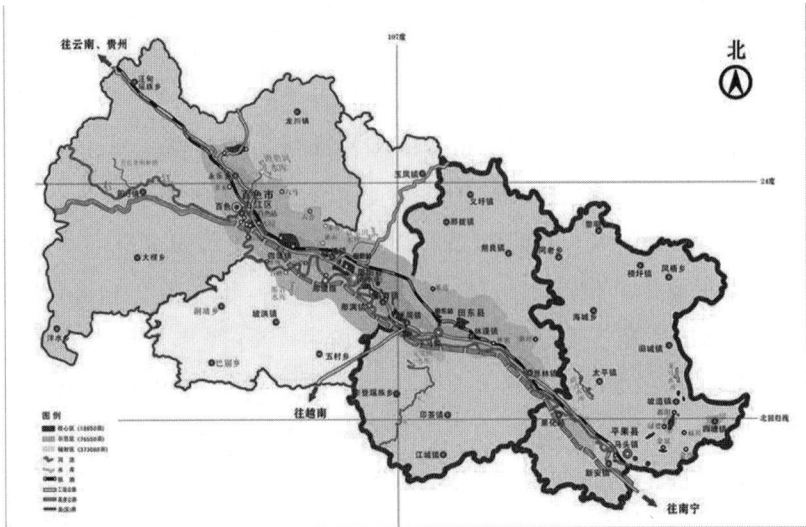

图 2-11　广西百色国家农业科技园区总体规划图

　　2014 年 2 月 24 日,中共百色市委员会常委会审议通过《关于推进百色国家农业科技园区改革发展方案》,园区改革的总体目标和要求是"一年打基础,三年大发展,五年大成效",在园区现有基础上,重点抓好百育镇核心区 20 平方公里内的规划建设,通过统筹规划园镇一体化建设,使产城规模、科研创新、带动示范、发展格局和东盟合作等方面得到进一步提升,把园区建成一个集现代农业科技创新和产业转化、农产品精深加工与出口创汇基地于一体,农业产业发展同城镇规划建设管理有机结合,产业、人才、技术、资金高度集聚的综合型园区,成为中国—东盟现代农业合作的优秀示范区和高新农业技术开发区。

　　为进一步落实百色市市委、市政府《关于推进广西百色国家农业科技园区改革发展方案》的要求,贯彻自治区建设中国—东盟(广西百色)现代农业合作示范区战略决策,2014 年 7 月 30 日园区管委会正式开展"广西百色国家农业科技园区园镇一体化核心区总体规划"编制工作。2015 年 2 月 12 日百色市人民政府组织召开《广西百色国家农业科技园区"园镇一体化"规

---

　　① 《广西百色国家农业科技园区建设成效显著》,《硅谷》2013 年第 12 期。

划》评审会,评审通过,规划构建"一心双轴,六瓣六脉"的开放、弹性、可持续
发展总体空间格局:"一心"即中部生态绿心;"双轴"即东西向河谷城镇交通
轴与南北向园区综合服务轴;"六瓣"即六个重点功能小组团;"六脉"即六条
山水生态廊道。

(二)管理与运行机制

根据国家科技部提出的"省部共建,以省为主,明确分工,责任在市"的
园区组织管理机构的构架,百色国家农业科技园区主要由国家科技部、广西
区政府和百色市政府三级共建,区、市、县、乡(镇)四级共同参与园区建设。
园区成立了广西百色国家农业科技园区省、部协调领导小组,园区建设工作
区、市联席会议制度和百色国家农业科技园区建设管理委员会(以下简称管
委会)。园区实行协调领导小组领导下的"政府引导,企业运作,中介参与,
农民受益"的运行机制。园区管委会作为园区的日常管理机构,下设若干个
部门。2005 年,园区管委会主要行使三大职能,即园区行政管理职能、组织
农业科研与推广职能和农业开发经营与服务职能,当时的园区组织管理结
构示意图如图 2-12。[①]

2010 年园区管委会的机构设置与职能有所调整,据其官网所示,管委
会负责园区建设日常事务及管理、建设规划和用地规划,协调园区建设与农
户在用地、用工等方面关系;落实招商引资、引技、引智等项目;经营和规范
园区的发展。园区管委会为参照公务员管理的正处级事业单位,编制 20
名。园区管委会设主任一名,由市人民政府分管副市长担任。管委会内设
综合科、技术推广科、人才服务管理科、项目规划与产业开发科、计划财务科
五个科室,下设广西百色现代农业技术研究推广中心、百色市农业科学研究
所、百色特色农业发展有限公司、广西百色国家农业科技园区农产品检测中
心、百色田阳科百农业发展有限公司。

前述 2014 年的《关于推进百色国家农业科技园区改革发展方案》又对
园区进行了一系列改革。一是补充完善园区的组织构架。园区设立中共广
西百色国家农业科技园区工作委员会和中共广西百色国家农业科技园区纪

---

① 贺贵柏:《试论百色国家农业科技园区建设与发展》,《2005 年"西部之光"访问学者
论文集》,中组部、农业部,2006 年 1 月。

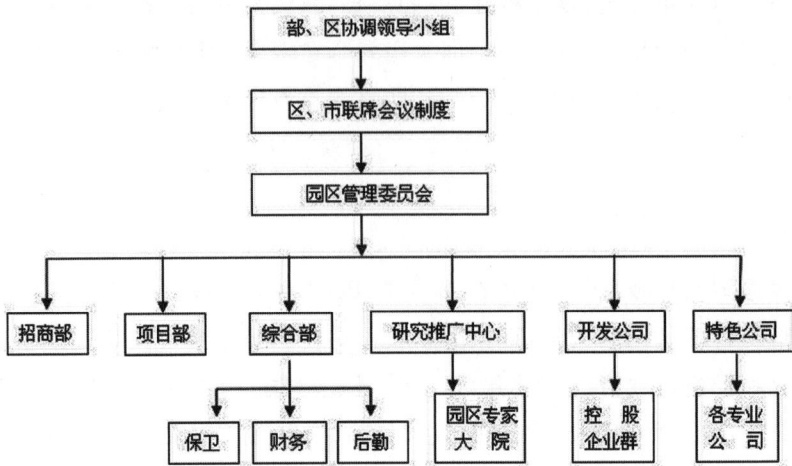

图 2-12　园区组织管理结构示意图

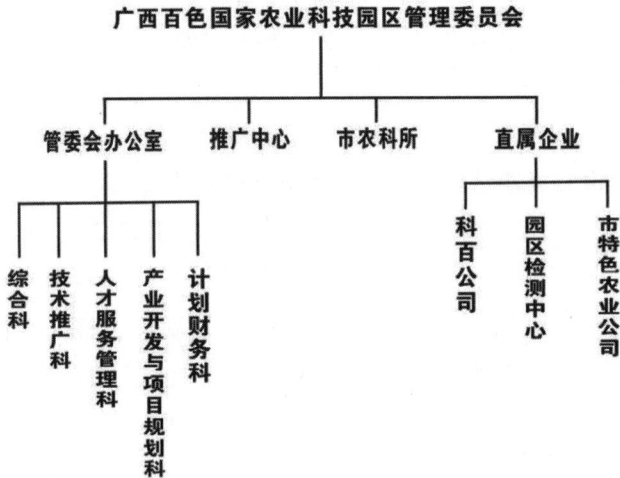

图 2-13　管委会机构设置

资料来源:园区官网 2010 年 2 月 16 日公布的管委会机构设置。

律检查工作委员会,同时改组广西百色国家农业科技园区管理委员会,下设党政办、经济发展局和规划建设局,以拓展园区管委会的管理职能。此外还成立园区投融资平台——广西高新农业产业投资有限公司,真正搭建形成"政府引导、企业运作"的运作机制,增强园区自我造血的能力。二是创新园区运行管理模式。园区将按照"小政府、大公司、大社会"模式,实行"市县共建、园镇一体"的运行管理机制,市人民政府授权委托园区管委会对田阳县百育镇行政区域实行统一领导和管理,在规划、土地、建设、财政、项目管理等方面灵活行使市、县两级综合经济管理权限和行政管理权限,并结合全市经济社会发展和城乡一体化建设的总要求、总部署进行规划建设和发展。

园区的核心区由百色市特色农业发展有限公司承担建设。为鼓励广大企业投身广西百色国家农业科技园区建设,规范和完善对入园企业的服务,为入园企业创造优良的发展环境,促进园区农业产业化,2009 年百色市颁布了《百色市促进广西百色国家农业科技园区入园企业发展的若干规定(试行)》。包括国家、自治区和市人民政府有关促进企业发展的法律法规和政策措施的落实问题,百色市及其所属各县(区)人民政府对园区的协同建设问题,对创办科技含量高、示范带动面广或对园区建设有重大意义的入园企业的优惠政策问题,园区管委会对入园企业的服务范围,入园企业应当具备的条件,企业入园登记程序,入园企业的评价办法,对入园企业的管理等均作了具体的规定。为了吸引企业入园,2009 年颁布了《广西百色国家农业科技园区优惠政策》,并出台一系列优惠政策,包括税收优惠,土地使用优惠,政府的补贴与扶持政策等。

(三)发展成就

在国家有关部委,自治区、市、县等各级党委、政府和各有关部门的大力支持下,园区贯彻"面向三农、面向亚热带和面向东盟"的发展方向,发挥资源优势,突出地方特色,加强农业技术组装与集成,推进科技成果转化,发挥企业龙头引领作用,大力发展芒果、蔬菜、香蕉、甘蔗、种子种苗繁育、特色畜禽水产养殖、农产品加工及现代农业展示观光等特色农业产业,形成了"一区多园、一园多区"的产业带动发展模式,促进了百色市右江河谷亚热带特色农业产业化生产基地、"南菜北运基地",亚热带水果生产基地、糖料生产基地、中国"芒果之乡"的建设发展。

2001 年园区核心区实现农业产值 1.33 亿元,农民人均纯收入比 2000 年增加了 120 元,带动示范区、辐射区实现农业产值 19.46 亿元,项目区农民人均纯收入比 2000 年增加了 85 元。农业科技园区的建设促进了科技与经济的结合,大大提高了科技对农业的贡献率,到 2001 年底,田阳县科技对农业的贡献率达 53.8%。[①]

　　2002 年园区共投入资金 3000 多万元,其中农民自筹和企业投入资金 1770 万元,引进外资 550 万元,政府和科技部门引导投入 700 多万元。[②] 到 2004 年,园区已完成投资 2.07 亿元,引进企业 26 家,培训农民技术员 3280 人,培训农民 17.31 万人,核心区实现农业产值 1.8 亿元,农民人均纯收入 2535 元,带动示范、辐射区农户 16.3 万户 80.12 万人,实现农业产值 23 亿元。[③]

　　2008 年,园区总收入 75.95377 亿元,比 2001 年的 46.24012 亿元增长 64.2%。其中生产产品销售收入 73.76627 亿元,技术服务收入 0.30189 亿元,其他收入 1.88552 亿元。园区 2008 年总支出 50.41609 亿元。收支相抵,园区全年总收入比总支出高 25.53768 亿元。同年,园区农民总人数为 412694 人,农民年人均纯收入为 4738 元,比广西壮族自治区 2008 年农民年人均纯收入 3690.3 元高 28.25%,比 2001 年的 1674.8 元增长 182.9%。同年底在园区投资、开发和生产,并享受园区相应优惠政策的企业共有 87 家,总产值 29.3455 亿元,其中分布右江区在园企业 20 家,田阳县在园企业 31 家,田东县在园企业 21 家,平果县在园企业 15 家。按经营内容分,加工类企业 19 家,营销类 39 家,农场类 20 家,养殖类 8 家。[④]

　　2009 年,园区实现农业总收入 88.15 亿元,农民人均纯收入达 4980 元,入驻涉农企业 90 家,科技研发与服务机构达 356 个,农民经济合作组织达 89 个,农村实用科技人才达 53320 人,农业土地产出率达 8666.22 元/亩,农业劳动生产率达 26630.02 元/人,分别比试点建设前增长 90.63%、197.35%、206.90%、46.32%、65.6%、168.23%、201.13%、175%。[⑤] 当年园区有 52 个村的农民人均纯收入超过 6000 元,超过全国农民人均纯收入 5000 元的 20%。

---

　　① 《广西百色国家农业科技园区建设发展掠影》,《科技成果纵横》2002 年第 8 期。

　　② 《广西百色国家农业科技园区强化创新,突出特色,持续发展》,《科技成果纵横》2002 年第 4 期,第 41 页。

　　③ 江东洲:《面向东盟,"服务三农"——刘燕华副部长考察百色国家农业科技园区提四点要求》,《科技日报》2005 年 1 月 8 日。

　　④ 褚兴彪:《欠发达地区农业科技园区的发展对策研究》,《安徽农业科学》2012 年第 36 期,第 17871 页。

　　⑤ 《国家农业科技园区的广西样本》,《中国农业科技》2010 年第 11 期,第 70 页。

至 2010 年,园区已建成核心区 1.87 万亩、示范区 7.66 万亩、辐射区 37.3 万亩,共 46.83 万亩,覆盖百色市的右江区、田阳县、田东县、平果县 4 个县区 18 个乡镇 175 个村 50 万农业人口;建成优质芒果产业化示范园 15.6 万亩、优质无公害蔬菜产业化示范园 15.2 万亩、优质高产香蕉产业化示范园 7.7 万亩、优质高产高糖甘蔗产业化示范园 8.1 万亩、优质种子种苗繁育示范园 1220 亩、特色畜禽水产养殖示范园 560 亩和现代农业观光示范园以及农产品加工产业化示范基地、农村信息服务体系与培训基地,累计转化科技成果 982 项。[①] 2012 年,园区所辐射的 175 个村农民人均纯收入在 7000 元以上。[②]

二、福建漳浦台湾农民创业园

2006 年 4 月,福建漳浦台湾农民创业园由农业部、国务院台办批准设立,是全国第一处台湾农民创业园,在首届两岸经贸论坛上,被中央宣布为惠及台湾同胞的"十五项政策措施"之一。漳浦与台湾一水相连,是台湾同胞的主要祖籍地,农业生态环境与台湾极为相似,生物资源丰富,农业宜种性广,浦台农业合作起步早、发展快,具有突出的对台地缘优势、独特的人文历史优势、丰富的自然资源优势和良好的浦台农业合作基础,成为台湾企业和农民投资兴业的首选地。

(一)发展历程

1997 年 7 月,国家商务部(原外经贸部)、农业部和国务院台办联合批准漳州市为海峡两岸农业合作实验区,漳浦长桥农业园艺科技合作园区为其中的 8 个园区之一。1999 年由福建省政府主办、漳州市政府承办的"海峡两岸(福建漳州)花卉博览会"在漳州举行,并选择把这一平台依托在漳浦县,邀请台湾农业界相关团体参会或联办,每年都引来了数十批台湾农业团组前来参观考察、经贸洽谈和学术交流,成为两岸农业合作与交流的一个重要平台。2001 年漳浦长桥农业园艺科技合作园区被科技部批准为"福建漳

---

① 邱炬:《撑起老区农业科技一片天——广西百色国家农业科技园区发展走出新路子》,《当代广西》2010 年第 16 期,第 63~64 页。

② 邱炬:《破茧成蝶舞千姿——鸾凤争汇的广西百色国家农业科技园区》,《当代广西》2013 年第 8 期,第 61~62 页。

州国家农业科技园区"。2004 年 10 月,农业部、商务部、国务院台办有关领导到漳浦调研时提出,要在台商投资农业比较密集的地方建立一个平台,重点引导拥有关键技术的台湾农业企业、研究机构、农民到祖国大陆发展,为台湾农民在大陆投资创业提供载体。2005 年 1 月,福建省十届人大三次会议通过了《关于促进海峡西岸经济区建设的决定》,同月漳浦在长桥农业园艺科技合作园区内启动建设台湾农民创业园项目,并委托福建省台湾农业研究中心编制了《漳浦台湾农民创业园发展规划》,由省农业厅组织专家进行论证后转报农业部、国务院台办。同年 9 月,福建省长黄小晶专门批示,要求省直有关部门支持创业园项目建设。11 月 26 日,在第七届海峡两岸(福建漳州)花卉博览会召开前夕,漳浦台湾农民创业园举行了开园典礼。2006 年 4 月 10 日,农业部、国务院台办正式批准设立漳浦台湾农民创业园,并作为 15 项惠及台胞政策措施的重要内容之一,在 4 月 15 日首届两岸经贸论坛闭幕式上宣布。同年 11 月 18 日,在第八届海峡两岸(福建漳州)花卉博览会开幕之际,漳浦台湾农民创业园举行了隆重的揭牌仪式,国台办常务副主任郑立中、海峡两岸农业交流协会会长于永维为创业园揭牌。

漳浦台湾农民创业园启动阶段规划总面积 1 万亩,即 667 公顷,其中中心区 100 公顷,辐射推广 567 公顷。首期规划中心区 100 公顷,计划投资 2500 万元,园区采用"123"示范工程,即 1 个加工基地、2 个中心、3 个功能区方案。1 个加工基地:农产品保鲜加工基地 6.67 公顷。2 个中心:①科技服务中心 3.33 公顷,其中办公大楼等附属用地 0.33 公顷,中试基地 2.33 公顷,植物保护设施用地 0.67 公顷,组建 6 个部,包括:综合服务部,信息网络部,培训交流部,产业合作部,植物保护部,中试基地部;②创业孵化中心 20 公顷,内设 3 个功能区,即组培区 2 公顷、引种繁育区 4.67 公顷、花卉营销区 13.3 公顷,组建 3 个部,即物业部、研发部、市场部。3 个功能区:①生活居住区 3.33 公顷;②生产示范区 33.3 公顷;③农业生态示范区 33.3 公顷。建成"四个平台,四个基地":台湾农民创业平台、两岸农业合作平台、农业科技孵化器平台、两岸农民感情交流平台;吸纳台湾农业外移基地、引进台湾农业科技示范基地、农业科技交流培训基地、两岸农业合作政策试验基地。[①]

2006 年 11 月创业园正式揭牌时,规划总面积增至了 3 万亩,建设“两个中心、六个产业区”,即科技服务中心,面积 50 亩,建设科技服务综合楼、中试基地、植保基地;创业孵化中心,面积 400 亩,建设组培基地、引种繁育基地、孵化基地;果蔬产业区,面积 3000 亩,发展水果、蔬菜产业,突出优良品种引进、培育、示范及果蔬深加工等技术配套功能;茶叶产业区,面积 3000 亩,发展茶产业,突出科研、培训、教育、加工、营销、休闲等技术配套功能;渔业产业区,面积 3000 亩,发展现代渔业,突出优良品种引进、种苗繁育、精深加工以及休闲渔业等技术配套功能;农副产品加工区,面积 3000 亩,发展农副产品加工业,突出果蔬速冻、保鲜、脱水及罐头产品的加工等技术配套功能;农畜产品加工区,面积 12000 亩,发展农畜产品深加工产业,突出台湾畜牧产品深加工先进技术引进等技术配套功能。[②]

由于前来投资的台商渐增,2008 年漳浦台湾农民创业园拟将园区规划面积从当时的 3 万亩扩至 30 万亩,即 200 平方公里,使其成为中国大陆东部沿海最大的台湾农业创业园,仅次于前不久获批的武汉黄陂台湾农民创业园(约 240 平方公里),并继续保持入园台商最多的纪录。[③] 2010 年创业园总规划面积 30 万亩,其中核心区 1.5 万亩、示范区 10.5 万亩、辐射区 18 万亩。园区规划建设成科技服务、创业孵化、花卉集散、农博会展、海峡两岸丘陵山区农机演示五大中心,以及花卉产业区、果蔬产业区、茶叶产业区、渔业产业区、物流产业区、农产品加工区六大产业区。创业园核心区成为“海峡两岸(漳州)农业合作实验区”和“国家农业科技园区”的重要组成部分,也是每年一届的海峡两岸(福建漳州)花博会所在地,是一个集科研、培训、生产、加工、营销休闲于一体的现代农业示范和对台农业合作示范基地。[④]

① 陈国欣:《福建漳浦“台湾农民创业园”项目研究》,《台湾农业探索》2006 年第 2 期,第 16 页。

② 《漳浦台湾农民创业园建设规划在榕论证》,《福建日报》2006 年 11 月 7 日,第 004 版。

③ 邵芳卿:《入闽台农增加,漳浦台湾农民创业园拟扩大十倍》,《第一财经日报》2008 年 4 月 3 日第 A03 版。

④ 沈汉溪:《台商在内地农业投资成功的原因分析——以福建漳浦台湾农民创业园为例》,《生态经济(学术版)》2011 年第 1 期,第 316 页。

(二)组织与运行模式

漳浦台湾农民创业园实行以"企业、农户、科研机构"为主体、"融资体系、保障体系"为支撑的创新型,以科研机构和大学为主体的科研型和教育型,以企业或公司为主体的企业型,以会员合作行动为主体的自助型,农业推广组织模式。创业园创新型农业推广组织体系主要由企业、农户和科研机构两类参与主体构架以及融资体系和保障体系两大支撑构架共同组成。

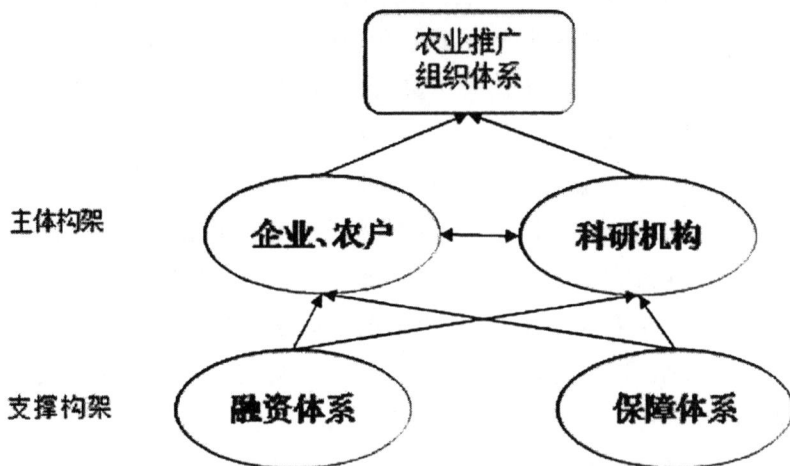

图 2-14 漳浦台湾农民创业园农业推广组织体系

资料来源:王任艺:《漳浦县台湾农民创业园创新型农业推广组织模式研究》,福建农林大学硕士学位论文,2014 年,第 26 页。

创业园的企业主体通过与科研机构结合,以产品消费者或原料提供者为服务对象,但侧重于园内的企业与农民,完成从培养、研究到培训、示范等一系列农业推广过程,在增加农民农作水平和效率的同时,实现企业经济利益的增加。科研机构主体主要由福建省建立的创业园科技服务中心和海峡现代农业研究院共同组成。依托福建农林大学和福建超大现代农业集团,创业园科技服务中心一方面辅导入园的台湾农民进行新品种、新技术的推广,一方面通过两岸的产学研合作促进两岸农民交流与合作。海峡现代农业科学研究院则通过吸引两岸高技术人才,采用海峡两岸和香港合作共建与管理的模式,主要由中国农科院、福建省农科院、台湾地区世纪基金会共同建设,旨在推动两岸现代农业发展。[①]

至于融资体系,创业园通过成立担保公司,由金融部门与担保公司共同管理贷款业务,由行业内具有影响力的企业担任股东,以担保公司提出贷款申请,由担保公司与金融机构协商,从而解决了抵押物难以估值的"贷款难"问题。创业园管委会还通过协调农业银行与园区台资企业的融资意向,成功地与漳州农业银行签订了框架性合作协议,企业以租金返还银行利息,主要通过农业银行进行企业设施建设,待企业盈利后再分期归还银行贷款本金。

创业园以《漳浦台湾农民创业园企业信用体系试验区建设实施方案》为契机,通过建立信用体系,为企业和农民提供信用查询服务、构建信息共享机制、建立信用评价机制、开展融资培育计划等,从而建立起了相对完善且支持创业园发展的信用数据库和信用支持服务体系,从而推动创业园保障体系的建立,为企业的项目申请、产权抵押等奠定了良好的信用评价基础。[②]

(二)发展成就

创业园自 2005 年启动至 2006 年,已有 33 家台资企业入驻,中心区有 12 家,投资额达 1500 万美元,共有 229 家台资农业企业在那里开业,总投资 5.6 亿美元,已初步形成了以花、果、蔬、茶为主,科研、培训、生产、加工、营销、休闲于一体的现代农业和对台农业合作示范基地。[③] 至 2006 年底创业园揭牌时,已有 55 家农业企业入园投资,总投资金额达 8100 万美元。[④]

截至 2009 年,漳浦台湾农民创业园 6 个产业区已有 70 家台资农业企

① 吴凤娇:《福建台湾农民创业园的 SWOT 分析》,《学术问题研究》2009 年第 2 期,第 11～16 页。

② 王任艺:《漳浦县台湾农民创业园创新型农业推广组织模式研究》,福建农林大学硕士学位论文,2014 年。

③ 叶紫:《漳浦:台湾农民的创业乐园》,《人民日报海外版》2006 年 6 月 17 日,第 004 版。

④ 邱耀武、蓝智伟:《漳浦台湾农民创业园揭牌》,《闽南日报》2006 年 11 月 19 日,第 001 版。

业和 7 个台湾农民个体工商户入园,总投资 1.21 亿美元,年产值达 20.1 亿元人民币;[1]引进台湾农业优良品种 200 多个,引进台湾先进种养殖技术 30 多项,带动当地推广种养殖面积 35 万亩以上。[2] 同时,农业台商按照台湾水果产销班的运作模式,如"公司＋合作社＋农户"型、"供销社＋农户"型、"农户＋农户"型、"大陆农民＋台湾农民"型等多种形式,依托其资金、新技术、市场营销优势,制定出章程、宗旨和任务,统一生产技术标准、统一集货、统一包装、统一商标、统一运销、统一核算等"六统一"方式,不断提升企业的规模化、集约化的效益,农户的增收效果也不断提高。在这种模式的辐射带动下,2009 年创业园六个产业区已发展农民专业合作经济组织 35 家,拥有会员 2538 人,带动农户 0.92 万户,分别占全市的 13.6％、9.6％和 6.3％,涵盖水产、蔬菜、畜牧、食用菌、花卉、水果等农业特色产业。[3]

至 2011 年底,漳浦的台资农业企业已有 247 家,实际利用台资超过 3 亿美元,涉及花卉、果蔬、茶叶、渔业、农产品加工等五大特色产业,年产值 26 亿元,漳浦已成为福建省引进台湾农业企业最多的县份,先后从台湾引进先进种养技术 40 多项。从台湾引进的水产、水果、蔬菜等优良品种和相应的种养技术,覆盖土地面积 30 万亩,促进漳浦农业生产经营向产业化、集约化、企业化发展,使其农业经济更快地与国际市场接轨。仅花卉产业,就在 32 家台湾花卉企业的带动下快速发展,当时的种植面积已超过 8 万亩,年花卉总产值逾 20 亿元,全县有 130 多家花卉企业和 3000 多个花卉种植大户。[4] 福建省农业厅的统计数据显示,2011 年漳浦全县农民的人均收入达 9045 元,比 2006 年"台湾农民创业园"设立时增长 78.5％。[5]

至 2015 年中,创业园累计引进台资农业企业 260 多家,实际利用外资

① 福建农业信息网:《漳浦台湾农民创业园:70 家台企入园年产值超 20 亿元》,《福建农业科技》2009 年第 6 期,第 39 页。

② 陈惠贞、张俊毅:《与海西建设"同频共振"——漳浦台湾农民创业园创建纪实》,《闽南日报》2010 年 4 月 2 日,第 001 版。

③ 黄佳生:《进一步深化漳台农业合作的发展对策研究——以漳浦台湾农民创业园为例》,中国农业科学院硕士学位论文,2009 年,第 5~6 页。

④ 张文艺、黄长秋:《台湾农民创业园带动漳浦农业结构调整》,《中国县域经济报》2011 年 12 月 26 日,第 002 版。

⑤ 石洪景:《农户对台湾农业技术的采用行为研究——基于福建漳浦县的调查数据》,《科技管理研究》2015 年第 17 期,第 136 页。

3亿多美元,年创产值35亿元,已逐渐形成花卉苗木、蔬菜、水产、水果、食用菌生产五大主导产业。[①] 至2016年,创业园逐渐形成了以花卉、果蔬、茶叶、渔业、农副产品、农畜产品为核心的六大功能产业区。为服务好各大产业区功能建设,创业园设立了核心区。核心区是创业园农业科技引进、试验、创新和成果转化、科技培训、信息传递、管理服务的中枢,并通过设立"两个中心、三个点",即科技服务中心、创业孵化中心,生活居住点、生产示范点、生态示范点,为创业园区内的各个商户做好后勤保障服务。

第四节　广西与云南的跨境经济合作区比较

一、云南的跨境经济合作区

云南省边境线长4060公里,8个边境州(市)的25个边境县(市)与缅甸、老挝和越南毗邻,与上述三国山水相连,民族跨境而居,长期交往频繁。云南全省共有20个国家级口岸、100多条通道与越、老、缅三国相连,70%以上的对外经济合作在上述三国,[②]这使得云南具备独特的条件和基础同越、老、缅三国建立跨境经济合作区。

(一)建设历程

1988年云南德宏州委、州政府决定辟建"姐告经济区",云南省政府1991年1月又批准设立"姐告边境贸易经济区"。经过大力开发和不断争取,2000年4月国家计委287号文批复同意按"境内关外"方式设立"姐告边境贸易区",当年8月海关总署下发了《中华人民共和国海关对云南姐告边境贸易区监管的暂行办法》,决定对姐告边境贸易区实施特殊监管办法。姐告边境贸易区于当年8月28日正式挂牌成立,集贸易、加工、仓储、旅游为一体,成为我国面向南亚、东南亚的示范区和试验区。

姐告边境贸易区区位优势突出,具有很好的封闭性。该区地处中国瑞

---

①　海峡农业合作网,2015年6月11日,http://agri.taiwan.cn/news/201506/t20150611_10013680.htm.

②　陈泽、李芳:《建立跨境经济合作区势在必行》,《云南政协报》2008年12月16日,第005版。

丽市与缅甸木姐市两个国家级开放城市的结合部,总面积为 2.4 平方公里,
与瑞丽市区隔瑞丽江相望,距市中心仅 4 公里,东、南、北三面与缅甸木姐市
相连,距木姐市中心仅有 500 米,边境线长 4 公里。瑞丽市区通过姐告大桥
与姐告相连。以中缅友谊街为轴线,姐告边境贸易区与缅甸木姐形成了"一
城两国"的国际商城,自然也成为了中缅贸易的"中转站"、物资"集散地"。①

姐告边境贸易区在全国率先实行"境内关外"封闭管理,与缅接壤的主
要地段设置了封闭设施。该区也具有全国最宽松、最优惠的政策环境,形成
了包括国家特许、省和州政府赋予、自身结合实际制定的政策体系。第一,
投资贸易政策。该区的管委会具有省级外商投资、进出口贸易、国际经济技
术合作和加工贸易的审批和管理权限。企业在区内可以开展一般贸易、加
工贸易、转口贸易、国际经济技术合作等业务。允许外商用人民币投资。允
许国内自然人与外商在区内投资设立合资企业或合作企业。除国家明令禁
止的商品外,各国商品均可在区内展示与销售。第二,税收及土地政策。在
区内兴办企业,自投产之日起企业所得税免征 3 年,减半征收 2 年。中央企
业所得税比照云南省政府制定的地方企业所得税政策执行。2003 年 12 月
31 日前免征房产税和土地使用税。凡属鼓励投资的项目,国税可在一定期
限内给予优惠。区内企业在上述税收优惠政策执行期满后,实行国家级开
发区的优惠政策。以边民互市方式进入贸易区的商品和物资享受边民互市
的优惠政策。旅游观光的游客可采购合理数量的外国商品带出区外。自
2000 年 7 月 1 日起区内免收一切行政收费,经营性收费减半征收,法定收
费项目按最低限额执行。第三,工商管理政策。2004 年 12 月 31 日前免征
工商行政管理的各项规费。生产性外商投资企业外销本企业产品可以不办
理边境贸易营业执照。对在区内投资和兴办企业实行直接登记制,投资项
目实行"一站式"审批。对申请用地或开工建设实行"一厅式办公"。放宽企
业设立条件。②

为了把姐告边境贸易区的做法推广到对越南与老挝的经贸合作中,云
南省决定继续设立河口与磨憨边境贸易区。2001 年云南省政府相继批准

① 黑河市委、市政府考察团:《赴云南姐告边境贸易区考察报告》,《黑河学刊》2001 年
第 5 期,第 33 页。
② 黑河市委、市政府考察团:《赴云南姐告边境贸易区考察报告》,《黑河学刊》2001 年
第 5 期,第 34～34 页。

了河口和磨憨边境贸易区试运行方案。但至 2004 年,由于政策优惠与对象国经济状况的落差太大、边境贸易区的功能难以发挥、招商引资困难等原因,边贸区的效果不如预期,贸易、加工、仓储、旅游的功能并未得到应有的发挥;边境贸易区在政策和管理方式上没有出现实质性的变化和突破,基本上仍按原有方式运行操作,实际效果与原预期值则差距更大。

2005 年 9 月,中国红河州政府与越南老街省人民委员会签署了《中国红河—越南老街经济合作区方案》,提出在双方接壤地区共同合作建设跨境经济合作区。中越跨境经济合作区项目提出后,得到了联合国开发计划署、中国国家商务部、中国海关总署、云南省政府的重视和支持。2007 年 2 月初,联合国开发计划署把该项目列为扶持边境地区经贸合作试验项目,并于 9 月给该项目提供 89 万美元的前期经费资助。①

2007 年底,云南德宏州提出了构建中缅跨境经济合作区的设想,选择《中缅边境管理与合作协定》确定的双边对开口岸建设中缅跨境经济合作区,以缅甸木姐地区和中国瑞丽姐告为首先区域,希望经过 5~10 年的努力,在中国德宏州与缅甸木姐地区之间建成 GMS 次区域连接"三亚两洋"的国际大通道、进出口加工装配基地以及区域性商贸物流基地,建设成立足滇缅、服务 GMS、面向东南亚、辐射南亚次大陆,集跨境贸易物流、产业培育、经贸服务创新和边境事务合作功能为一体的综合型跨境经济合作区。合作区按照"主权不变、一体发展,国家主导、边境互动,企业运作、多方参与"的模式进行开发,建立双方边检查验管理体系,创新跨境合作区金融服务体系和区内便利通关模式,构建安全便捷边境检验检疫体系。②

2008 年 4—7 月,由云南省政协港澳台侨和外事委、致公党云南省委牵头,省政府有关厅局参加的"云南跨境经济合作区建设"联合调研组,先后到省商务厅、西双版纳、红河、德宏、普洱等部门和州市,对云南跨境经济合作区建设的相关问题进行调研。调研组认为,随着中国与东盟国家关系的不断改善,中国—东盟自由贸易区建设的加快,泛亚经济走廊建设的快速推进,加之云南突出的地缘优势与基础,越、老、缅三国的积极态度,以及国内

---

① 蒋海宽:《云南加快融入中越跨境经济合作》,《云南政协报》2010 年 7 月 19 日,第 004 版。

② 李彬:《跨境经济合作区:云南对外开放新构想》,《云南政协报》2008 年 7 月 18 日,第 C02 版。

外可资借鉴的相关经验,在云南建立跨境经济合作区的条件和时机已经成熟。调研组还认为,在云南建立跨境经济合作区有基础、有条件、有人才和政策保障。因此调研组建议,在中越、中老、中缅三个方向建立三个跨境经济合作区。即根据现实情况和发展条件,在云南的河口、磨憨、瑞丽分别建立面向越、老、缅的跨境经济合作区,即河口—老街、磨憨—磨丁、瑞丽姐告—木姐跨境经济合作区。[①]

随后,云南省开始与周边国家共同谋划,建设昆明到缅甸仰光、昆明经老挝至泰国曼谷、昆明至越南河内海防等 3 条经济走廊,并在这 3 条走廊的重要节点,即云南姐告—缅甸木姐、云南磨憨—老挝磨丁、云南河口—越南老街,各建立一个政策优惠、制度创新、由两国共管的跨境经济合作区。同时,云南省商务厅澜沧江—湄公河次区域经贸开发中心委托商务部国际贸易经济合作研究院,由后者牵头,联合国务院经济发展研究中心和国家发改委宏观经济研究院组成专家组,开展河口—老街跨境经济合作区的论证工作。姐告—木姐跨境经济合作区和磨憨—磨丁跨境经济合作区建设的论证和可行性研究报告的编制工作,也在同时进行。[②]

2009 年年中,红河—老街、磨憨—磨丁、瑞丽—木姐跨境经济合作区项目共同亮相 2009 年第 17 届中国昆明进出口商品交易会。据介绍,红河—老街跨境经济合作区将分三个阶段推进,第一阶段拟建立中国河口北山—越南老街金城贸易综合体,第二阶段拟建中国红河—越南老街经济合作区,第三阶段延伸发展领域,拓展发展空间。瑞丽—木姐跨境经济合作区则规划建立中缅跨境合作中心和中缅跨境工业园,以此作为整个跨境经济合作区的核心。磨憨—磨丁跨境经济合作区的规划思路为,中方以国家已批准的磨憨边境经济贸易区为核心,周边支撑区为西双版纳地域范围;老方以磨丁黄金城经济特区为核心,周边支撑区为南塔省。同时,云南省已正式向国务院上报了《云南省人民政府关于请求批准设立中越中缅中老跨境经济合

---

① 陈泽、李芳:《建立跨境经济合作区势在必行》,《云南政协报》2008 年 12 月 16 日,第 005 版。

② 王坚:《云南推进跨境经济合作区建设,打造 3 条经济走廊》,《中国高薪技术产业导报》2009 年 1 月 5 日,第 C02 版。

作区的请示》,申请中央政府在政策和资金上给予支持。[①]

2010年7月,云南省与越南签署了《关于加快推进中国河口—越南老街市跨境经济合作区研究和建设合作的框架协议》。该协议共涉及双方在交通基础设施、产业与投资、贸易便利化、跨境直达运输、国际物流园区建设、旅游合作、信息化建设、人力资源培训、会展安排等9个领域的合作,跨境合作区内将赋予财政、税收、投资、贸易以及其他配套产业方面的特殊优惠政策,实行海关特殊监管,以吸引人流、物流、资金流、技术流在区内聚集和互动。[②]

2011年,国务院出台了《关于支持云南省加快建设面向西南开放重要桥头堡的意见》,提出在条件成熟时建设河口—老街、瑞丽—木姐、磨憨—磨丁跨境经济合作区。2013年9月,《中国河口—越南老街跨境经济合作区发展规划》编制完成。10月,国务院总理李克强访问越南期间,中越两国共同签署了《关于建设中越跨境经济合作区的谅解备忘录》。同月,云南省政府出台了《关于支持河口跨境经济合作区建设的若干政策意见》,制定了8个方面22项的具体支持政策。商务部于同月22日在北京召开会议,与云南和广西商务部门共同研究制定中越合作区总体方案的路径和时间表,就如何务实推进中越合作区建设工作进行了沟通交流,明确了方向和任务。2013年11月《红河州河口跨境经济合作区发展规划》通过专家组评审。2014年4月19日,云南红河河口跨境经济合作区基础设施建设在河口坝洒启动,标志着跨境经济合作区基础设施进入实质性建设阶段。2016年9月,云南省召开跨境经济合作区建设推进会,立意促进中老磨憨—磨丁经济合作区以及中缅、中越跨境经济合作区建设工作。会议要求全省各级各部门要站在全局和战略高度,主动服务和融入国家发展战略,规划引领,创新驱动,合力推进合作区建设各项工作。[③]

---

① 韩健:《云南力推跨境经济合作:三大经济区揭开"面纱"》,《中国高新技术产业导报》2009年6月22日,第C07版。

② 蒋海宽:《云南加快融入中越跨境经济合作》,《云南政协报》2010年7月19日,第004版。

③ 刘颖:《云南推进跨境经济合作区建设》,《中国经济导报》2016年9月7日,第A02版。

（二）建设成就

在各级政府的大力推动下,中越河口—老街跨境经济合作区、中缅瑞丽姐告—木姐跨境经济合作区和中老磨憨—磨丁跨境经济合作区的建设均在稳步推进中。

1. 中越河口—老街跨境经济合作区

中越河口—老街跨境经济合作区位于中国河口县和越南老街市与巴刹县相邻区域,初步规划总面积 115.2 平方公里,其中围网区总面积为 21 平方公里,配套区总面积为 94.2 平方公里。围网区沿中越界河(红河)布局,中方区域为 11 平方公里,越方区域为 10 平方公里,往后根据发展需要有序推进、逐步拓展范围。围网区以坝洒—巴刹跨境公路大桥(规划中)作为连接通道,实行封闭式管理。根据规划,合作区将与周边区域联动发展,形成"两国一区、一区多园、一口岸多通道"的总体空间布局;将合作区外中方一侧的老县城、山腰、北山、坝洒等片区作为配套支撑园区;也将越方一侧的老街国际口岸、新坡、腾龙、北沿海、金城等片区作为配套支撑园区;中方一侧主要布局外向型加工、机械及装配制造、商贸物流、金融服务、国际会展、跨境旅游等产业;合作区遵循"一线放开、二线管住、区内自由、封闭运行"的管理模式,出入境人员管理按照两国认可的有效证件或其他相关协定执行,区内货物可以进行储存、展览、组装、制造、加工、自由流动和交易;合作区主要以发展国际贸易、国际中转、国际物流、国际采购、保税加工贸易、国际旅游等为主。[①] 从 2005 年开始酝酿启动以来,合作区建设在很多方面都取得了较大的进步。

（1）与越方的磋商

近几年来,云南河口县与越南老街省就合作区建设制定了定期或不定期会晤机制,就双边口岸贸易、社会经济发展、跨境经济合作等方面互通情况,交换意见,及时解决存在的问题。2013 年 11 月,云南省副省长高树勋率团与老街省人民委员会阮文咏主席在老街市进行了会谈,就合作区建设

---

① 陈里忠:《中国河口—越南老街跨境经济合作区发展战略研究》,《第六届云南省科协学术年会暨红河流域发展论坛论文集——专题一:红河流域特色产业转型升级》,2016 年 9 月 6 日,第 1～2 页。

进一步达成共识。2014年1月,以高树勋为团长的云南省代表团与以老街省副主席阮清阳为团长的老街省代表团在河口举行会谈,双方就合作区建设相关事项进行磋商并签署了《关于落实〈中华人民共和国商务部与越南社会主义共和国工贸部关于建设跨境经济合作区谅解备忘录〉的合作备忘录》。2014年3月,中国商务部与越南工贸部在重庆就中越跨境合作区建设举行首轮司局级磋商,关于东兴—芒街、凭祥—同登、河口—老街三个选址方案基本确定,"一线放开、二线管住、封闭管理、区内自由"的监管模式已成为共识。2015年4月,越共中央总书记阮富仲访华期间,中越双方发布的《中越联合公报》提出,尽快协商并确定合作区建设的共同总体方案,切实推进基础设施互联互通项目。目前,红河州已成立了工作推进领导小组,明确县级领导和各部门工作职责,全力推动合作区建设。

(2)前期规划

2012年,中国商务部组织滇桂两省完成《中越跨境经济合作区共同总体方案(初稿)》,在征求国家层面有关部委的意见后交由越南工贸部修改完善。2013年8月,越南政府安排由工贸部牵头、相关部门配合研究编制了老街—河口跨境经济合作区建设方案。2014年4月,云南省商务厅、发改委在昆明召开合作区建设总体规划和控制性详细规划编制阶段性成果汇报会,征求了省级相关部门的意见。目前,合作区滇越共同总体方案和中方园区初步建设方案已上报国家商务部,待国家批复。

(3)机制和能力建设

关于机制建设,云南省、红河州、河口县三级政府对合作区的建设十分重视,也分别建立了相关的管理机构和机制。云南省政府成立了以高树勋副省长为组长,相关省级部门、红河州、河口县领导为成员的合作区建设省级工作组,下设8个专业小组。

2014年2月,红河州委召开了中国河口—越南老街跨境经济合作区工作推进领导小组第一次会议,成立了州、县两级联动工作推进领导小组,下设综合协调(办公室)、产业发展、金融创新、贸易投资政策、监管创新、园区开发和基础设施建设、对越协调、招商引资、征地拆迁安置、信访维稳等10个工作组,进一步完善工作推进实施方案,明确工作任务及职责分工,细化工作推进时间节点,确保务实推进合作区建设。

早在2012年10月,河口县政府正式组建了推进河口跨境经济合作区工作机构,在河口边境经济合作区设立管理委员会,负责跨境经济合作区的前期政策研究和跟踪协调推进工作。2013 年 10 月,河口县召开了县委常委会,专题研究并成立了贯彻落实省人民政府支持河口跨境经济合作区建设若干政策领导小组,进一步明确了县级领导和各部门工作职责。

在能力建设方面,2007 年 10 月在第四届中国—东盟博览会上,联合国联合开发计划署启动了"援助中国—越南跨境经济合作区项目"。2010 年 11 月,亚洲开发银行启动了 80 万美元的"中越跨境经济合作区技援项目",在 GMS 合作框架内加强中越两国中央政府交流。自 2009 年 11 月开始,云南与越南老街联合举办了五期"中越跨境经济合作培训"。

(4)客货通关便利化

河口海关现已启动河口口岸第一批 10 家企业无纸化通关作业试点工作。河口县公安局出入境管理大队按照相关规定办理一年多次有效出入境通行证,为河口跨境经济合作区内从业和经商、需办理出入境通行证的中国公民开辟"绿色通道",提供最便捷的服务;开展办理合作区旅游自驾游审批权,按照相关程序,经过入境信息填报、入境批文获取和办理报关手续后,可持签证护照出境。

(5)基础设施建设

关于产业基地建设,中越红河公路大桥、北山片区东西二干道、红河公路大桥联检查验大厅、进出口货物查验货场、城市污水处理厂、界河治理三期工程等口岸功能基础设施项目、河口国际商贸中心、中国东盟河口国际贸易中心等已经验收投入使用。边民互市市场、保税仓库、农产品交易市场、天元国际商贸城等一批配套项目已经开工建设。同时,越南老街省也启动了规划面积为 2.5 平方公里的金城商贸区建设,并完成了"三通一平"基础设施建设以及部分项目建设。关于交通基础设施建设,坝洒—巴刹跨境公路大桥建设工作已经启动,其他诸多建设项目也在推进中。

(6)招商引资

已有泰国正大集团、英利集团、香港华润集团、海一投资集团有限公司、广东大洋集团等 77 家企业 400 余人次到合作区实地考察,对合作区表示出浓厚的兴趣。已有红河华鑫活性脱硫糖仓储物流项目、机电组装装配项目、农产品和林产品进出口加工、生物制药加工等一批产业性项目已初步达成投资意向,只待合作区政策明确后,正式签订投资协议。[①]

2. 中缅瑞丽姐告—木姐跨境经济合作区

中缅针对跨境经济合作区建设已经制定了科学且合理的规划。根据规划,合作区中方范围涵盖瑞丽市全境(含畹町)1020平方公里,缅方范围涵盖木姐市区、105码贸易区和九谷市区300平方公里,区内约有30万人口(中方约有16万人,缅方约有13万人)。实施"特殊海关监管模式"的姐告和木姐市区为合作区的核心区,瑞丽约300平方公里的坝区和木姐300平方公里,共计600平方公里的范围共同构成合作区的主体功能区,力求将合作区建成为多功能一体的综合型跨境经济合作区。

合作区的主体功能区建设工作已先期启动,核心区建设步伐加快推进。主体功能区内水、电、通讯、交通等基础设施已经比较完备。关于合作区的对外交通,大瑞铁路保瑞段已开工建设,中缅公路通道昆明至保山段已建成高速,保山至龙陵的高速公路已建成,龙陵至瑞丽的二级公路已改建为高速公路。中缅油气管道项目建设为瑞丽发展提供了新的机会。姐告由于多年来实施境内关外的特殊管理模式和优惠政策,已成为中缅两国的物流中心和信息中心,极大地推动了双方的合作交流与建设步伐。此外,中国瑞丽和缅甸木姐之间建立了"中缅边境经济贸易交易会"机制,并已成功举办多年,吸引许多国家的政府和企业参加,影响力不断扩大。中缅胞波狂欢节、中缅边境贸易管理部门定期会晤等一系列合作机制与合作平台,为合作区的建设发展构筑了良好基础。[②]

3. 中老磨憨—磨丁跨境经济合作区

磨憨位于云南最南端,与老挝的磨丁口岸接壤,是我国通往老挝唯一的国家级口岸和通往东南亚最便捷的陆路通道。磨憨口岸1992年被批准为国家一类口岸,1993年正式开通。2001年磨憨边境贸易区正式成立,2006年则更名为"云南西双版纳磨憨经济开发区"。随着昆曼公路2007年建成通车,中国—东盟自由贸易区建成,磨憨口岸发展日益加快,中老边境贸易也迅速增长,从而为中老跨境经济合作区建设奠定了坚实基础。

---

① 齐欢:《中国河口—越南老街跨境经济合作区建设的进展、问题及对策》,《红河探索》2014年第6期,第20~24页。

② 罗圣荣:《云南省跨境经济合作区建设研究》,《国际经济合作》2012年第6期,第83~84页。

2009 年 6 月,云南省政府与老挝有关政府部门正式签订了《中国云南—老挝北部合作特别会议暨工作组第四次会议纪要》,同意加快中老磨憨—磨丁跨境经济合作区建设,并制订和出台了相互配套的跨境经济合作区优惠政策。2010 年 9 月,中国西双版纳磨憨经济开发区管理委员会与老挝磨丁经济特区管理委员会在磨丁正式签订了《中国磨憨—老挝磨丁跨境经济合作区框架性协议》。按照协议,中老磨憨—磨丁跨境经济合作区的范围分为核心区和支撑区两个部分。中方核心区为磨憨边境贸易区,周边支撑区为西双版纳地域范围。老方核心区为磨丁黄金城经济特区,周边支撑区为南塔省。合作区将由口岸旅游贸易区、仓储物流区、保税区、替代产业加工区、综合服务区等五个部分组成。

2011 年中国批准中国磨憨—老挝磨丁为云南省 3 个跨境经济合作区之一。老挝方面也积极响应,将磨丁口岸升级为国家经济特区,使其享有一系列优惠政策,把海关等联检部门后退 18 公里,形成"境内关外"的特殊管理区。云南则把磨憨镇划归磨憨经济开发区管理,使得园区面积由 98 平方公里扩大到 803 平方公里。中老双方探索"两国一区、分别管理、统筹协调、一区多园"的综合性产业园区发展模式,赋予相关政策支持,促进产业集聚发展,构建现代产业体系,从而带动双方经济快速发展。[①]

在两国政府部门的大力推动下,磨憨口岸的基础设施建设快速推进,已经完成了磨憨口岸大道、货场道路、自来水工程、水库道路等基础设施建设。磨憨口岸的口岸功能不断增强,口岸进出口人员、货物、交通运输工具快速通关的便利化在不断提升。同时,老挝的边境贸易区也一直受到老挝政府的高度重视,在加快推进建设,规划建设的商贸区、居住区、高尔夫别墅区、酒店等四大功能区初具规模。[②]

二、广西的跨境经济合作区

广西陆地边境线长 1020 公里,东兴、防城、凭祥、宁明、龙州、大新、靖西、那坡等 8 个边境县(市、区)与越南广宁、谅山、高平、河江等 4 个边境省

---

① 李涛:《云南省在推进跨境经济合作区建设中的难点与突破》,《东南亚纵横》2013 年第 9 期,第 45～47 页。

② 罗圣荣:《云南省跨境经济合作区建设研究》,《国际经济合作》2012 年第 6 期,第 82～84 页。

份接壤,拥有东兴、友谊关、水口、龙邦等 4 个陆路一类口岸,防城区峒中、宁明县爱店、凭祥市平而、龙州县科甲、大新县硕龙、靖西县岳圩、那坡县平孟等 7 个二类口岸,还有里火等 25 个边民贸易互市点。[①] 广西沿边边境口岸资源丰富,条件优越,具备建设中越跨境经济合作区的良好基础。2007 年,广西和越南相关省份签署了地方政府间相关框架协议,规划建立中国凭祥—越南同登、中国东兴—越南芒街和中国龙邦—越南茶岭三大跨境经济合作区。

(一)建设历程

1. 中国凭祥—越南同登跨境经济合作区

广西最早规划建跨境经济合作区的地区为凭祥市。凭祥地处广西最南部,与越南谅山省接壤,长期以来与后者的经济贸易往来频繁。2005 年 4 月,广西崇左市与越南谅山省商贸旅游厅签订协议,达成了在边境范围内共同划出一定区域开展中越边境经济合作区建设的合作意向。从 2006 年开始,广西与谅山省确立了官员定期会晤机制,探讨"跨境经济合作区"问题,以确保双方工作"同步启动、同步推进、同步审批"。2006 年 3 月,广西与谅山开始将"凭祥跨境经济合作区"的规划与建设提上日程,这也是广西跨境经济合作区规划建设的发端。2007 年 1 月,越南谅山省委书记武辉煌访问广西,广西与谅山两区省商务部门共同签署了《中国广西壮族自治区与越南谅山省建立中越边境跨境经济合作区合作备忘录》。按设想,谅山省同登市与广西凭祥市在接壤地带各划出 8.5 平方公里的土地,共同建设总面积为 17 平方公里的跨境经济合作区,双方还明确了主导产业、管理体制、政策优惠等方面的规定。同年 2 月,联合国开发计划署把该项目列为扶持边境地区经贸合作试验项目,列入其援助澜沧江—湄公河次区域合作项目,给予 75 万美元的前期工作经费支持,主要用于项目人员培训和项目研究等。

2007 年 5 月和 2008 年 4 月,广西两任自治区党委书记先后访问越南,就中越边境经济合作区项目与越南领导人及越南计划投资部、工商部、谅山省领导进行交流,得到了越方的积极回应,时任越南政府总理阮晋勇在会见

---

① 周明钧:《将广西中越跨境经济合作区建设成为推动广西开放发展新支点的思考》,《学术论坛》2014 年第 11 期,第 53 页。

时任广西壮族自治区党委书记郭声琨时表示,越方高度赞成加快中越跨境经济合作区建设,积极支持、优先推进合作区项目落到实处。2008年4月,越南政府批准设立同登口岸经济区,口岸经济区内设立非关税区,同时谅山省商贸旅游厅已上报同登边境经济合作区方案至谅山省人民委员会审批。2008年6月中越两国政府经济贸易合作委员会举行第六次会议,探讨在广西凭祥和越南同登设立跨境经济合作区的可行性,这是广西跨境经济合作区正式建设的开始。同年12月,国务院正式批准凭祥市中越边境地区设立广西凭祥综合保税区,税务管理体系完成。2009年7月,中越双方的代表、专家评审组一致通过了由中国商务部国际贸易经济合作研究院编制的《中国凭祥—越南同登跨境经济合作区可行性研究》,这标志着广西与越南建设跨境经济合作区进入了一个新的阶段。2010年9月广西和越南谅山省共同签署了《中国凭祥—越南同登跨境经济合作区协议书》。2011年9月,广西凭祥综合保税区正式封关运作,这是我国第一个在陆地边境线上获得批准成立的综合保税区,是目前开放层次最高、政策最优惠、功能最齐全的海关特殊监管区域。

2015年4月,越共中央委员会总书记阮富仲对中国进行正式访问,双方发表《中越联合公报》,提出要尽快协商确定跨境经济合作区建设共同总体方案,推进基础设施互联互通,深化农业、制造业、服务业等产业及科技、医疗、检验检疫等领域合作。

2. 中国东兴—越南芒街跨境经济合作区

2007年11月,广西东兴市与越南芒街市签署了《中国东兴—越南芒街跨境经济合作区框架协议》,拟设立的中越东兴—芒街跨境经济合作区位于东兴中越北仑河二桥口岸经济区两侧,初步规划建设面积5.23平方公里,其中中方3.23平方公里,越方2平方公里。[1] 此后两市向各自国家有关部门提交跨境经济合作区的建设方案。根据框架协议,由中国东兴和越南芒街两市在边境范围内各自划出一定的区域作为中国东兴—越南芒街跨境经济合作区,双方拟着重在基础设施建设、促进经济结构调整、创造投资环境和招商引资、技术研发、促进贸易和投资便利化、开展社会文化事业、加强环

---

① 陈坤明:《试论中越跨境经济合作区建设的路径——以广西为例》,《改革与开放》2011年第9期,第124页。

境保护与司法互助等 7 方面加强合作。

在东兴和芒街两市的共同努力推动下,在 2010 年 9 月中越东兴—芒街跨境经济合作区研讨会上,中国广西和越南广宁省达成共识,共同签署《共同推进建立中国广西东兴—越南广宁省芒街跨境经济合作区协议》,跨境经济合作区建设进入具体运作议程。《协议》确定合作区着重开展基础设施建设、贸易、旅游和投资合作、产业合作、金融合作、社会文化合作、保护环境合作、司法互助合作以及其他双方共同关心的领域。

中国东兴—越南芒街跨境经济合作区协议 2012 年 9 月已经签署。2013 年 10 月广西与越南广宁省专门就共同建设东兴—芒街跨境经济合作区进行了深入的探讨。2014 年 3 月 3 日,中国国家发改委批复同意《广西东兴重点开发开放试验区建设总体规划》,明确提出,设立中国东兴—越南芒街跨境经济合作区,按照"一线放开、二线管住,产业融合、管理协同"的原则,与越南芒街跨境经济合作区对应,合作区内人员自由往来,实行产业投资、贸易服务、人员通行的特殊管理模式,将中国东兴—越南芒街跨境经济合作区建设成为中国—东盟自由贸易区的升级版示范区、中越睦邻友好的示范区。[①]

3. 中国龙邦—越南茶岭跨境经济合作区

2007 年中越两国外交部正式宣布龙邦(中方)—茶岭(越方)口岸对外开放。同年 11 月,广西百色市政府与越南高平省人民委员会签订了《中国龙邦—越南茶岭口岸中越边境经济区合作协议》。中国龙邦—越南茶岭跨境经济合作区规划建设总面积 8 平方公里,集边境贸易、加工制造、生产服务、物流采购等功能为一体,功能定位为:区域进出口加工中心、区域物流仓储中心和区域商贸服务中心,具备矿产品及日用轻工业商品加工、物流中转、商贸旅游等功能。[②]

2008 年 6 月,中越两国经贸合作委员会在北京举行第 6 次会谈,双方同意将中越跨境经济合作区项目纳入中越经贸发展五年规划,决定适时推进龙邦—茶岭跨境经济合作区建设。2011 年 4 月,根据广西壮族自治区、

---

① 周明钧:《将广西中越跨境经济合作区建设成为推动广西开放发展新支点的思考》,《学术论坛》2014 年第 11 期,第 54 页。

② 钟智全、马秋云、杨鹏:《加快推进广西构建边境自由贸易区的思考》,《东南亚纵横》2014 年第 6 期,第 26 页。

百色市"十二五"发展规划要求,为了做好中国龙邦—越南茶岭跨境经济合作区建设的前期和衔接工作,百色市人民政府制定了《中国龙邦—越南茶岭跨境经济合作区前期工作方案》。百色市已经正式启动百色(靖西)边境经济合作区相关准备工作,开展"百色(靖西)边境经济合作区"可行性研究,将边境经济合作区总体方案报经自治区人民政府并向国务院申请设立"百色(靖西)边境经济合作区"。

2011年8月,由广西华蓝设计集团编制的《靖西县岳圩口岸修建性详细规划》通过专家评审,按国家一类口岸标准规划,占地12公顷,包括边民互市区、商贸物流区、口岸商务中心、验货区、监管生活区等。2012年,广西区政府将中国龙邦—越南茶岭跨境经济合作区建设列入广西自治区"十二五"发展规划。同年5月,靖西县人民政府委托广西华蓝设计集团编制完成《中国龙邦—越南茶岭跨境经济合作区可行性研究报告》。中国龙邦—越南茶岭跨境经济合作区中方区域采用"一区三园"发展模式,三个园区分别位于靖西县龙邦镇吕平村附近、龙邦口岸西侧界邦村一带以及靖西县岳圩口岸附近,规划总面积约8.28平方公里,合作区定位为区域进出口加工中心、区域物流仓储中心、区域商贸服务中心,具备矿产品及日用轻工业产品加工、物流中转、商贸旅游等功能。2013年11月,中国靖西与越南茶岭一致同意争取申报设立中国那西—越南那弄互通道路接口,作为口岸货运通道,龙邦—茶岭口岸只作为人员通道。①

(二)建设成就

1. 中国凭祥—越南同登跨境经济合作区

凭祥市为中国广西壮族自治区的一个县级市,与越南谅山省接壤,边境线长97公里,是广西口岸数量最多、规模最大的边境口岸城市,是中国通往越南等东盟国家最快、最便捷的陆路通道,1992年被国务院批准为沿边对外开放城市。2008年12月,中国国务院正式批准凭祥市设立广西凭祥综合保税区,2010年凭祥综合保税区开始运行。凭祥综合保税区位于凭祥南山工业园至友谊关、浦寨、弄怀一带,东至扳召屯,南至弄怀,西至浦寨,北至

---

① 周明钧:《将广西中越跨境经济合作区建设成为推动广西开放发展新支点的思考》,《学术论坛》2014年第11期,第54～55页。

浦扣克山,行政上主要隶属于友谊镇,总用地面积约 8.5 平方公里。

同登是越南东北部的一个边境诚镇,隶属谅山省东部高禄县,现有人口约 2 万人,面积约 5 平方公里,自古就是交通要隘,与中国广西的友谊关相望,仅相距 4.5 公里。中国的湘桂铁路和南宁至友谊关高速公路都在同登镇境内和越方的铁路以及公路干线对接。同登镇是河内—谅山铁路的终点站,距离谅山市 15 公里,也是纵贯越南全国的 1 号公路的起点站,并有 4 号公路通往高平、芒街等地。越南建有谅山—同登口岸经济区,于 2008 年 10 月 14 日经越南政府批准成立,毗邻中国广西的凭祥市与宁明县,总面积 394 平方公里,包括越南的谅山市、高乐市、高禄县、文朗县、同登镇等。越南谅山—同登口岸经济区主要分为关税区(包括新清贸易区和谷楠贸易区)和非关税区两块。口岸区包括面积 70 公顷的友谊国际口岸,面积 20 公顷的同登国际铁路口岸以及面积 120 公顷的保林口岸。[①]

中国凭祥—越南同登跨境经济合作区建设取得了很大的成就。作为中国凭祥—越南同登跨境经济合作区中方区域的广西凭祥综合保税区一期工程于 2011 年 9 月 30 日正式封关运营。2012 年 3 月,修订后的《中越汽车运输协定》正式生效,中越跨境运输范围扩大至两国非边境地区,运输方式可实现点对点直达运输,南宁经凭祥至河内运输线路开通。凭祥综合保税区友谊关口岸作业区实现"人车分流"、"客车与货车分流"、"保税货物及一般贸易货物共享一个口岸平台"等,成为全国面积最大、功能最多、通关最便利的"一站式"服务口岸。2013 年凭祥市与越南谅山省高禄县缔结为国际友好城市,成功举办第二十一届中越(凭祥)商品交易会。[②]

至 2015 年,中越凭祥—同登跨境经济合作区路网工程已全面启动,中卡大门至卡凤货物通道工程竣工,凭祥边境贸易货物监管中心货物专用通道项目取得了实质进展。具体而言,凭祥边境贸易货物监管中心土方工程已全部完成,联检综合楼、海关监管查验平台等项目完工;凭祥进境口岸水果检疫辐照处理中心主体落成,成为中国首个在口岸实施电子辐射检疫、高科技保鲜的示范工程;中国—东盟汽摩配城一期工程、弄怀水产品交易市

---

① 程心怡:《中国凭祥—越南同登跨境经济合作区建设方案研究》,浙江大学硕士学位论文,2016 年,第 2 页。

② 周明钧:《将广西中越跨境经济合作区建设成为推动广西开放发展新支点的思考》,《学术论坛》2014 年第 11 期,第 53～55 页。

场、中国—东盟（凭祥）农副产品专业市场等项目建设也在加快推进。① 至
2016年,中方的凭祥园区实际规划面积为93.9平方公里,凭祥—同登跨境
经济合作区的路网工程、友谊关货物专用通道项目等都已启动实施。②

2. 中国东兴—越南芒街跨境经济合作区

中国东兴—越南芒街跨境经济合作区建设也成就瞩目。2013年7月
10日,东兴试验区正式开通个人跨境贸易人民币结算业务,东兴试验区成
为继义乌之后全国第二个开展个人跨境贸易人民币结算先行先试地区,至
2014年7月10日,个人跨境贸易人民币结算总量达153.30亿元,同比增长
252%。③ 2014年广西东兴就已经规划了10.2平方公里的区域来建设跨境
经济合作区,越南芒街也已完成跨境经济合作区区域选址,规划建设面积约
10平方公里。④

目前,中越东兴—芒街跨境经济合作区中方区域规划面积达84.1平方
公里,其中核心区10.1平方公里,区域内以加工贸易产业为主,重点发展跨
境商贸、加工制造、跨境旅游、国际金融、现代物流。中方区域的建设方案、
概念性规划、产业规划等工作已完成,核心区路网、中越北仑河二桥等基础
设施建设全面拉开。⑤

3. 中国龙邦—越南茶岭跨境经济合作区

2012年"中国龙邦—越南茶岭口岸边境商品交易会"期间,中越（靖西）
国际生态休闲旅游度假区、靖西·东盟国际商贸城、靖西龙邦国际商贸物流
园3个重大项目最终落户靖西,总投资达72亿元。其中靖西龙邦国际商贸
物流园处于中国龙邦—越南茶岭边境经济合作区的枢纽位置,是中国龙
邦—越南茶岭跨境经济合作区的首个重大项目,计划投资20亿元,建设用

① 黄艳梅:《广西加快推进中越跨境经济合作区建设》,中国新闻网,2015年4月10
日,http://www.chinanews.com/cj/2015/04-10/7199726.shtml.

② 程心怡:《中国凭祥—越南同登跨境经济合作区建设方案研究》,浙江大学硕士学位
论文,2016年,第3页.

③ 周明钧:《将广西中越跨境经济合作区建设成为推动广西开放发展新支点的思考》,
《学术论坛》2014年第11期,第55页.

④ 钟智全、马秋云、杨鹏:《加快推进广西构建边境自由贸易区的思考》,《东南亚纵横》
2014年第6期,第26页.

⑤ 黄艳梅:《广西加快推进中越跨境经济合作区建设》,中国新闻网,2015年4月10
日,http://www.chinanews.com/cj/2015/04-10/7199726.shtml.

地 1500 亩,用 5 年时间建设成为集边民互市、综合商贸、农产品加工、冷链仓储等功能,年货物贸易总量达 110 万吨的"一站式"国际商贸物流园。靖西龙邦国际商贸物流中心项目的开工建设,将为中国龙邦—越南茶岭边境经济合作区的建设和中国百色至越南高平省客货运输专线的开通奠定坚实的基础。2013 年 7 月 18 日,中国百色至越南高平国际客货运输线路暨中国百色靖西至越南高平边境旅游线路开通仪式在广西靖西龙邦口岸隆重举行,这标志着中国龙邦—越南茶岭跨境经济合作区建设进入一个实质性的新阶段。[①]

2014 年,靖西龙邦口岸和岳圩口岸建设被纳入《广西口岸发展"十二五"规划》,龙邦口岸基本满足年货运量 100 万吨和人流量 50 万人次的要求,岳圩口岸征地 300 亩建设边民互市贸易区、国门区、生活区等。[②]

目前,中越龙邦—茶岭跨境经济合作区建设顺利推进。中方园区已开工建设总投资 20 亿元人民币的万生隆国际商贸物流中心项目,并开通中国百色—越南高平国际道路客货运输和靖西至高平边境旅游线路,龙邦口岸开放升级正在推进。[③]

---

① 周明钧:《积极推进中国龙邦—越南茶岭跨境经济合作区建设的思考》,《东南亚纵横》2014 年第 5 期,第 20 页。

② 周明钧:《将广西中越跨境经济合作区建设成为推动广西开放发展新支点的思考》,《学术论坛》2014 年第 11 期,第 55 页。

③ 黄艳梅:《广西加快推进中越跨境经济合作区建设》,中国新闻网,2015 年 4 月 10日,http://www.chinanews.com/cj/2015/04-10/7199726.shtml。

第三章

比较视野下广西侨资
发展研究

第一节　新世纪以来的广西侨资发展

一、侨资的规模

由于侨资规模不在国家职能部门的统计范畴之内,所以目前没有权威的公开统计。目前学界的统计方法是,根据外资来源地的侨资比例进行计算。侨资主要由以下国家和地区的华人资本构成,即中国的香港、台湾、澳门等地,东盟国家,以及英属维尔京群岛、毛里求斯等自由港。来自中国港、澳地区和东盟的外国直接投资(Foreign Direct Investment,简称 FDI),其95%被计为侨资。各主要自由港的 FDI,其80%被计为侨资,因为1997年后源自中国香港、大陆、台湾以及东盟等地的华资经由自由港转而进入中国大陆,维尔京群岛、开曼群岛、萨摩亚等地在大陆的投资,实际上主要是中国台湾的资本,其次是东南亚华人和中国香港的资本。[①] 来自欧美日韩等发达国家的 FDI 中也有华人资本,但是其统计数据不便获取,在侨资中所占的比重亦不高,故而未被列入估算范畴。

至于广西侨资的现有规模,以2015年为例,当年广西实际利用外资17.22亿美元,同比增长72%。中国香港仍为第一大外资来源地,实际利用

---

① 龙大为、谭天星:《中国大陆侨资与外资发展比较研究——基于2005—2008年数据分析》,《云南师范大学学报》(哲学社会科学版),2011年第4期,第84~90页。

的外资 5.4414 亿美元,占总额的 31.6%。东盟为第二大外资来源地,占总额的 29.01%,实际利用的外资达 4.4973 亿美元,其中新加坡 4.4931 亿元,几乎是东盟外资总额的全部。来自各自由港的资本达到 0.832 亿美元,占总额的 4.83%,排在投资性公司和瑞典之后,是广西第五大外资来源地。此外,来自澳门的实际利用外资为 385 万美元,来自台湾的为 834 万美元,分别占总额的 0.22% 和 0.48%(如表 3-1 所示)。

据前文所述的比例计算,即来自中国港、澳地区以及东盟的 FDI,95% 为侨资,来自各自由港的 FDI,80% 为侨资,广西 2015 年的侨资规模约为 10.7 亿美元,占 FDI 总额的 62%。横向来看,当年全国的侨资规模约为 942 亿美元,约占 FDI 总额的 78.8%。[①] 当年广西侨资占 FDI 的比重较全国低了 16.8%。纵向来看,2001—2014 年,大多数年份广西侨资占 FDI 的比重都在七成以上(如图 3-1 所示)。

然而,从全国范围来看,广西的侨资规模较小,2015 年的侨资仅占当年全国的 1.13%,与东部发达省份相比相去甚远,这与广西作为全国第三大侨乡的地位不相称。广西的侨力资源不可谓不丰富,海外广西籍或与广西有渊源的侨胞约有 700 多万,主要分布在马来西亚、越南、泰国、印尼、新加坡、美国、加拿大、英国、法国等 100 多个国家和地区,广西籍海外华侨华人社团组织有 300 多个。[②] 几十年来,广西籍侨胞在海外不仅站稳了脚跟,而且在各方面都有了很大的发展,涌现出了一批经济上有实力、科技上有造诣、政治上有地位、社会上有影响的人物,已成为广西发展对外经济、文化、科技合作与交流最积极、最热情的一部分力量。然而,虽然广西籍侨胞人数众多,但由于历史与地理等原因,侨胞中从事体力劳动的人数多,工商业者中小、中业主多,大商家少,经济实力比较薄弱。[③] 同时,广西的投资环境竞争力欠佳,对侨资的吸引力有限。此外,广西自身的区位优势、政策优势以及后发优势没有得到充分发挥。所以,广西的侨资发展虽然近年来推进很快,但总体上滞后,尚有很大的开拓空间。

---

① 中华人民共和国国家统计局:《中国统计年鉴 2016》,北京:中国统计出版社,2016 年,第 372～374 页。

② 数据源自广西壮族自治区侨务办公室网站,数据更新至 2016 年 12 月 6 日。

③ 赵和曼:《广西籍华侨华人资料选编》,南宁:广西人民出版社,1990 年,第 30 页。

表 3-1　2015 年广西外商直接投资分国别汇总表

金额单位:万美元

国别或地区	项目数	合同外资	比重(%)	实际利用	比重(%)
合计	146	335668	100	172208	100
香港	57	180617	53.81	54414	31.6
东盟	22	71070	21.18	49973	29.01
其中 新加坡	8	66752	19.89	44931	26.09
其中 马来西亚	13	216	0.06	3986	2.31
其中 泰国	0	−886	−0.26	1056	0.61
其中 越南	1	4988	1.49	0	0
自由港	5	696	0.21	8320	4.83
投资性公司	8	67175	20.01	33719	19.58
澳门	3	440	0.13	385	0.22
日韩	7	373	0.09	320	0.19
台湾	24	2788	0.83	834	0.48
瑞典	1	114	0.03	18802	10.92
北美	3	5816	1.74	0	0

资料来源:据《广西统计年鉴 2016》和广西商务厅网站数据整理而成。其中自由港包括英属维尔京群岛、毛里求斯、百慕大、萨摩亚、塞舌尔和开曼群岛。

二、侨资的变化

从图 3-1 可知,21 世纪以来,以 2007 年为界,广西侨资的发展分为前后两个阶段。在前一阶段,广西侨资总额始终在 3 亿美元上下徘徊,最大值是 2001 年的 3.9 亿美元,最小值出现在 2004 年,总额为 2.4 亿美元。这一阶段侨资占 FDI 的比重呈下降趋势,即在 2002 年达到最高点 91% 后逐年下降,在 2007 年下探到最低点 54%。导致这种状况的原因主要是国际大环境,即 2001 年中国加入 WTO 后,欧美日韩企业的投资大幅增加,不断挤占侨资在 FDI 总额中所占的比重,这在全国都是如此。[①]

在后一阶段,侨资在广西 FDI 总额中所占的比重呈现前升后降的趋势。2008 年急涨至 74%,2009 年达到了 85%,2010 年更是达到了 87%,基本接近新世纪以来的最高水平。在这一阶段,侨资总额也强力提升,终于走出了长期低位徘徊的状态,2008 年增至 7.2 亿美元,2009 年飙升至 8.8 亿美元,受金融危机影响,2010 年略有下降,总额为 7.9 亿美元,2011 年又回升到了 8.6 亿美元。侨资强势增长有着多方面的原因。一方面,海外华商越来越适应中国的市场环境,经营中国市场的竞争优势也越来越突出,与中国各级政府的联系也越来越密切,因而能紧贴中国政府的经济规划和发展导向,从中获取资源,抢占先机。随着 2010 年 1 月 1 日中国—东盟自由贸易区(CAFTA)的正式建成运行,东盟华商投资广西的热情不断增大。另一方面,由于不能很好地适应中国投资环境的变化,再加上全球金融危机的影响,欧美日韩企业近年来的投资不断下滑。不过 2011 年之后,侨资在广西 FDI 总额中所占的比重明显下滑,至 2014 年已降至 62%。

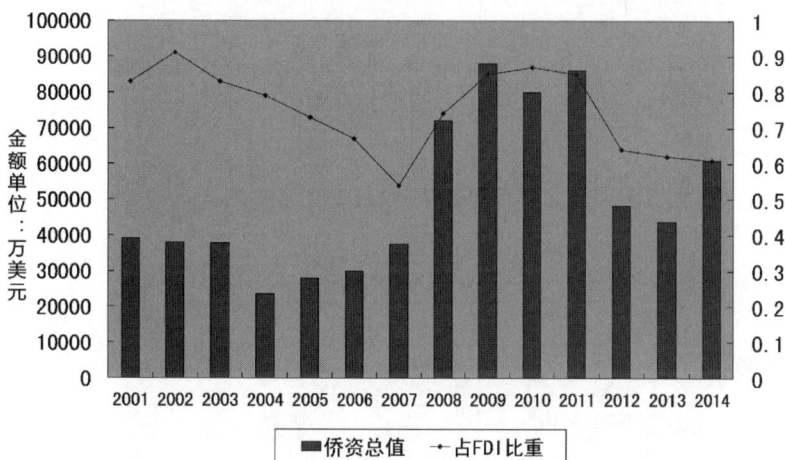

图 3-1 2001—2014 广西历年侨资总额及占 FDI 比重图

资料来源:据 2002—2015 年《广西统计年鉴》的外资数据整理、计算而成。

---

① 龙登高、丁萌萌、张洵君:《海外华商近年投资中国的强势成长与深刻变化》,《华人华侨历史研究》2013 年第 2 期,第 30~37 页。

三、侨资的来源

近年来,广西利用的侨资主要来源于中国香港;其次是东盟国家,其中较为重要的是新加坡、马来西亚、印尼和泰国;第三大来源为英属维尔京群岛、开曼群岛、萨摩亚等自由港。相较以上三大来源,来自中国澳门和台湾的侨资规模明显小得多。

就外资规模而言,广西的外资规模取决于侨资规模,而侨资规模取决于港资规模。如图3-2和表3-2所示,来自中国香港的投资除2007年被维尔京群岛超过,其他年份均稳居各国家或地区之首。2003—2007年,港资与来自维尔京群岛的投资差额最多不超过1.5亿美元,甚至2007年还被反超,但此后港资数额逐年扩大,而其他主要地区的投资额基本上处于徘徊状态,2010年二者的差额增至4亿美元左右,2011年则进一步扩大至4.6亿美元。

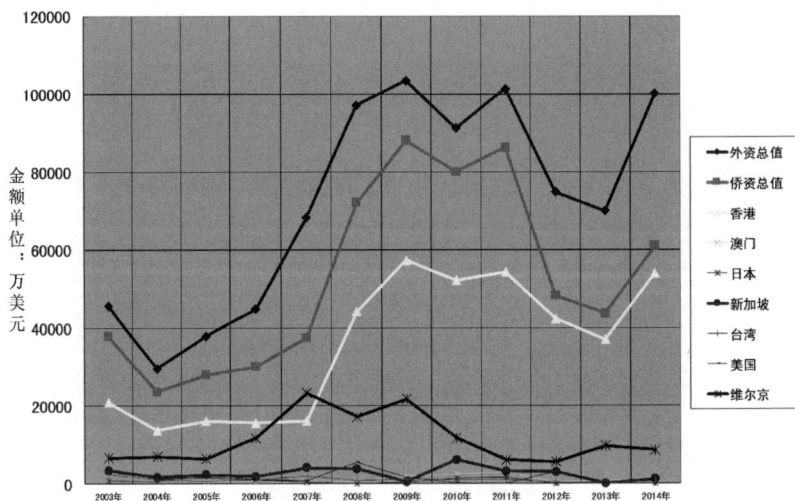

图3-2　2003—2014年各国家(地区)在广西的投资趋势图

资料来源:据2004—2015年《广西统计年鉴》的相关数据整理而成。

香港长期为广西最大的境外投资来源地,有一定的历史成因。20世纪50年代以来,香港一直作为世界华人资本的汇集之地。中国大陆开放后,香港又成为进入大陆投资的前沿阵地。由于中国内需市场对外国直接投资的吸引力日益增强,香港作为进入中国市场的跳板作用更为强化,特别是东南亚、台湾等地的侨资以香港为中转和立足点进入中国内地。比如经由香港进入内地的资本,很大部分实际上来自东南亚华商在香港的公司。尤其是比较大型的东南亚华人企业集团,通常都在香港设立子公司,以便对中国大陆进行投资,避免其本国政府对其投资的限制,避免引起当地土著对其是否效忠当地社会的质疑。[①] 2010 年 CAFTA 建成,香港仍然是广西外资的主要来源地,占当年利用外资总额的 57%。2013 年以来,港商密集考察广西,与广西有关方面达成多个合作项目,开创了广西与粤港澳合作的新局面。广西共向香港等地推介了投资合作项目 123 个,总投资近 6500 亿元;在桂港经贸合作项目签约仪式上,双方共签订经贸合作项目 24 个,总投资 162.95 亿美元,港方投资 145.55 亿美元,创广西经贸活动签约之最。[②]

据图 3-2 和表 3-2 所示,像维尔京群岛这样的自由港对广西的投资量也非常大,是仅次于香港位居第二的外资来源地。不过,如前文所述,来自自由港的资本 80% 是侨资,并且这个比例是比较可信的,因为像台湾这样经济发达、资本雄厚的地区,对广西的投资却非常少,原因就在于三分之二的台湾资本通过第三方,尤其是自由港地区而投资中国大陆。值得注意的是,由于中国各级政府对外资的种种优惠政策,诸多内资企业在利益驱动下,纷纷到海外镀金后返程投资,套取税收优惠,[③]像维尔京群岛那样的自由港正是其主要的选择地,这需要有关部门及时识别。

东盟国家在广西投资的规模继续扩大。新加坡是海外华商的经济都会和金融中心,众多华商选择经由新加坡投资广西,所以新加坡对广西的投资一直领先于东盟其他国家。此外,马来西亚、印尼、泰国等虽然对广西的投资额不大,但那些国家的华商实力雄厚,吸纳的投资前景十分广阔。

随着广西利用外资日益多元化,侨资也面临着来自欧美日韩等发达国家资本的竞争。欧美日韩等发达国家投资广西的显著特点是,有越来越多

---

① 庄国土:《东亚华商网络的发展趋势——以海外华资在中国大陆的投资为例》,《当代亚太》2006 年第 1 期,第 29～35 页。

② 甘孝雷:《入驻外资企业达 3795 户,广西打造外商投资的"天堂"》,桂工网,http://www.gxworker.com/a/130730/130887.shtml.

③ 廖福英:《规避假外资的广西区域政策探究》,《经济纵横》2008 年第 12 期,第 92～94 页。

的世界 500 强企业到广西投资。截至 2015 年底,全球已有 88 个国家或地区的企业在广西投资兴业,年外贸进出口达 512.6 亿美元,其中世界 500 强企业中已有 29 家落户广西。[①]

表 3-2　2003—2014 年国家(地区)在广西历年投资额

金额单位:万美元

地区/年份	2003年	2004年	2005年	2006年	2007年	2008年	2009年	2010年	2011年	2012年	2013年	2014年
外资总值	45619	29579	37866	44740	68396	97119	103533	91200	101381	74853	70008	100119
侨资总值	37872	23534	27901	30011	37480	72136	88087	79985	86173	48255	43734	60915
中国香港	20945	13668	16080	15559	16034	44206	57301	52114	54275	42352	37047	54020
中国澳门	2269	850	583	402	165	549	1857	2579	2910	445	669	972
日本	772	588	2498	1019	439	28	450	1347	1480	6	13	21
新加坡	3337	1567	2300	1817	3967	3678	429	6010	3094	2964	0	1105
中国台湾	2390	1000	585	880	1882	816	1200	990	972	363	186	791
美国	3519	1103	1515	935	834	5384	1512	135	11	3024	18	719
维尔京群岛	6579	6955	6324	11704	23186	17142	21666	11708	6044	5546	9659	8589

资料来源:据 2004—2015 年《广西统计年鉴》的相关数据整理而成。

四、侨资的流向

计算历年侨资在外资中所占的比重可得知,除个别年份外,侨资基本可以占到七成以上,所以侨资大体上可以代表广西的外资,反过来广西外资的流向也大体上代表了广西侨资的流向。正由于侨资的流向缺乏权威统计,本书就以分析广西外资的流向以代之。

工业是广西外资流入最多的领域,尤其是制造业。从图 3-3 和表 3-3 可以得知,2006 年以来外资在工业领域的流入整体上处于上升状态,在 6 年时间内由 3.4 亿美元猛增到 6.4 亿美元,翻了近一番。但其占外资总额的比例却呈下降趋势,即由 2006 年的 76％下降到 2007 年的 65％,此后三年

---

① 　杨陈:《广西官方出台系列"真金白银"政策,招揽世界 500 强入桂》,新浪网,http://finance. sina. com. cn/roll/2016－11－22/doc－ifxxwsix4394991. shtml.

又持续下降,至 2010 年下探到 50%,2011 年有所回升,达到了 63%。毋庸置疑,工业一直是广西外资流入最多的领域,侨资亦是如此。

玉柴机器股份有限公司是国内最大的独立柴油引擎制造商,也是广西第一家由国有大型企业改制为中外合资的股份制企业,其外资股份主要是来自新加坡的侨资。据玉柴机器股份有限公司的资料介绍,该公司的控股股东是占股 76.41% 的中国玉柴国际有限公司,而玉柴国际是一家百慕大控股公司,丰隆亚洲则为玉柴国际的控股股东,通过全资子公司共持有玉柴国际 27.5% 的股权,并具有一票否决权(金股)。丰隆亚洲隶属于丰隆集团,创始人是祖籍福建同安的郭芳枫,1995 年该集团由其长子郭令明接管。除机械制造外,侨资还大量流入食品、制糖、造纸、医药、日用品、包装印刷、五金家电、塑料制品、皮革制品、服装鞋帽、家具杂品、工艺美术等行业,对广西轻工业的发展贡献不小。充分利用广西的资源优势,侨资还流入不少具有地方特色的产品生产。例如,广西有丰富的中成药工业资源,历来被列为全国中药材的主要产区之一,田七、淮山、半夏、金银花、千斤拔、鸡血藤、苦草、罗汉果、蛤蚧等都是其特产,因而改革开放以来,广西侨乡先后建立了一批与外商合资生产销售中成药的企业,如与港商合资的桂林联合制药厂、广西神宝田七制品有限公司、广西玉林桂和药业有限公司、梧州云山药业有限公司等。①

从图 3-3 和表 3-3 也可以得知,除了工业制造,外资在运输邮电业的投资也增长很快,由 2006 年的 995 万美元增长到 2011 年的 18154 万美元,一度占到了外资总额的 18%,仅次于当年外资在工业领域的投资。房地产业一直是外资青睐的领域,投资增长很快,由 2006 年的 4086 万美元增长到 2009 年的 18136 万美元,占到了当年外资总额的 17.5%,不过随后两年出现了下跌。批发零售和酒店餐饮业也吸引了大量外资,金额由 2006 年的 1458 万美元增长到 2008 年的 14930 万美元,2010 年再次达到 14268 万美元的较高水平,一批旅游饭店,四、五星级的豪华高档饭店以合资的形式得以建造。一些旅游度假区也吸引了不少外资,如台湾元大集团总裁马志玲投资 23 亿元人民币建成开业的桂林乐满地休闲世界,是广西规模最大、科

---

① 赵和曼:《海外华人与广西侨乡经济建设》,《八桂侨刊》2002 年第 3 期,第 1～6 页。

技含量较高、体现人与自然和谐设计理念的现代化旅游项目。[①]

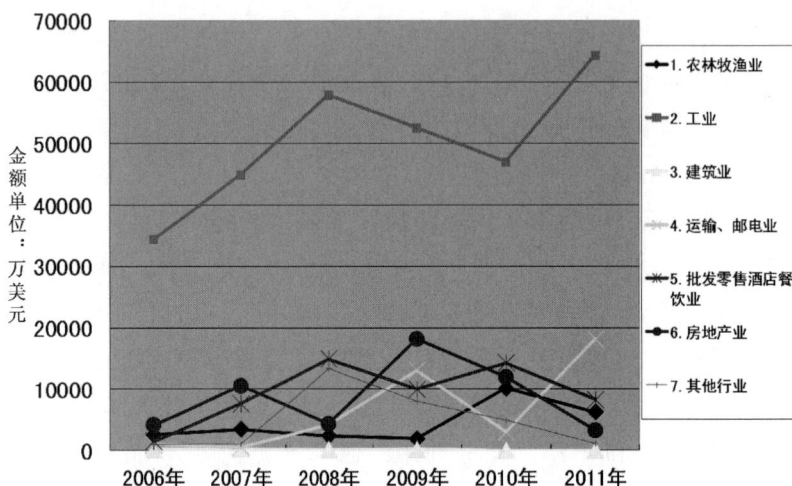

图 3-3　2006—2011 年广西外资流向趋势图

资料来源:据 2007—2012 年《广西统计年鉴》的相关数据统计而成。

表 3-3　2006—2011 年广西外资流向及金额

金额单位:万美元

行业/年份	2006 年	2007 年	2008 年	2009 年	2010 年	2011 年
1. 农林牧渔业	2594	3459	2409	1893	10090	6206
2. 工业	34408	44925	57971	52530	46989	64424
3. 建筑业	221	301	122	231	2	30
4. 运输、邮电业	995	530	4128	13061	3003	18154
5. 批发零售酒店餐饮业	1458	7561	14930	9990	14268	8260
6. 房地产业	4086	10479	4324	18136	11925	3233
7. 其他行业	978	1141	13357	7923	4923	1074
外资总值	44740	68396	97119	103533	91200	101381

资料来源:据 2007—2012 年《广西统计年鉴》的相关数据统计而成。

---

①　龙登高、赵亮、丁骞:《海外华商投资中国大陆:阶段性特征与发展趋势》,《华人华侨历史研究》2008 年第 2 期,第 10～17 页。

五、侨资的贡献

外资的流入对一个地区的经济增长有多方面的积极影响,就广西而言,侨资是其主要的外资来源,侨资的大量引入对广西的社会经济发展,特别是外向型经济发展做出了重要贡献。其贡献主要体现在以下几个方面:

(一)扩大贸易规模,改善贸易结构

广西外商投资企业的对外贸易往来从 1986 年开始,当年外贸进出口总值 117 万美元,占全区全年外贸进出口总值比重的 0.21%。随着改革开放的逐步深入以及外商投资企业的不断发展,2002 年外商投资企业的进出口总值占当年广西对外贸易总值的比重已提高到 32.2%,拉动广西进出口增长 17.8 个百分点,高于国有企业的 10.4 个百分点。外商投资企业已成为广西仅次于国有企业的第二大对外贸易主力,促进了广西出口产业规模的扩大。[①] 从表 3-4 也可以看出,2008—2014 年外商投资企业的进出口总额占广西进出口总额的比重一直在四分之一与三分之一之间浮动。特别是外商投资企业的进口额,其占广西进口总额的比重更大,2008 年占比约 50%,2012 年占比也有 43.4%。可见外商投资企业对广西进出口贸易的贡献很大。如前所述,新世纪以来广西侨资在外资中所占的比重基本上在 60% 以上,最高的年份甚至高达 91%,所以外商投资企业对广西对外贸易的贡献,主要是侨资的贡献。

同样如前所述,新世纪以来工业是广西外资流入最多的领域,尤其是制造业,流向工业的外资占外资总额的比例始终在一半以上,有些年份甚至高于四分之三。外资流向制造业有助于广西扩大工业加工品与制成品的出口,改善贸易结构。因为外资的主体是侨资,所以侨资对广西外贸结构的改善贡献突出。

(二)引进新技术,改善产业结构

改革开放以来,广西的产业结构持续改善。1978 年至 20 世纪 90 年

---

① 邱燕:《外商投资企业在广西对外贸易中的成效分析》,《统计教育》2004 年第 2 期,第 43 页。

代,三次产业构成由 54∶30∶16 发展成 42∶32∶27,第二产业增长缓慢,但第三产业迅速发展,产业结构变化主要发生在第一和第三产业之间。1990—2000 年间广西产业结构交替发展的态势良好,经济结构由以农业主转变成以第二和第三产业占绝对比重。新世纪以来,第一产业比重持续下降,第二产业在经过长期低速增长之后也出现了较快攀升,第三产业的比重则在 2002 年达到高峰之后出现了一定的回落,至 2010 年三次产业比例发展为 18∶47∶35,[①]第二产业发展成为主导产业。

表 3-4 2008—2014 年广西的外贸进出口总额(按企业性质分)

单位:万美元

年份	国有企业		民营企业		外商投资企业				年度进出口总额		
	出口	进口	出口	进口	出口	进口	总额	占比	出口	进口	总额
2008	186624	137598	386519	159026	161965	292438	454403	34.3%	735117	589062	1324179
2009	101583	155850	607760	188037	127766	239424	367190	25.8%	837110	583490	1420600
2010	126064	271035	631677	250187	203246	288202	491448	27.8%	960988	809621	1770609
2011	195818	296411	785340	361012	264702	429415	694117	29.8%	1245859	1087224	2333083
2012	239671	410500	952953	381569	354236	608451	962687	32.7%	1546841	1400527	2947368
2013	238576	464816	1264164	368753	366759	580622	947381	28.9%	1869499	1414191	3283690
2014	309461	540816	1686470	458286	437073	623157	1060230	26.1%	2433004	1622301	4055305

资料来源:广西壮族自治区统计局编:《广西统计年鉴 2015》,北京:中国统计出版社,2013 年,第 163 页。

由于外资企业往往有着先进的技术、雄厚的资金、先进的管理经验并与国际市场有着密切联系,所以外资流入某个产业必然会在一定程度上促进该产业的发展,从而会在一定程度上引起整个产业结构的变化。事实上广西的外资增长与其产业结构变化有一定的对应性。如表 3-5 所示,在 1992 年之前,广西吸引的外资数量很少,对产业发展的推动作用,特别是对产业转型升级的推动作用有限。相对应的是,1978 年至 20 世纪 90 年代,作为外资流入最多的领域第二产业在广西整个产业结构中所占的比重变化不

---

① 邢新:《外商直接投资对广西产业结构调整效应研究》,广西大学 2012 年硕士学位论文,第 23 页。

大。20世纪90年代,广西吸引的外资剧增,相应的是,广西第二产业所占的比重不断增长。新世纪以来,广西吸引的外资量虽然波动较大,但整体上呈现快速增长的趋势,相应的是,第二产业成为了主导产业。

因为广西吸引的外资主要是侨资,所以广西新技术的引进及其产业结构的改善,侨资功不可没。

表3-5 1979—2012年广西的外商直接投资

单位:万美元

年份	外商直接投资	年份	外商直接投资	年份	外商直接投资
1979—1983	1226	1997	87986	2006	44740
1985	1251	1998	88613	2007	68396
1990	3025	1999	63730	2008	97119
1991	3871	2000	52466	2009	103533
1992	18026	2001	38415	2010	91200
1993	87203	2002	41726	2011	101381
1994	81506	2003	45619	2012	74853
1995	66952	2004	29579		
1996	66618	2005	37866		

资料来源:广西壮族自治区统计局编:《广西统计年鉴2013》,北京:中国统计出版社,2013年,第170页。

(三)促进了贫困地区的开发

20世纪80年代,广西有49个老革命根据地、少数民族地区、边远地区、山区与贫困地区,大部分分布在河池、百色、南宁和柳州四个地区,小部分分布在桂林、梧州与钦州地区。以上贫困地区的面积、人口分别占到了全自治区总面积和总人口的56.5%和35.4%。改革开放以来,外资尤其是侨资进入广西的贫困地区,并由于贫困地区享有丰富的自然资源以及优惠政策,外资项目逐渐增多。诸如,百色与河池这两个地区的所有县市均为老少边山穷县市,至1986、1987年先后仅有1项外资项目,但至1991年分别增至3、9项,至1993年分别增至41、50项。外资弥补了贫困地区建设资金的不足,也相应引入了先进的技术、设备和管理方法,扩大了就业范围,加快了外向型经济发展,从而增强了贫困地区的"造血功能"。[①]

第二节　新世纪以来的广东侨资发展

一、侨资的规模

至于广东省侨资的现有规模,以 2012 年为例(如表 3-6 所示),当年广西实际利用外资 222 亿美元,同比增长 16.29%。香港仍为第一大外资来源地,实际利用的外资 147.8 亿美元,占总额的 66.60%。自由港为第二大外资来源地,实际利用的外资达 30.8 亿美元,占总额的 13.87%,其中维尔京群岛 21.7 亿美元,在自由港中排名第一。来自日韩的资本达到 14.7 亿美元,占总额的 6.63%,为广东第三大外资来源地。东盟各国则是广东的第四大外资来源地,实际利用金额为 12.1 亿美元,占总额的 5.45%,其中新加坡 11.7 亿美元,在东盟国家中排名第一。来自前述四地实际利用的外资加起来达到 205.5 亿美元,占总额的 92.55%。此外,来自西欧的实际利用外资为 6.4 亿美元,占总额的 2.89%,来自北美的为 4.9 亿美元,占总额的 2.22%,来自澳门的为 2.6 亿美元,占总额的 1.16%,来自台湾的为 2.3 亿美元,占总额的 1.04%。

据前文所述的比例计算,即来自港、澳、东盟的 FDI,95% 来自华商,来自各自由港的 FDI,80% 来自华商,广东 2012 年的侨资规模约为 179 亿美元,占 FDI 总额的 80.64%。2012 年全国实际利用的外资为 1117.16 亿美元,侨资规模约为 788.9 亿美元,占 FDI 总额的 70.62%。[②] 广东侨资占 FDI 的比重较全国高出 10.02%,这说明广东的经济发展对侨资的依赖性较高。

从全国范围来看,广东的侨资规模占到全国的 22.69%,这与其第一大侨乡的地位相吻合,相对于广西、福建等省份来说,广东对侨资的利用程度最高。诸如广东的江门市、潮州市在聚侨力、引侨资方面表面相当突出,积

---

① 赵和曼:《海外华人与广西侨乡经济建设》,《八桂侨刊》2002 年第 3 期,第 6 页。

② 数据源自中华人民共和国商务部,http://www.mofcom.gov.cn/article/tongjiziliao/v/201301/20130100009582.shtml。

极开展以侨引资、以侨促贸活动,把当地的经济发展与侨资的利用充分地结合起来。[①] 据统计,2015 年江门市有侨资企业 3991 家,投资总额达 196.59 亿美元。为了更好的鼓励侨资企业增资扩产,江门市积极改善当地的投资环境,进一步扩大侨资利用的规模。[②]

表 3-6　2012 年广东省外商直接投资分国别汇总表

单位:万美元

国别或地区	项目数	合同外资	比重%	实际利用	比重%
合计	5816	3351291	100	2220025	100
中国香港	4524	2423988	72.33	1478493	66.60
东盟	137	167762	5.01	120924	5.45
自由港	282	274628	8.19	307872	13.87
中国台湾	219	55718	1.66	23165	1.04
中国澳门	184	64032	1.91	25819	1.16
日韩	233	275697	8.23	147256	6.36
西欧	78	57211	1.71	64246	2.89
澳洲	36	1062	0.03	3021	0.14
北美	123	31193	0.93	49229	2.22

资料来源:据《广东统计年鉴 2013》(中国统计出版社)数据整理而成。其中自由港包括英属维尔京群岛、毛里求斯、百慕大、萨摩亚、塞舌尔和开曼群岛。

二、侨资的变化

如图 3-4 所示,2000—2012 年广东省实际外资利用额一直呈上升趋势,但其侨资的变化却有所不同。21 世纪以来,以 2005 年和 2010 年为节点,广东的侨资发展前后变化趋势各异。在第一阶段,即 2000—2005 年,广东省的侨资总额有所波动并呈现下降趋势,2000 年的侨资总额是 92.8 亿美元,占 FDI 的比重是 75.85%,在 2005 年却出现了一个低谷,总额为 86.1 亿美元,占 FDI 的比重降到 69.65%。侨资的变化与外资的变化不一致,前者没有像后者一样逐年增长,主要是国际大环境所致,即 2001 年中国加入

---

① 《发挥优势,广东潮州扎实开展亲侨、为侨、护侨》,中国侨网,http://www.chinaqw.com/gnqw/2014/04-21/1162.shtml.

② 《广东江门现有侨资 3991 家,投资总额近 200 亿美元》,中国侨网,http://www.chinaqw.com/jjkj/2015/05-20/50104.shtml.

WTO 后,欧美日韩企业的投资大幅增加,不断挤占侨资在 FDI 总额中所占的比重,这在全国都是如此。[①]

　　在第二阶段,即 2005—2010 年,侨资在广东 FDI 总额中的比重又快速上升,由 2005 年的 69.65% 升至 2010 年的 79.31%,达到 2012 年之前的最高点。在这一阶段,侨资总额也处于一个急涨阶段,从 2005 年的 86.1 亿美元增到 2010 年的 160.7 亿美元。

　　在第三阶段即 2010—2012 年,2011 年侨资占 FDI 的比重略有下降,但仍有 77.90%,2012 年却降到 70.62%,基本回到 2005 年的水平。不过这一阶段,侨资总额一直保持增长的态势,从 2010 年的 160.7 亿美元增加到 2012 年的 179 亿美元。侨资总额不断攀升而侨资占 FDI 的比重却出现下降趋势,可见近年来,广东省利用的其他来源的外资增长更快。

单位: 万美元

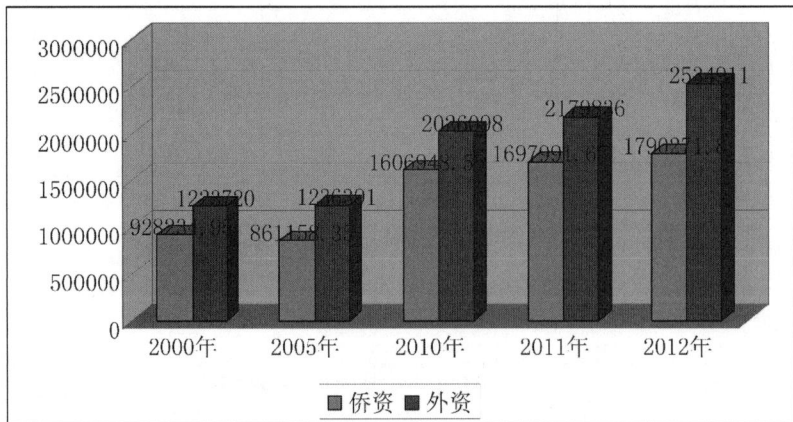

图 3-4　2000—2012 年广东历年侨资总额图

　　资料来源:据 2001—2013 年《广东统计年鉴》(中国统计出版社)的外资数据整理、计算而成。

三、侨资的来源

　　近年来,广东利用的侨资主要来源于香港;其次是自由港,其中较为重

---

　　① 　龙登高、丁萌萌、张润君:《海外华商近年投资中国的强势成长与深刻变化》,《华人华侨历史研究》2013 年第 2 期,第 30~37 页。

要的是维尔京群岛、萨摩亚、开曼群岛和百慕大;第三大来源为东盟国家,主要是新加坡、马来西亚、泰国和文莱。另外来自日本的侨资规模也比较大,相较以上三大来源,来自澳门和台湾的侨资规模明显小得多。

广东的外资规模同样取决于侨资规模,而侨资规模取决于港资规模。如图 3-5 和表 3-7 所示,2000—2012 年来自香港的投资均稳居首位,而且自 2005年之后与其他主要地区的差距还在逐渐拉大。2000—2010 年,自由港中贡献最大的维尔京群岛的投资额一直保持增长趋势,但是在 2010 年之后呈下降趋势,从 2010 年的 27.1 亿美元降到了 2012 年的 21.7 亿美元,而香港的投资额在 2010 年后一直保持上升态势,从 2010 年的 129.2 亿美元增加到 2012 年的147.8 亿美元,因而在 2010 年后两大投资地区的投资曲线逐渐被拉开。其他主要地区的投资额基本上处于徘徊状态,没有太大的起伏。

如图 3-5 和表 3-7 所示,以维尔京群岛为主的自由港在广东的投资量也非常大,是仅次于香港位居第二的外资来源地。东盟国家作为广东第三大外资来源地,其投资规模在不断扩大。新加坡是海外华商的经济都会和金融中心,众多华商选择经由新加坡投资广东,所以新加坡对广东的投资一直领先于东盟其他国家。除了新加坡之外,其他东盟国家,像马来西亚、泰国等,虽然对广东的投资金额不是很大,但这些国家的华商是广东吸引外资的潜在对象。

单位: 万美元

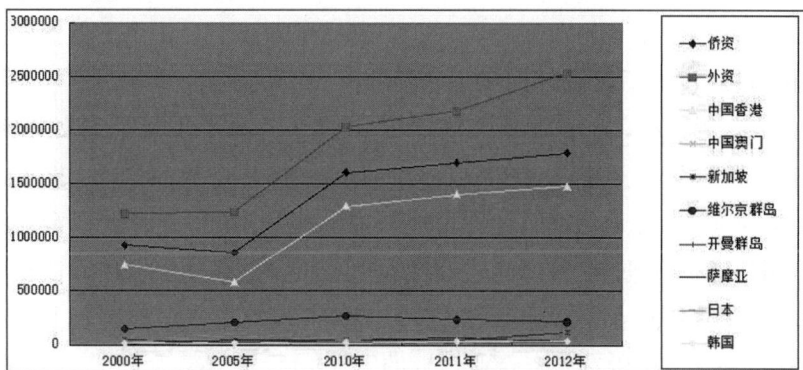

图 3-5　2000—2012 年各国家(地区)在广东的投资趋势图

资料来源:据 2001—2013 年《广东统计年鉴》(中国统计出版社)的相关数据整理和计算而成。

表 3-7　2003—2011 年国家(地区)在广东历年投资额

单位:万美元

年份	2000 年	2005 年	2010 年	2011 年	2012 年
侨资	928235	861158.4	1606949	1697992	1790272
外资	1223720	1236391	2026098	2179836	2534911
中国香港	744826	582361	1291738	1403028	1478493
中国澳门	26137	28579	30189	36685	25819
新加坡	49115	29207	46482	45453	117213
维尔京群岛	149200	210548	270979	235419	216916
开曼群岛	6694	20526	24644	20323	30055
萨摩亚	8942	50651	49714	61509	36652
日本	30852	94365	51044	6939	111224
韩国	13671	10904	20658	32634	36032

资料来源:据 2001—2013 年《广东统计年鉴》(中国统计出版社)的相关数据整理而成。

四、侨资的流向

计算历年侨资在外资中所占的比重便可得知,除个别年份外,侨资基本可以占到 75% 甚至更高的比例,所以侨资大体上可以代表广东的外资,反过来广东外资的流向也大体上代表了广东侨资的流向。正由于侨资的流向缺乏权威统计,本书就以分析广东外资的流向以代之。

如表 3-8 所示,以 2012 年为例,制造业是广东省外资流入最多的领域,在该行业的外资企业有 46949 户,占所有外资企业户数的 63%,投资总额达到 2744.45 亿美元,占总投资额的 57.3%。无论是外资企业数量还是投资额,制造业的比重都过半,由此可以得出结论,大部分侨资进入广东省后都流向了其龙头行业制造业。其次是房地产业,投资在房地产行业的外资企业有 2638 户,占所有外资企业户数的 3.5%,投资总额为 586.98 亿美元,占总投资额的 12.3%。虽然是第二大外资流入行业,但是相比制造业,房地产业在吸引以及利用外资的程度上还存在较大的差距。广东省外资流向的第三大行业是电力、燃气及水的生产和供应业,投资在该行业的外资企业有 313 户,占所有外资企业户数 0.42%,投资总额为 297.7 亿美元,占总投资额的 6.2%。相比起制造业和房地产业,无论是在外资企业数量还是投资总额上,电力、燃气及水的生产和供应业都有明显的不足。

因此,通过 2012 年的数据可以看出,广东省的外资流向明显分布不均。第一大外资流入行业制造业无论是在企业数还是在投资总额上都占到了绝对优势,而分别作为第二大和第三大外资流入行业的房地产业和电力、燃气及水的生产和供应业都只占到了很小的比例。另外,前三大外资流入行业的投资额之和占到了总投资额的 75.6%,其他所有行业所占有的外资总额加起来仅为 24.4%,分布严重不均。这与广东省的产业分工有关。广东省最早开放,在技术领域走在了最前面,而且经济发展迅速,吸引了大量劳工,这给工作量大、技术含量相对较低的劳动密集型产业制造业带来了丰富的劳力资源,因而制造业在吸引外资上占据了绝对优势。

表3-8 2012 年广东省外资流向及金额

行　业	企业数(户)	投资总额(亿美元)
总　计	74551	4786.45
制造业	46949	2744.08
房地产业	2638	586.98
电力、燃气及水的生产和供应业	313	297.7
租赁和商务服务业	4341	235.9
交通运输、仓储和邮政业	1860	215.58
批发和零售业	9659	196.28
科学研究、技术服务和地质勘察业	2870	129.87

资料来源:据 2013 年《广东统计年鉴》(中国统计出版社)的相关数据统计而成。

五、侨资的贡献

改革开放以来,广东连续 30 多年保持年均两位数的经济发展速度,连续二十多年经济总量居全国首位,之所以能够取得如此辉煌的成就,与华侨华人的贡献密不可分。侨资对广东省发展的贡献主要表现在以下几个方面。

(一)扩大贸易规模,改善贸易结构

截至 1992 年底,广东全省实际利用外资达 197 亿美元,占全国实际利用外资总额的将近一半,其中侨资超过 80%;外商直接投资的"三资企业"达 2.8 万多家,占全国"三资企业"总数的 40%左右。侨资的大量流入不仅弥补了当时广东建设资金的不足,提高了当时广东的现代化经营管理水平,还催生一批新兴城市在重点侨乡接踵出现。[①] 同时,侨资的大量流入还扩大了广东的对外贸易规模,改善了广东的对外贸易结构。由表 3-9 可知,广东外商投资经济的进出口额增长非常迅速,出口额由 2000 年的 495.09 亿美元猛增至 2012 年的 3405.23 亿美元,进口额由 2000 年的 425.27 亿美元猛增至 2012 年 2306.43 亿美元,十多年间都增长了很多倍。广东的外商投资经济在其对外贸易中的角色也非常吃重,无论是出口还是进口,占比都基本上维持在 60%以上。

表 3-9 2000—2012 年广东省的进出口额(按经济类型分)

单位:亿美元

年 份		总额	外商投资经济	占比
2000	出口	919.19	495.09	53.9%
	进口	781.87	425.27	54.4%
2005	出口	2381.71	1546.77	64.9%
	进口	1898.31	1240.07	65.3%
2009	出口	3589.56	2238.03	62.3%
	进口	2521.62	1586.12	62.9%
2010	出口	4531.91	2818.47	62.2%
	进口	3317.05	2026.45	61.1%
2011	出口	5317.93	3247.63	61.1%
	进口	3815.41	2250.96	59%
2012	出口	5740.59	3405.23	59.3%
	进口	4098.88	2306.43	56.3%

资料来源:据历年《广东统计年鉴》(中国统计出版社)的数据整理、计算而成。

如前所述,新世纪以来广东侨资在外资中所占的比重基本上在 70%以

---

① 吴智棠:《港澳台资、华人侨资与广东经济起飞》,《港澳经济》1994 年第 1 期,第 17
~18 页。

上,有些年份甚至将近 80%,所以外商投资经济对广东对外贸易的贡献,主要是侨资的贡献。

(二)优化产业结构,提高产业水平

改革开放以来,广东走在对外开放的前沿,侨资的进入对其产业结构最直接的影响是使其优势产业从传统的初级产品行业向以制成品为主的工业过渡,并随着侨资企业数量及其所涉领域的增加,第三产业,例如房地产业,在广东省所占的比重也日益增加,这有利于广东省各产业的均衡发展。在保持第二产业主导地位不变的情况下,侨资在第三产业中比重的增加带动了广东省整体产业结构向更高层次转变,即从劳动密集型向技术密集型转变。这种产业结构的优化不仅有利于其产业水平的提高,同时也带动了行业产品出口技术复杂度的提高,因而从某种程度上扩大了产品的出口优势。

(三)引进先进技术与管理经验,提升竞争力

改革开放以来广东吸引了大批海外侨资企业,后者为广东带来了大批先进科学技术、生产设备与工艺。侨资企业内部的技术扩散,以及前向与后向关联产业的技术外溢,使广东众多产业实现了升级换代。通过侨资企业的带动,广东在轻纺、电子、塑料、家电、食品、机械、建筑、陶瓷等诸多行业实现了技术改造,培育了诸多具有国际竞争力的骨干企业,也取得了良好的经济效益。海外侨资企业还为广东带来了新的经营管理模式,为广东国有企业和民营企业转换经营机制,甚至广东转变经济发展思路,提供了良好的借鉴和示范作用。侨资企业大量雇用当地人为中层以上管理人员,让后者参与企业的管理经营,使其有机会学习国外先进的管理方式和面向市场的经营机制,从而为广东造就了大批新型管理人才。[①]

---

① 王望波:《改革开放以来东南亚华商在中国大陆的投资研究》,厦门大学博士学位论文,2004 年,第 92～93 页。

第三节　新世纪以来的福建侨资发展

一、侨资的规模

　　至于福建侨资的现有规模,以 2012 年为例(如表 3-10 所示),当年福建实际利用外资 43.58 亿美元,同比增长 2.2％。香港为第一大外资来源地,实际利用外资 34 亿美元,占总额的 78.12％。自由港为第二大外资来源地,占总额的 12.51％,实际利用外资 5.45 亿美元,其中英属维尔京群岛 4.8 亿美元,在各自由港中排名第一。来自东盟各国的资本是 1.36 亿美元,占总额的 3.13％,为第三大外资来源地。来自前述三地的实际利用外资加起来达到 40.86 亿美元,占总额的 93.76％。此外,来自澳门的实际利用外资为 3498 万美元,占总额的 1.24％,来自日韩的实际利用外资为 9448 万美元,占总额的 2.17％,来自北美的实际利用外资为 5946 万美元,占总额的 1.37％。

　　据前文所述的比例计算,即来自港、澳、东盟的 FDI,95％来自华商,来自各自由港的 FDI,80％来自华商,福建省 2012 年的侨资规模约为 38.51 亿美元,占 FDI 总额的 88.37％。2012 年全国实际利用的外资为 1117.16 亿美元,侨资规模约为 788.9 亿美元,占 FDI 总额的 70.62％。福建省侨资占 FDI 的比重较全国高出 17.75％,这说明福建省对侨资的依赖程度较高。

　　不过从全国范围来看,福建省的侨资规模较小,仅占全国的 5.5％,与其他发达省份相比还存在一定差距。作为我国第二大侨乡,福建省的侨力资源是非常丰富的。据福建省侨务办公室统计,截至 2000 年,福建省籍的华侨华人多达 1264 万人,约占当时全国总数的三分之一,分布于世界 160 多个国家和地区。另据《福布斯》杂志 20 世纪 90 年代统计,当时个人财富额达亿美元的海外华人富豪有 192 位,其中祖籍福建的有 87 人,所占比例多达 45％。那些富豪的资产少则上亿,多则几十亿美元。除了那些大富豪,祖籍福建的海外华侨华人中还有众多资产几十万、几百万乃至几千万美元的中小企业主。^① 改革开放以来,福建充分发挥侨力资源优势,坚持"以侨引侨、以侨引台、以侨引外、侨港台外相结合",形成了独特的引资模式。随着经济的发展,福建的华侨华人在多行业多领域都有涉及,融入程度比较高,对福建的经济发展起到了很大的促进作用。

表 3-10   2012 年福建外商直接投资分国别汇总表

金额单位:万美元

国别或地区	项目数	合同外资	比重%	实际利用	比重%
合计	468	602263	100	435794	100
中国香港	317	530652	88.1	340445	78.12
东盟	55	28572	4.74	13640	3.13
自由港	—	—	—	54535	12.51
中国澳门	17	7019	1.17	5407	1.24
日韩	18	4398	0.73	9448	2.17
西欧	8	2809	0.47	2875	0.66
澳洲	12	13115	2.18	3498	0.8
北美	41	15698	2.61	5946	1.37

资料来源:据《福建统计年鉴 2013》(中国统计出版社)的相关数据整理而成。其中自由港包括英属维尔京群岛和开曼群岛。

二、侨资的变化

总体来看,21 世纪以来,福建的侨资利用以 2005 年为分水岭分为两个阶段,第一阶段是 2000—2005 年,第二阶段是 2006—2012 年。如图 3-6 所示,在 2005 年之前,侨资的利用额从 2000 年的 19 亿美元增长到 2004 年的 22 亿美元,侨资占外资的比例从 50.53%上升 68.47%,到但 2005 年猛跌到 16 亿美元,侨资占外资的比例降到 61.65%。

虽然 2005 年下降的幅度较大,但是在后一阶段,即 2005—2012 年,福建的侨资利用额一直保持较大幅度的增长,由 2005 年的 16 亿美元增至

---

① 黄英湖:《创新福建与华侨华人的合作形式》,《综合竞争力》2011 年第 2 期,第 31 页。

2010 年的 41 亿美元,短短几年时间增长了近 3 倍,这与那时的国家政策支持以及福建自身侨资发展新模式的形成有关。到 2011 年又增至 44 亿美元,虽然增幅不大,但仍然保持了上升趋势,且侨资占外资的比重从 2005 年的 61.65% 增加到 2011 年的 71.29%。

单位:万美元

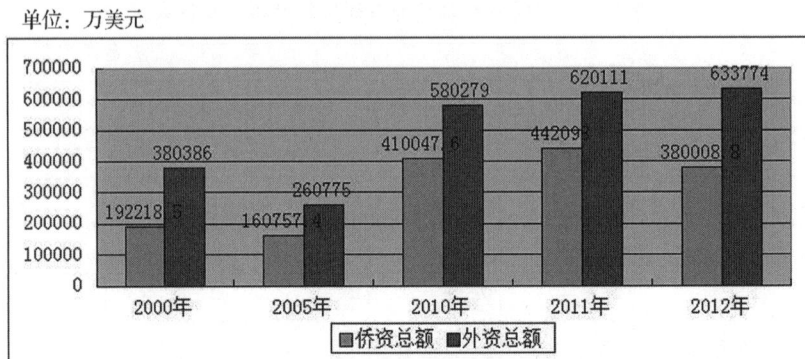

图 3-6　2000—2012 年福建历年侨资总额

资料来源:据 2007—2013 年《福建统计年鉴》(中国统计出版社)的相关数据统计而成。

三、侨资的来源

从签订的外资合同数来看,如表 3-11 所示,大多数是同亚洲国家或地区签订的,这一数字在 2000 年占了合同总数的 58%,2005 年达到 62%,但是从 2008 年至 2012 年这一比例呈下降趋势,由 48.2% 降到 44%。其中香港是福建最主要的外资来源地,2000 年合同数占了福建所签合同总数的 41%,2005 年达 46.3%,但这一比例往后有所下降,到 2012 年仅为 34.6%。其次为美国,但其合同数占福建所签合同总数的比例呈波动且下降的趋势,由 2000 年的 5.4% 降到 2008 年的 3.3%,由 2009 年的 5% 降到 2012 年的 3.2%。此外,从所签订的合同数看,新加坡和日本也是比较重要的来源地。

从合同金额来看,亚洲也是最主要的来源地,占福建实际利用外资总额的比例为 70% 左右。这一比例在 2009 年之前大体呈上升趋势,由 2000 年的 62% 上升到 2008 年的 79%,在 2009 年达到 83.8% 之后逐年下降,到 2012 年降到 61%。其中香港仍为第一大来源地,所投金额占福建利用外资总额的比例大体为 64%。以 2012 年为例,所签合同数最多的国家或地区是香港,为数 317 个,占福建所签外资合同总数的 34.6%,第二多的为美国,为数 29 个,第三多为新加坡,为数 28 个;合同金额最多的国家或地区为香港,为数 53 亿美元,占香港所签合同外资总额的 57.1%,排在第二位的是新加坡,为数 2.2 亿美元,占总额的 4.2%,排在第三位的是澳大利亚,为数 1.3 亿美元,占总额的 1.4%。

表 3-11　分国别(地区)外商直接投资合同数和合同金额

国别(地区)	2000	2005	2008	2009	2010	2011	2012
合同数(个)	1463	1988	1101	939	1139	1039	916
中国香港	602	921	416	373	446	406	317
中国澳门	28	66	10	21	16	14	17
日本	72	64	32	16	22	25	18
东盟	146	177	73	58	56	59	55
西欧	31	24	16	14	10	15	8
加拿大	15	31	16	14	11	13	12
美国	79	98	37	47	33	33	29
澳大利亚	18	28	20	12	18	13	12
合同金额(万美元)	431373	595715	715201	536095	737557	921880	929083
中国香港	212533	286810	521052	428666	559446	610862	530652
中国澳门	4958	15623	5755	12802	8243	18300	7019
日本	16943	10575	3297	3538	4135	9681	4398
东盟	33796	41299	37863	4403	21355	28044	28572
西欧	18713	−3232	−1507	2799	950	1639	2809
加拿大	2495	3510	1181	2276	6948	7125	2971
美国	21012	25534	6607	−30487	1288	5778	12727
澳大利亚	985	5138	−686	1022	4493	5896	13115

注:当期外商投资企业减资或外商股权转让金额超过当期新批合同外资或外商投资企业增资金额,差额部分用负数表示。

资料来源:福建省统计局编:《福建统计年鉴 2013》,北京:中国统计出版社,2013 年,第 157 页。

从实际利用外资额来看,如表 3-12 所示,亚洲同样是最主要的来源地,占福建实际利用外资总额比例为 60% 左右。这一比例在 2000 年仅为 47%,在之后呈上升趋势,2011 年已升至 68%,只是在 2012 年又降为 58%。其中香港仍是第一大来源地,实际所投金额占福建实际利用外资总额的比例大体为 53%。以 2012 年为例,实际投资最多的国家或地区为香港,为数 15.2 亿美元,占福建实际利用外资总额的 53.7%,排在第二位的是英属维尔京群岛,为数 4.8 亿美元,占总额的 7.5%,排在第三位的是新加坡,为数 1.2 亿美元,占总额的 0.2%。

表 3-12 分国别(地区)实际利用外商直接投资金额

单位:万美元

年份	2000	2005	2010	2011	2012
总计	380386	260775	580279	620111	633774
亚洲					
中国香港	151678	121783	354634	387789	340445
印度尼西亚	1760	593	1883	551	991
日本	7655	7445	6287	8342	8016
中国澳门	2689	6162	5156	6278	5407
韩国	410	1069	3254	3508	1432
泰国	979	662	153	254	158
新加坡	12282	7727	25545	18695	12491
欧洲					
英国	16179	1352	1007	1920	1330
德国	4553	48	1443	262	1199
法国	74	708	278	74	321
拉丁美洲					
开曼群岛	20552	9242	12662	9130	6651
英属维尔京群岛	21766	35134	42153	55671	47884
北美洲					
加拿大	1851	424	1099	1154	795

续表

年份	2000	2005	2010	2011	2012
美国	64652	17015	5096	5388	5151
大洋洲					
澳大利亚	2212	988	1823	1123	2855
新西兰	—	467	336	456	643

资料来源:福建省统计局编:《福建统计年鉴 2013》,北京:中国统计出版社,2013 年,第 159 页。

四、侨资的流向

计算历年侨资在外资中所占的比重便可得知,侨资都占到一半以上,且近年来越来越高,2012 年甚至高达 88.37%,所以侨资大体上可以代表福建的外资,反过来福建外资的流向也大体上代表了福建侨资的流向。正由于侨资的流向缺乏权威统计,本书就以分析福建外资的流向以代之。

从图 3-7 和表 3-13 可以看出,福建外资流入最多的是制造业,以 2012 年为例,注册企业多达 12362 家,注册投资总额为 946.3 亿美元。制造业的投资总额近年来呈强劲增长趋势,由 2005 年的 472.7 亿美元增长到 2012 年的 946.3 亿美元,增长率约为 100%。外资流入第二多的行业为房地产业,2012 年注册企业数为 1066 家,注册投资总额近 170 亿美元。房地产业的投资总额在 2009 年之前呈波动且小幅增长趋势,在 2009 以后呈稳健增长趋势,由 2009 年的 138.6 亿美元增长到 2012 年的 170 亿美元。外资流入第三多的行业为纺织服装、鞋、帽制造业。值得一提的是虽然这一行业的投资总额在 2006—2012 年之间一直呈上升趋势,由 71.6 亿美元增长到 108.6 亿美元,但是在 2009 年以后增长趋势明显放缓,远不如前述两个产业的增长速度快。外资流入第四多的行业为通信设备、计算机及其他电子设备制造业。这一行业的投资总额由 2005 年的约 35 亿美元增长到 2012 年的约 97.3 亿美元,增长率为 178%。这说明近年来劳动密集型产业流入的外资额减少,流入技术含量和附加值较高的技术产业的外资额大大增加。

单位：万美元

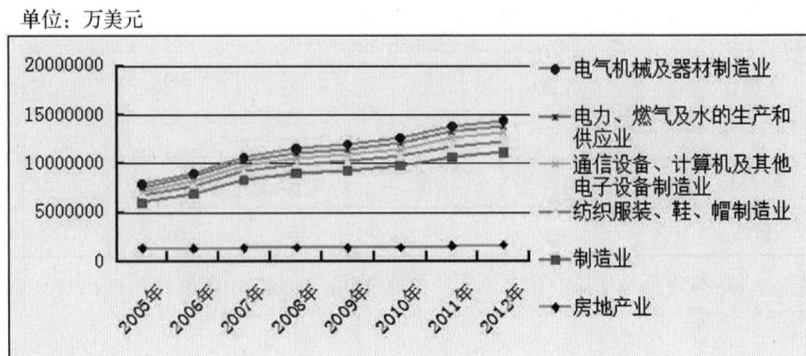

图 3-7　2005—2012 年福建外资流向趋势图

资料来源：据 2007—2013 年《福建统计年鉴》(中国统计出版社)的相关数据统计而成。

表 3-13　2005—2012 年福建外资流向及金额(前六个行业)

金额单位：万美元

行业/年份	2005 年	2006 年	2007 年	2008 年	2009 年	2010 年	2011 年	2012 年
房地产业	1366522	1334132	1381829	1415975	1385912	1430093	1596699	1696257
制造业	4727634	5617260	6969927	7580111	7892963	8350872	9110847	9462680
纺织服装、鞋、帽制造业	716180	810005	864204	929352	989586	1009828	1067679	1085875
通信设备、计算机及其他电子设备制造业	349880	446756	579244	651719	674709	725854	861480	973467
电力、燃气及水的生产和供应业	444184	478435	487901	544293	583025	617253	612910	606912
电气机械及器材制造业	300647	301056	369928	469671	488213	531280	599406	593949

资料来源：据 2007—2013 年《福建统计年鉴》(中国统计出版社)的相关数据统计而成。

五、侨资的贡献

改革开放 30 多年来，充分利用率先开放、政策先行的对外开放优势，发挥侨、台、海、特的省情，以改革促开放，以开放带发展，积极发展外向型经济，使福建从昔日封闭、半封闭的海防前哨变成中国对外开放的前沿，中国经济发展最快和最具经济活力的地区之一。侨资在福建外资总额中占比高，对其外向型经济发展贡献大，主要体现在以下几个方面。

（一）扩大对外贸易规模，改善贸易结构

由表3-14可知，自2000年至2012年，无论是出口额还是进口额，福建省外商投资企业在总额中所占的比重都在40％以上。2000年的进口额甚至占到了进口总额的77.7％，2005年的出口额甚至占到了出口总额的62.4％。很明显，外商投资企业对福建省进出口贸易规模的扩大贡献不小。同时，由于外资主要流入了制造业，自然会扩大福建对外出口中工业制成品的份额，有助于改善贸易结构。

如前所述，21世纪以来福建侨资都占到外资的一半以上，且近年来越来越高，2012年甚至高达88.37％，所以外商投资企业对福建对外贸易的贡献，主要是侨资的贡献。

表3-14　2000—2012年福建省的进出口额（按经济类型分）

单位：万美元

年份		总额	外商投资企业	占比
2000	出口	1290828	759661	58.9％
	进口	831504	646028	77.7％
2005	出口	3484195	2175297	62.4％
	进口	1956935	1400940	71.6％
2010	出口	7149313	3495247	48.9％
	进口	3728715	2338407	62.7％
2011	出口	9283779	3912418	42.1％
	进口	5068465	2955698	58.3％
2012	出口	9783259	3912712	40.0％
	进口	5810536	3478546	59.9％

资料来源：福建省统计局编：《福建统计年鉴2013》，北京：中国统计出版社，2013年，第145页。

（二）引进先进技术，提升竞争力

改革开放以来福建吸引了大批海外侨资企业，后者为前者带来了大批先进科学技术，这有利于前者产业发展水平的提升。诸如福建2011年六大高能耗行业中，规模以上外商投资企业产值占工业产值的比重为36％左右,但其能耗的比重在那六大高能耗行业中却只占30%,能耗强度明显低于内资企业,这说明福建的外资企业在环保和节能技术方面具有显著优势。[①] 2008年,福建外资低技术密集度产业占外资制造业产值的比重为44.06%,外资中低技术密集度产业占外资制造业产值的比重为13.68%,外资中高技术密集度产业占外资制造业产值的比重为18.09%,外资高技术密集度产业占外资制造业产值的比重为20.80%,[②]中高技术与高技术密集度产业的比例明显高于福建的内资企业。

(三)优化产业结构,提高产业发展水平

近年来福建的经济社会发展取得了长足进步,开始逐渐步入后工业化发展阶段,经济结构发生了深刻变革,经历着产业结构转型升级与优化。2001—2011年,第一产业所占的比重逐年下降;第二产业所占的比重总体比较平稳,保持稳中有升的发展态势;第三产业的比重变化比较平缓,围绕40%左右的份额在小区间内小幅波动。总体上看,产业结构仍保持着二三一的结构,但结构比例对比始终处于优化状态。同时福建的外资投资结构情况为:外商直接投资在第一产业的比重始终维持在较低水平,在第二产业的投资比重呈现出逐年下降趋势,在第三产业的投资比重则呈现逐年上升态势。[③] 很明显,这两者之间的变化有一定的对应关系,说明外商直接投资推动了福建的产业结构优化与产业发展水平。

第四节　新世纪以来的浙江侨资发展

一、侨资的规模

至于浙江省侨资的现有规模,以2012年为例(如表3-15所示),当年浙

[①]　刘双明、刘弘辉:《福建利用外资的策略思考——基于低碳经济的思考》,《中共福建省委党校学报》2012年第11期,第94页。

[②]　肖庆文:《福建外资企业的工业结构变动与产业升级》,《亚太经济》2010年第2期,第132页。

[③]　林昌华:《福建产业结构演进与外商投资结构的关系探讨》,《金融经济》2012年第22期,第39~40页。

江省实际利用外资 130.7 亿美元,香港为第一大外资来源地,实际利用金额
80.2 亿美元,占总额的 61.34%。维尔京群岛为第二大外资来源地,占总额
的 6.77%,实际利用金额为 8.9 亿美元。来自东盟国家(新加坡)的资本达
到 5.6 亿美元,占总额的 4.26%,为浙江省的第三大外资来源地。来自前
述三地的实际利用金额加起来达 94.6 亿美元,占了总额的 72.37%。此
外,来自日本的实际利用金额为 4.6 亿美元,为浙江省第四大外资来源地,
占总额的 3.52%;来自美国的实际利用金额为 4 亿美元,占总额的 3.1%;
来自台湾的实际利用金额为 1.1 亿美元,占总额的 0.86%;来自其他国家
和地区的实际利用金额比较少,所占比例也微乎其微。

表 3-15 2012 年浙江省外商直接投资分国别汇总表

国别(地区)	项目(个)	合同外资金额 (万美元)	比重%	实际利用外资 (万美元)	比重%
总计	1579	2107213	100.00	1306926	100.00
中国香港	700	1319778	62.63	801667	61.34
中国台湾	120	69792	3.31	11181	0.86
日本	75	59070	2.8	45971	3.52
新加坡	26	46137	2.19	55656	4.26
韩国	51	25695		8913	
英国	25	18298		3560	
法国	12	72258		1094	
德国	32	12431		6844	
意大利	23	7675		7557	
美国	153	77720	3.69	40429	3.1
加拿大	31	10579		2758	
澳大利亚	25	11101		2875	
维尔京群岛	56	120770	5.73	88532	6.77

资料来源:据《浙江统计年鉴 2013》(中国统计出版社)整理而成。

据前文所述的比例计算,即来自港、澳、东盟的 FDI,95% 来自华商,来
自各自由港的 FDI,80% 来自华商,浙江省 2012 年的侨资规模约为 88.5 亿

美元,占 FDI 总额的 82.20%。2012 年全国实际利用的外资为 1117.16 亿美元,侨资规模约为 788.9 亿美元,占 FDI 总额的 70.62%,浙江侨资占 FDI 的比重较全国高出 17.58%。

从全国范围来看,浙江的侨资规模占到全国的 11.2%,这对于并非中国前三大侨乡的浙江来说成绩是可喜的。在 2012 年,到浙江投资创业的侨资企业有 22837 家。浙江作为著名侨乡之一,已经成为侨商投资兴业的首选之地。浙江省侨商投资企业协会是由华侨、华人和港澳同胞、归侨侨眷在浙江投资的企业和单位组成的非营利性社会团体,现有会员 1860 多名,分别来自美国、加拿大、英国、德国、法国、澳大利亚、巴西、日本等 30 多个国家和地区,①这些地区也就是浙江省的侨资来源地。该协会一直发挥其纽带作用,积极引导侨商回国投资。

二、侨资的变化

如图 3-8 和表 3-16 所示,21 世纪以来,浙江省侨资呈现斜体的"N"字型发展趋势,总体上强势增长。以 2005 年为界点,在 2005 年之前,浙江省的侨资总额呈上升趋势,从 2002 年的 23.6 亿美元增长到 2004 年的 45.9 亿美元,且侨资占 FDI 的比重也从 2002 年的 46.92% 增长到 2004 年的 65.44%。但是在 2005 年出现了负增长,总额降为 38.5 亿美元,占外资总额的比重也降为 61.81%。

在 2005—2012 年这一阶段,浙江省侨资无论是其总额还是其占外资总额的比重都迅速上升,2006 年的侨资总额为 50.1 亿美元,比重为 67.76%,2007 年侨资总额增长至 62.5 亿美元,比重增至 71.35%,到 2010 年侨资总额增加至 77.2 亿美元,占 FDI 的比重达到了 79.95%,2012 侨资总额仍然强力提升,达到 88.5 亿美元,占比更是达到了 82.20%。在 2008 年出现金融危机的不利环境下,浙江省的侨资发展并未受到很大的负面影响,仍然保持总额和占 FDI 比重的持续增长趋势。2002—2012 年,侨资总额从 23.6 亿美元增至 88.5 亿美元,10 年间增长了近 4 倍。

---

① 《浙江侨资企业破三万》,浙江侨网,http://www.zjqb.gov.cn/art/2012/1/9/art_40_50361.html.

单位:万美元

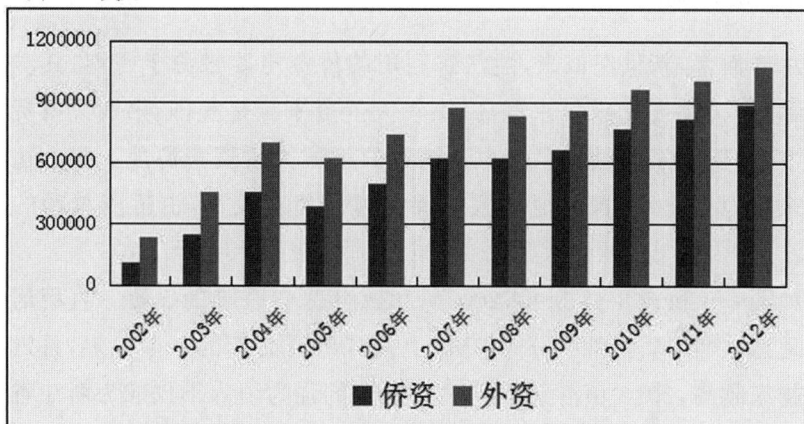

图 3-8   2002—2012 浙江省历年侨资总额变化图

资料来源:据 2003—2013 年《浙江统计年鉴》(中国统计出版社)的外资数据整理、计算而成。

表 3-16   2003—2012 年国家(地区)在浙江省历年投资额

单位:万美元

年份	侨资	外资	中国香港	日本	新加坡	英国	法国	美国	维尔京群岛
2003 年	247756.15	454110	201980	41120	7813	10871	8721	42022	60566
2004 年	458716.1	700945	408713	54092	16221	12342	9402	51282	68786
2005 年	385404.6	623568	303747	49721	14417	9819	9947	50261	103936
2006 年	500882	739202	389772	37742	16540	8740	12207	62038	143607
2007 年	624853.3	875766	425967	24771	20372	12839	10812	47418	251039
2008 年	623180.3	834545	479564	28523	31302	8865	8066	41189	172322
2009 年	662861.25	862841	579717	38395	32126	8371	7292	38643	102013
2010 年	771989.55	965597	727059	31242	24610	9731	5473	38649	72380
2011 年	817795	1006552	746328	41856	40860	5715	4638	28653	87458
2012 年	885282.5	1306926	801667	45971	55656	3560	1094	40429	88532

资料来源:据 2004—2013 浙江省统计年鉴(北京:中国统计出版社)的相关数据整理而成。

三、侨资的来源

总体而言,新世纪以来,浙江省利用的侨资主要来源于香港,其次是自由港,其中又主要是维尔京群岛,第三大侨资来源是美国,第四大侨资来源是日本,东盟国家(新加坡)仅为浙江省的第五大侨资来源地。跟上述五大侨资来源地相比,来自其他地区的侨资规模相对较小,占侨资总额的比重也小。

如图 3-9 和表 3-17 所示,2002—2012 年来自香港的投资一直稳居各国家或地区之首,除个别年份外,基本上占到侨资总额的一半以上,且近年来占比越来越高,2012 年占到了 74%。港资的强力引入不仅成为浙江省侨资规模不断扩大的主要原因,而且自 2008 年以后,第二大侨资来源地维尔京群岛的侨资规模和港资相比差距逐渐被拉大,到 2012 年甚至达到了近 10倍的差距。其他主要地区的投资额也随着经济的发展虽有所增加,但基本处于徘徊状态。

表 3-17 2007—2012 年浙江省外资流向及金额

金额单位:万美元

行业/年份	2007 年	2008 年	2009 年	2010 年	2011 年	2012 年
第一产业	8939	4549	7997	9032	18021	8303
制造业	729207	697245	628290	662930	598206	640577
电力、燃气及水的生产和供应业	6723	12183	8296	6507	7557	5847
建筑业	2814	1238	8826	6982	445	3902
交通运输、仓储和邮政业	30362	20800	20984	12165	16064	64255
房地产业	150612	115248	143452	232841	289477	262629
租赁和商务服务业	59669	61967	56817	42673	67721	76895

资料来源:据 2008—2013 年《浙江统计年鉴》(中国统计出版社)的相关数据统计而成。

除了香港这个最大的侨资来源地之外,像维尔京群岛这样的自由港对浙江省的投资量也非常大,是仅次于香港位居第二的外资来源地,投资额由

2003 年的 6.1 亿美元增至 2012 年的 8.9 亿美元,只是在侨资总额的占比有所下降。

值得一提的是,东盟国家在浙江投资的规模相比其在中国前三大侨乡的规模略显不足,不仅投资总额少,而且投资的国家也极少,只有新加坡一个国家在浙江省有投资,其他国家几乎没有投资记录。这可能与浙江省的地理位置有关,也与其支柱型产业有关。

单位:万美元

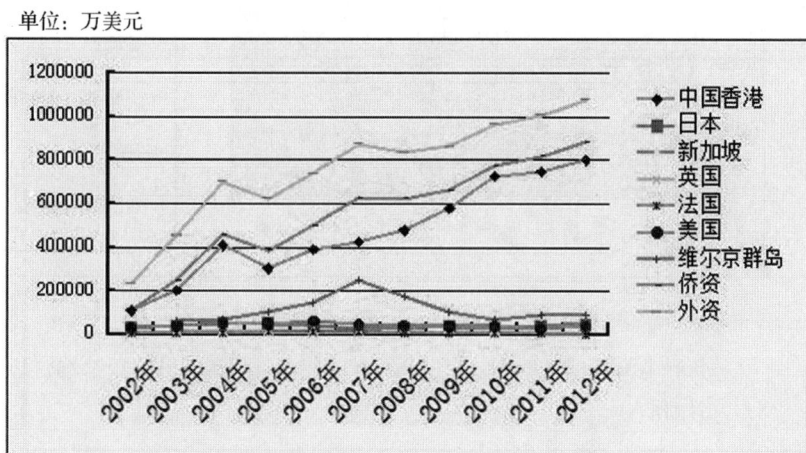

图 3-9 2002—2012 年各国家(地区)在浙江的投资趋势图

资料来源:据 2003—2013 年《浙江统计年鉴》(北京:中国统计出版社)的相关数据整理而成。

四、侨资的流向

计算历年侨资在外资中所占的比重便可得知,浙江省侨资基本可以占到外资总额的大部分,所以侨资在很大程度上可以代表浙江省的外资,因而,浙江省外资的流向也大体上代表了浙江省侨资的流向。正由于侨资的流向缺乏权威统计,本书就以分析浙江省外资的流向代替侨资的流向。

从图 3-10 和表 3-17 可以看出,第二产业是浙江省外资流入最多的领域,尤其是制造业。虽然制造业在 2007—2012 年这 6 年间每年都是外资投资最多的行业,但是根据表 3-17 中的数据不难发现,随着年份的增加,投资额并没有呈现出逐年增加的趋势,除了 2010 年出现小幅反弹外,其他年份显现出逐年下降的情况,2007 年其吸引的外资总额为 72.9 亿美元,到 2012

年已经降为 64 亿美元。尽管如此,工业一直是浙江省外资流入最多的领域。

单位:万美元

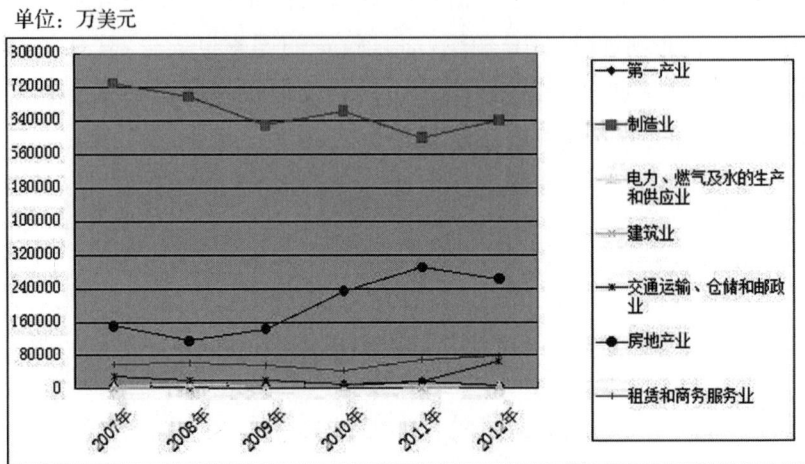

图 3-10　2007—2012 年浙江省外资流向趋势图

资料来源:据 2008—2013 年《浙江统计年鉴》(中国统计出版社)的相关数据统计而成。

除了制造业之外,第三产业中的房地产业是外资流入第二多的行业,其吸引的外资总额由 2007 年的 15 亿美元增长到 2012 年的 26 亿美元,短短几年几乎翻了一番。房地产业一直是外资青睐的领域,投资增长速度也非常快。租赁和商务服务业是外资流入的第三大行业,也吸引了大量外资,金额由 2007 年的 6 亿美元增长到 2012 年的 7.7 亿美元。其他行业所吸引的外资金额数相对较少,规模有待提高。

五、侨资的贡献

近几年来,浙江省的外商投资企业以不足浙江各类企业总量的 2%,全社会固定资产投资的 4%,创造了浙江 20% 的对外贸易,1/4 的工业增加值,1/4 左右的财政税收。[1] 因为浙江的外资主要是侨资,所以侨资对浙江

---

[1]　赵建华、陈频频:《外资对浙江经济发展的贡献》,《统计科学与实践》2017 年第 9 期,第 11 页。

经济发展的贡献巨大。具体而言,主要表现在以下几个方面。

（一）扩大进出口贸易规模,优化对外贸易结构

从表3-18可以看出,2006—2012年三资企业在浙江省的进出口贸易中扮演着非常重要的角色。就出口而言,三资企业的出口额由2006年的379.5亿美元增至2011年的652.9亿美元,2012年略有下降,仍有629.8亿美元。不过,由于近年来浙江外贸出口整体发展非常迅速,三资企业的出口额在浙江出口总额中的比重呈逐年下降趋势,由2006年的37.6%降至2012年的28.1%。就进口而言,三资企业的进口额由2006年的193.2亿美元增至2011年的426.4亿美元,2012年略有下降,仍有402.1亿美元。并且三资企业的进口额在浙江进口总额中所占的比重很大,最高的2008年达到了51.6%,最低年份2009年也有44.8%。很明显,三资企业对浙江进出口贸易规模的扩大贡献不小。同时,由于外资主要流入了制造业,自然会扩大浙江对外出口中工业制成品的份额,有助于改善贸易结构。以2015年为例,当年浙江全省高新技术和机电产品出口1329.11亿美元,其中出口额占浙江全省20.5%的外商投资企业,其高新技术和机电产品出口比重高达27.1%,其中的高新技术出口比重更是高达40.5%,因而外商投资企业成为浙江高新技术产品出口的绝对主力。[①]

表3-18　2006—2012年浙江省的进出口额（按经济类型分）

单位:万美元

年份		总额	三资企业	占比
2006	出口	10089427	3795210	37.6%
	进口	3825259	1931689	50.5%
2007	出口	12827293	4725567	36.9%
	进口	4858341	2389784	49.2%
2008	出口	15426700	5426543	35.2%
	进口	5684227	2933865	51.6%

---

① 赵建华、陈频频:《外资对浙江经济发展的贡献》,《统计科学与实践》2017年第9期,第13页。

续表

年份		总额	三资企业	占比
2009	出口	13301032	4477847	33.7%
	进口	5472456	2451898	44.8%
2010	出口	18046487	5813723	32.2%
	进口	7306824	3425816	46.9%
2011	出口	21634949	6528698	30.2%
	进口	9302827	4263893	45.8%

资料来源:浙江省统计局编:《浙江统计年鉴2013》,北京:中国统计出版社,2013年,第412页。

据前文所述的比例计算,即来自港、澳、东盟的FDI,95%来自华商,来自各自由港的FDI,80%来自华商,云南省2012年的侨资规模约为16.1亿美元,占FDI总额的91.56%。2012年全国实际利用的外资为1117.16亿美元,侨资规模约为788.9亿美元,占FDI总额的70.62%。云南省侨资占FDI的比重较全国高出20.94%,这说明云南省对侨资的依赖非常高,甚至高过前三大侨乡广东、福建和广西。

但从全国范围来看,云南的侨资规模很小,仅占全国的2.04%,与东部发达省份相比还存在很大差距。作为中国五大侨乡之一,云南旅居海外的华侨华人、港澳同胞多达250多万人,分布在以东南亚、南亚为主的70多个国家和地区,归侨侨眷达50多万人。[①] 云南的侨资资源仍有很大的开发空间。

如前所述,21世纪以来浙江历年的侨资基本上占到了外资的一半以上,且近年来越来越高,2012年甚至高达82.20%,所以三资企业对浙江对外贸易的贡献,主要是侨资的贡献。

(二)促进产业升级和结构调整

以2016年为例,浙江工业实际利用外资占比40.2%,其中的通信设

---

① 彭波:《云南6年到位侨资20.62亿美元》,《云南经济日报》2012年7月26日,第A02版。

备、计算机及其他电子设备制造业、通用设备制造业、专用设备制造业、化学原料及化学制品制造业等诸行业的实际外资占工业外资的比重为 37.4％。浙江全省第三产业实际利用外资的比重为 58.6％,其中的信息传输、计算机服务和软件业实际外资同比增长 10.3％,交通运输、仓储和邮政业实际外资同比增长 80.7％,金融业实际外资同比增长 58.8％。以技术、资本密集型行业为主的外资投资结构促进了浙江产业结构升级。虽然外商投资只占浙江资本形成总额和固定资产投资的小部分,但外资在浙江高技术产业发展中的参与度很高。以计算机、通信和其他电子设备制造业为例,2015年该行业外商投资企业共 270 家,占全省总数的 20.8％;资产合计 1233.93亿元,占全省总数的 37.8％;总产值 1302.22 亿元,占全省总数的 45％;出口交货值达 627.17 亿元,占全省总数的 63.2％;利润高达 172.02 亿元,占全省总数的 61.6％;应交增值税为 35.35 亿元,占全省总数的 42.2％;新产品产值率达 54.97％,比全省平均高出 23 个百分点。[①]

（三）提高就业规模与质量

外资对浙江就业的贡献表现在就业规模和就业质量两方面。从就业规模来看,外资通过创办外商投资企业,在企业内部创造就业机会,直接提升就业规模。2014 年浙江外商投资企业的就业人数为 197.76 万人,包括外籍人员 2.17 万人,主要集中在制造业。除了直接提升就业规模,外资企业还通过产业关联效应为前后相关的行业间接创造大量就业机会。从就业质量来看,外商投资企业对员工的职业培训以及企业内员工的"边干边学",有效推动了劳动力生产技术、经营管理水平和创新研发能力的提高,进而由于人力资本积累的改善,浙江劳动力从业能力也相应提高。[②]

① 赵建华、陈频频:《外资对浙江经济发展的贡献》,《统计科学与实践》2017 年第 9 期,第 13 页。

② 赵建华、陈频频:《外资对浙江经济发展的贡献》,《统计科学与实践》2017 年第 9 期,第 14 页。

第五节　新世纪以来的云南侨资发展

一、侨资的规模

　　至于云南侨资的现有规模,以 2012 年为例(如表 3-19 所示),当年云南省实际利用外资 17.6 亿美元,相较于 2011 年的 13.9 亿美元,同比增长 26.14%。香港是第一大外资来源地,实际利用金额为 15.82 亿美元,占总额的 90.04%。东盟国家为第二大外资来源地,占总额的 3.53%,实际利用金额为 0.62 亿美元,其中新加坡 3300 万美元,在东盟国家中排名第一,缅甸 2700 万美元,在东盟国家中排名第二。来自各自由港的资本为 4800 万美元,占总额的 2.73%,为云南省第三大外资来源地。来自前述三地的实际利用金额加起来达到 16.92 亿美元,占了总额的 96.30%。此外,来自台湾的实际利用金额为 2200 万美元,占总额的 1.25%,来自澳门的为 900 万美元,占总额的 0.51%。

表 3-19　2012 年云南外商直接投资分国别汇总表

金额单位:万美元

国别或地区	实际利用额	占比重%
合计	175700	100.00
中国香港	158200	90.04
中国澳门	900	0.51
中国台湾	2200	1.25
日本	300	0.17
韩国	100	0.06
东盟国家	6200	3.53
英国	100	0.06
荷兰	1000	0.57
西班牙	100	0.06
维尔京群岛	4500	2.56
开曼群岛	300	0.17

续表

国别或地区	实际利用额	占比重%
加拿大	400	0.23
美国	400	0.23
澳大利亚	1000	0.57

资料来源:据《云南统计年鉴 2013》(中国统计出版社)数据整理而成。

随着云南利用外资日益多元化,侨资也面临着来自欧美日韩等发达国家资本的竞争。美国是继东盟国家之后第四大侨资来源地,而且其经济实力雄厚,有很强的竞争力。

二、侨资的变化

如图 3-11 和图 3-12 所示,自 2004 年开始,云南省的侨资总额一直呈现出上升态势。2004 年的侨资总额为 0.8 亿美元,2005 年增至 1.1 亿美元,到 2012 年更是增至 16.1 亿美元,相比 2004 年增长了 20 多倍。值得注意的是,从 2003 年到 2004 年,云南省侨资金额出现了骤降,从 2003 年的 1.26 亿美元降到 2004 年的 0.8 亿美元,这与当时引进外资的规模和变化情况是一致的。

单位:万美元

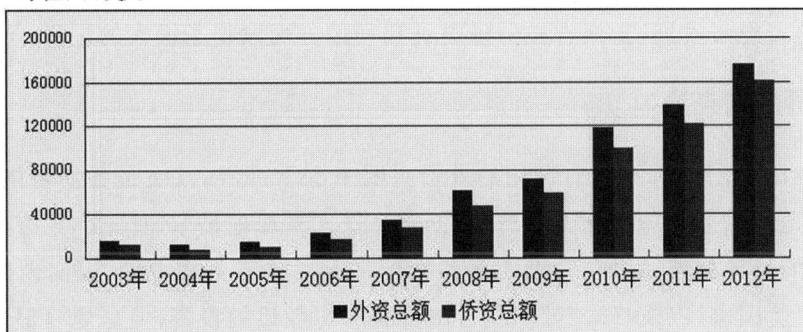

图 3-11 2003—2012 云南省历年侨资总额图

资料来源:据 2004—2013 年《云南统计年鉴》(中国统计出版社)的外资数据整理、计算而成。

单位：万美元

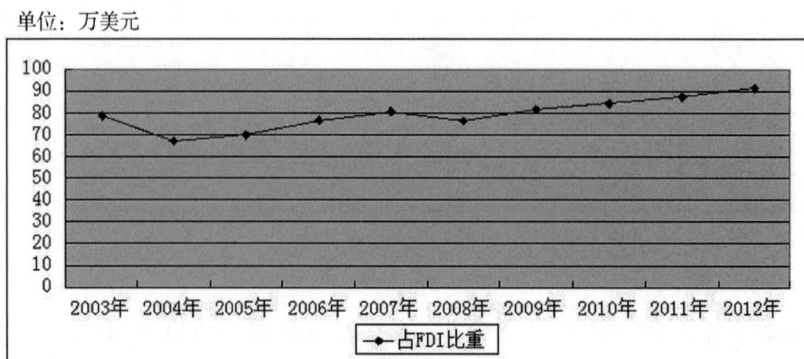

图 3-12　2003—2012 云南省历年侨资占 FDI 比重图

资料来源：据 2004—2013 年《云南统计年鉴》(中国统计出版社)的外资数据整理、计算而成。

从侨资占到 FDI 的比重来看，2003 年达到了一个较高水平的 78.59%，2004 年有所下降，降至 67.15%。从 2004 年到 2007 年，侨资占 FDI 的比例处于上升趋势，增至了 80.82%。然而在 2008 年又有所下降，比例降至 76.52%，这与当年经济危机的国际大背景有关，很多省份在这一年的经济发展都受到了不同程度的影响。从 2009 年开始，即 2009—2012 年间，无论是侨资利用的金额还是占到 FDI 的比重都快速上升，2009 年侨资占 FDI 的比重为 81.72%，到 2010 年增至 84.48%，2012 年猛增至 91.56%。由此可见，随着经济发展，云南省在侨资引进和利用方面取得了很大的进步。

三、侨资的来源

21 世纪以来，云南省利用的外资主要来源于香港；其次是各大自由港，主要是维尔京群岛和开曼群岛；外资的第三大来源地是东盟国家，其中较为重要的是新加坡、缅甸、马来西亚和泰国。除了这三大来源地之外，西欧国家，北美国家，以及日本、韩国在云南都有一定数量的投资，但是规模很小。

就外资规模而言，云南省的外资规模取决于其侨资规模，而在侨资的引进中，绝大部分来自香港，因而可以说，其侨资规模又取决于港资规模。如图 3-13 和表 3-20 所示，来自香港的投资在 2003—2012 年这十年间一直稳居各国家和地区之首，而且从 2008 年开始，香港的投资规模与其他国家和地区的投资规模之间的差距逐渐被拉开。在 2003—2007 年，香港与第二大

单位：万美元

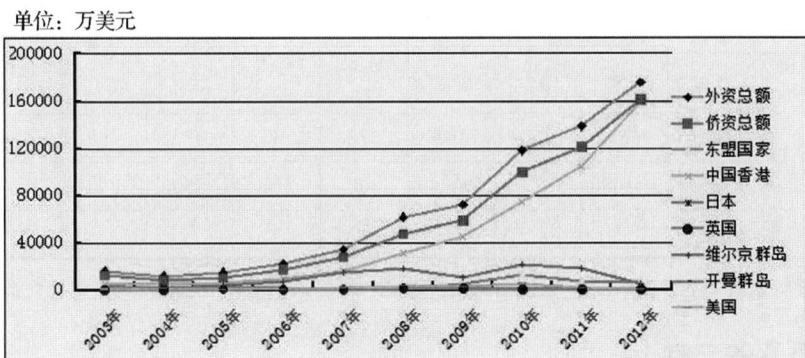

图 3-13　2003—2012 年各国家（地区）在云南省的投资趋势图

资料来源：据 2004—2013 年《云南统计年鉴》（中国统计出版社）的相关数据整理而成。

外资来源地维尔京群岛之间的差距最多不会超过 0.35 亿美元，但是在 2008 年以后便开始以倍数的形式超过维尔京群岛。作为位居第二的外资来源地，维尔京群岛的投资自 2003—2008 年一直处于稳步增长态势，之后便开始波动，特别是 2012 年出现了剧减，仅剩 0.45 亿美元。作为第三大外资来源地，东盟国家在云南投资的规模在不断扩大。其中新加坡是所有东盟国家中投资最多的，缅甸、马来西亚、泰国等也有一定数额的投资。需要说明的是，缅甸虽为最不发达国家，却是东盟国家中投资第二多的国家。

表 3-20　2003—2012 年国家（地区）在云南省历年投资额

单位：万美元

年份	外资总额	侨资总额	东盟国家	中国香港	日本	英国	维尔京群岛	开曼群岛	美国
2003 年	16041	12606	4155	5077	31	271	1988	2807	756
2004 年	11875	7974	875	5415	402	54	2003	45	1341
2005 年	15093	10545	2011	5945	666	694	3545	25	665
2006 年	22463	17212	1551	8995	399	200	6826	1804	571
2007 年	34357	27767	1159	15827	141	138	14538		1864
2008 年	61615	47146	376	30688	881	1387	18064	2470	3371
2009 年	72005	58842	5351	45441	267	1227	10173	2100	2783

续表

年份	外资总额	侨资总额	东盟国家	中国香港	日本	英国	维尔京群岛	开曼群岛	美国
2010 年	117970	99665	12087	73847	672	4	20997	468	5006
2011 年	138500	121080	6700	104000	200	400	18500	800	1700
2012 年	175700	160875	6200	158200	300	100	4500	300	400

资料来源:据 2004—2013 云南省统计年鉴(中国统计出版社)的相关数据整理而成。

四、侨资的流向

计算历年侨资在外资中所占的比重便可得知,2003—2012 年侨资基本可以占到 80%左右,2012 年甚至高达 91.56%,所以侨资大体上可以代表云南省的外资,也可以说云南省外资的流向也大体上代表了云南省侨资的流向。正由于侨资的流向缺乏权威统计,本书就以分析云南省外资的流向以代之。

单位: 万美元

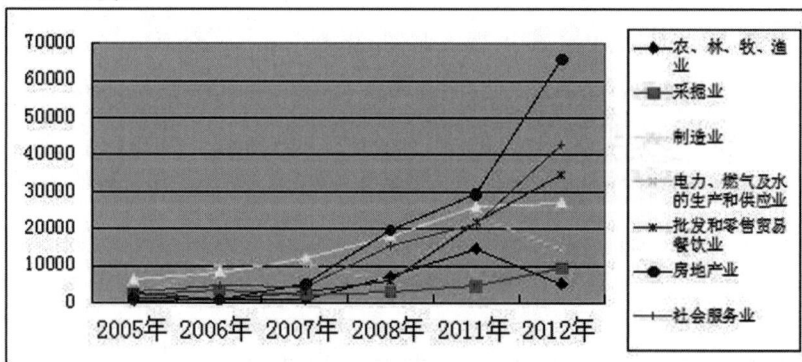

图 3-14　2005—2012 年云南外资流向趋势图

资料来源:据 2006—2013 年《云南省统计年鉴》(中国统计出版社)的相关数据统计而成。

从图 3-14 和表 3-21 中可以看出,云南的外资流向比较多样化,且不同流向的增长态势不一。制造业在 2005 年与 2007 年是外资流入最多的领域,且外资流入呈稳定增长态势,由 2005 年的 0.63 亿美元增至 2012 年的 2.71 亿美元,短短几年内增加了近 4 倍。电力、燃气及水的生产和供应业在 2006 年是外资流入最多的行业,但这一行业的外资流入波动较大。特别值得指出的是,房地产业自 2005 年开始一直呈增长态势,2007 年之前缓慢增长,2007 年之后直线上升,且自 2008 年开始一直是外资流入最多的行业,2012 年流入额达到了 6.58 亿美元。此外,社会服务业自 2005 年开始,基本上呈现稳步增长态势,外资流入额由 2005 年的 0.3 亿美元增至 2012 年的 4.27 亿美元,并且在 2012 年成为外资流入第二多的行业。

表 3-21　2005—2012 年云南省外资流向及金额

单位:万美元

行业/年份	2005 年	2006 年	2007 年	2008 年	2011 年	2012 年
农、林、牧、渔业	588	847	972	7226	14700	5300
采掘业	2228	3363	2299	3023	4500	9400
制造业	6344	8302	11977	18089	26000	27100
电力、燃气及水的生产和供应业	1100	10106	10080	5829	23600	14400
批发和零售贸易餐饮业	2486	711	3206	5928	21800	34700
房地产业	1211	845	5111	19666	29400	65800
社会服务业	3012	4647	4283	15338	21300	42700

资料来源:据 2006—2013 年《云南统计年鉴》(中国统计出版社)的相关数据统计而成。

五、侨资的贡献

2006—2012 年云南吸引侨资总额达 30 亿美元,实际到位侨资 20.62 亿美元。至 2012 年,云南全省外资企业的 65% 为侨资企业,侨资企业已形成 580 亿元人民币的固定资产,年总产值达 340 亿人民币,从业人员达 15 万人,年缴利税超过 25 亿元人民币。[①] 很明显,侨资对云南省社会经济发展的贡献很大,具体而言,主要体现在以下几个方面。因为云南的外资主要是侨资,所以外资的贡献大体上可视为侨资的贡献。

---

① 彭波:《云南 6 年到位侨资 20.62 亿美元》,《云南经济日报》2012 年 7 月 26 日,第 A02 版。

(一)扩大进出口贸易规模

2001—2012 年(不包括 2005 年与 2006 年)云南全省的出口额为 479.5 亿美元,进口额为 396 亿美元,其中外商投资企业的出口额为 27.2 亿美元,进口额为 19.8 亿美元,出口额占全省的 5.67%,进口额占全省的 5%。同时,全国外商投资企业出口额和进口额的占比分别为 53.32% 和 52.70%,均高出云南近 50 个百分点。[①] 可见,外资虽然一定程度上促进了云南省的对外贸易规模,但与全国平均水平相比有很大的落差。

(二)促进当地就业

2001 年云南外商投资企业从业人数为 3 万人,2011 年增至 3.6 万人,十年间增长了 20%。[②] 但需要说明的是,除个别年份外,云南外商投资企业就业人数的增长率基本上都低于实际利用外资总额的增长率。后者如前所述,由 2003 年的 1.6 亿美元增至 2011 年 13.9 亿美元,增长了近十倍。

(三)促进产业升级

从 2013 年外资的流入来看,第一产业利用外资规模较小,制造业等传统外商投资主要领域占全省到位投资的 38.8%。第三产业仍是云南省利用外资的主要领域,占全省到位外资的 60%,其中房地产业比重较大。[③] 第三产业主要是数字化制造及新能源、新材料的应用。云南省外资加大在第三产业的投入,不仅对第三产业的发展起到推动作用,而且第三产业在自身发展到一定规模后,将推动第一产业、第二产业向精准化方向发展,最终形成以第三产业为产业链的核心部分,即支柱型产业,由支柱型产业的辐射效应提高周边产业的发展水平,最终带动整体产业水平的提高。另外,与外资一起同时流入的还包括先进技术,外资企业在经营过程中积极发挥其创新驱动作用,并利用其技术优势推动产业转型升级。

[①] 肖杨、刘秀玲:《云南利用外商直接投资存在的问题分析》,《现在经济信息》2014 年第 19 期,第 495 页。

[②] 肖杨、刘秀玲:《云南利用外商直接投资存在的问题分析》,《现在经济信息》2014 年第 19 期,第 496 页。

[③] 《新产业革命下,创新利用外资的思维》,云南外资网,http://www.ynaefi.com/content.aspx? id=344240622184.

第四章

东亚侨资及其与中国大陆的经济合作

第一节 东盟华人资本与产业

中国大陆改革开放事业发展,一直建立在充分利用华侨华人资源的基础之上。因此,华侨华人经济资源,一直是华侨华人研究领域的热点。[①] 近年来,国侨办、中新社相关课题组连续数年发布年度《世界华商发展报告》,[②]对中国大陆以外的华商资产,按区域和国别做出估算,并推导出华商总资产数额及其变动情况。但是该报告严重低估了华商资产,与现实相距甚远。因此本书拟对新世纪海外华商实力最为雄厚的东南亚华商资产作初步估算。

企业是资本的载体,本文的华商资产,主要指华商控制的企业资产。东南亚华商资产包括上市和非上市的东南亚华人大企业、中小企业和外国华人投资企业。

[①] 在 20 世纪 50 年代到 90 年代,日本学者内田直作、游仲勋,美国学者吴元黎和中国学者李国梁等,均对部分东南亚华商资本作出估算。参见吴元黎等著,汪慕恒等译:《华人在东南亚经济发展中的作用》,厦门:厦门大学出版社,1989 年,第 53 页;李国梁:《东南亚华侨华人经济简史》,北京:经济科学出版社,1998 年,第 152 页。

[②] 参见《2007 年世界华商发展报告》,新华网,http://www.huaxia.com/xw/dl/2008/00746897.html。

一、前东盟五国华商资产的估算

前东盟五国——印尼、马来西亚、新加坡、泰国和菲律宾,集中了绝大部分最有实力的东南亚华商。

(一)印尼华商资产估算[①]

本文的印尼华资包括印尼国内华商资产,也包含国际华商投资于印尼的资产。关于印尼华商企业在印尼经济中的比重与地位问题,一向广受国内外东南亚和华侨华人研究领域的专家关注,也是当地政要和西方媒体常常炒作的话题。一个广为流行的说法是:印尼总统苏哈托在 1967 年曾称,"3%的华人控制了印尼 70%的经济"。过分夸大印尼华商在国民经济中的比例,成为"新秩序"时期印尼政府针对华商实施种种限制政策的借口之一。也有印尼学者指出,华商资产只占印尼全国资产的 25%~30%。[②] 尽管对于印尼华人经济在国民经济中比重的说法不一,但不可否认的是,华商资本在印尼经济中扮演着重要的角色。

印尼 4000 多家私营大企业大部分是华商企业,资产数额大。2008 年东南亚 40 大华商企业排行榜中,印尼 6 家企业榜上有名,总资产达 180 亿美元。[③] 截至 2009 年 7 月 31 日,金光农业资源股份有限公司、盐仓股份有限公司、印多福食品公司、巴里多太平洋股份有限公司等排名前 9 位的华商上市企业资产总额超过 300 亿美元。[④]

1. 华商大型企业资产状况

印尼知名华商林文光曾按照资产额对印尼华商进行了分级,华商中约 170 位拥有大财团或集团企业;约 5000 多位为中型以上企业老板,还有近 30 万经营商贸的小企业主。[⑤] 综合各方面公布的资料,本文认可这一判断,

---

① 采用杨晓强博士关于印尼华商资产的估算。
② 印尼学者布林汉·马根达的观点,原载印尼《棱镜》1990 年第 4 期,转引自《地平线》2007 年第 8 期。
③ 根据《亚洲周刊》(香港)2008 年 11 月 23 日资料统计。
④ 《亚洲周刊》(香港)2009 年 12 月 6 日。
⑤ 参见林文光先生在第三次世界华人论坛上的发言,http://2008.vodvv.com/07/t5_2.htm.

并以此作为推算印尼华商资产的基础。

截至 2009 年 12 月,印尼证券交易所共有 399 家上市企业,同期印尼 170 家华商企业集团旗下的子公司数量则有上千家。从实力考虑,399 家上市企业中的华商公司绝大多数应属于这些集团。唯一一次对华商上市公司情况所作的详细调查是在 1995 年,由澳大利亚学者迈克尔·贝克曼及其研究小组完成的。他关于"华人企业资产占印尼私人企业市值 73%"的论断得到澳大利亚外交和商贸部认可,[①]并时常见诸于分析印尼华商经济的各类文献。2009 年 12 月底,印尼股市市值为 2006.7 万亿盾。[②]减除 14 家上市国有企业的 630.8 万亿盾市值后剩余约 1376 万亿盾,以 73% 的比例计算,则华商企业的资产有 993 万亿盾,合计 1045 亿美元。如把华商上市企业中原住民及外资所占股份和华商非上市企业的资产作大致抵消,则可将 1045 亿美元视为 170 家华商企业集团的资产。

2. 华商中小企业资产状况

印尼有约 5000 家中型以上华商企业资产。据印尼合作社委员会 2008 年 7 月的统计数据,全印尼数千万家企业中,资产 10 亿～500 亿盾的中型企业占 0.24%;资产 500 亿盾以上的大企业占 0.01%。[③]从华商在印尼经济中的历史地位判断,5000 家华商企业大部分应属上述大型企业的范围。本文仅以净资产 500 亿盾(约 500 万美元)划分大中型企业的界限,作为上述华商企业的平均资产。以此推算,该部分华商企业的资产约为 250 亿美元。印尼合作社委员会称,资产在 2 亿至 10 亿盾之间的小企业占印尼企业总数的 4.05%。如以其中间值 6 亿盾(6 万美元)作为华商小企业的平均资产,则可估算出 30 万华商业主的总资产大约为 180 亿美元。印尼华人大多经商,著名华人企业家陈伯年认为,80% 的印尼华人拥有自己的产业。[④]印尼华人家庭超过 200 万个,按 80% 的华人家庭拥有产业估计,扣除拥有大

① East Asia Analytical Unit, *Overseas Chinese Business Networks In Asia*, Canberra: AGPS Press, 1995, p. 40.

② 《威瓦新闻》(印尼)2009 年 12 月 30 日,见 http://bisnis. vivanews. com/news/read/117219-nilai_kapitalisasi_pasar_saham_naik_86_4.

③ 转引自印尼法规研究中心《中小型和微型企业法及其实施的挑战》一文,见 http://202.134.5.138:2121/pls/PORTAL30/indoreg. irp_editorial. show_editorial? id=1180.

④ 《江门日报》2009 年 6 月 9 日。

中小型企业的家庭后,约有 130 万户华人家庭为个体工商户。按印尼合作社委员会所说个体工商户资产在 5000 万～2 亿盾之间推算,华人个体工商户的总资产约为 163 亿美元。

表 4-1　印尼华商资产总量情况表

单位:亿美元

华商类型	财团或企业集团	大中型企业	小型企业	个体工商户
资产金额	1045	250	180	163
合计	1638			

3. 外来华商资产

表 4-2　新加坡、香港、台湾和中国大陆对印尼直接投资情况表

单位:亿美元

国家(地区)	东盟	香港	台湾	中国大陆
累计投资	83.22	3.91	135.3	5.43
合计	227.9			

　　国际华资是印尼外资中的有机组成部分,其中以新加坡、香港、台湾地区和中国大陆的直接投资为主。根据东盟秘书处《2008 年东盟统计年鉴》的统计显示,1995—2008 年东南亚九国对印度尼西亚直接投资总计 83.22 亿美元。[1] 同期,香港对印尼的直接投资总计为 3.91 亿美元。[2] 台湾在印尼的投资来源国(地区)中名列第八位,深受印尼政府器重和优待。据台湾"经济部"投资审议委员会、投资业务处统计数据,截至 2008 年 12 月底,台商在印度尼西亚投资达 1194 件,金额累计为 135.3 亿美元。[3] 中国对印尼的投资随着 1990 年两国复交而逐年增加,2005 年中印(尼)双方缔结战略

---

　　[1]　ASEAN Secretariat-ASEAN FDI Database,*ASEAN Statistical Yearbook*,2009,p.129.

　　[2]　东盟秘书处:《东盟统计年报 2008》(英文版),第 138 页。

　　[3]　1959—2005 年统计数据来源于台湾"经济部"投资审议委员会、投资业务处;2006—2008 年统计数据来源自印尼投资协调署。

合作伙伴关系后,包括相互投资在内的经贸关系进一步密切。印尼在中国对外直接投资存量中排名第二十位,在东盟各国中仅次于新加坡。至2008年末,中国对印尼直接投资存量为5.43亿美元,[①]约占中国对东盟各国直接投资总量的8%。[②]

需要说明的是,还有更多国家和地区华商对印尼进行了投资,但东盟、香港对印尼的投资中也包含非华资成份,此处作对冲抵消处理。另外,如果按照印尼官方的数据,各国(地区)华商对印尼的投资额高于本文统计,这很大程度上是因为印尼国内资本(以华商资本为主)为获投资优惠采用了变通的投资式。根据以上估算,印尼的国内华商资本(1638亿美元)与国际华资投资(227.9亿美元)总量为1866亿美元以上,相当于印尼2009年名义GDP(5908亿美元)的1/3左右。国内华资与国际华资良性互动,对维持印尼国民经济的发展作用突出。

表4-3 印尼华商资产总量情况表

单位:亿美元

华商类型	财团或企业集团	大中型企业	小型企业	个体工商户	外来华商
资产金额	1045	250	180	163	227.9
合计	1866				

(二)菲律宾华商资产估算[③]

菲律宾华商资产由菲律宾本土华商和其他地区华商在菲律宾所拥有的资产组成,其中占主要地位的是菲律宾本土华商资产,约占华商资产的90%以上,包括菲律宾华商上市企业、非上市大中型企业的资产。而小微型华商企业、个体商贩、种植业及其他小额华人资产则通过菲律宾籍华人私人资产来体现。其他地区华商在菲律宾的直接投资是菲律宾华商资产的重要

---

① 注:这些统计并未包括石油和天然气领域的投资,而事实上中国在这个领域的投资额要远远高于其他领域,仅2005年印尼总统苏西洛访华时,两国签下的该领域投资协议就达40亿美元。

② 中华人民共和国商务部、国家统计局、国家外汇管理局:《2008年度中国对外直接投资统计公报》,2009年9月,第21、13、39页。

③ 采用王晓东博士关于菲律宾华商资产的估算。

补充。

1. 华商大中型企业资产状况

截至 2009 年底,菲律宾股市共有上市企业 248 家,[①]通过对这些企业的控股公司、董事会成员、持股结构的分析,确定属于华商上市公司共有 73 家,占菲律宾上市企业总数的 30%。其中菲律宾藉华商上市企业 68 家,主要属于吴奕辉、彭泽伦、叶应禄、郑少坚、陈觉中、吴聪满、杨应琳、陈永栽、施至成和吴天恩集团。上述菲律宾华商上市企业的资产总额约为 19,374 亿比索,约合 421.18 亿美元。而据菲律宾证券交易所 2009 年最后一期周报统计,菲律宾股市总市值为 60,291 亿比索,外资为 20,370 亿比索。华商上市公司资产占所有上市公司总资产的 32%,占菲律宾国内上市公司资产的 49%。

根据菲律宾工贸部 2003 年对各类企业的划分,中型企业指资产在 150 万至 1000 万比索之间的企业,大型企业指资产超过 1000 万比索的企业。[②]《华人经济年鉴》曾于 2001 年进行统计,华商拥有全菲 1000 家最大公司和所有中型公司的半数。[③] 这一比例基本符合菲律宾股市中华商资本与原住民资本的比例。根据菲律宾工贸部 2006 年的统计,菲律宾共有 2596 家大型企业,2839 家中型企业。[④] 据此数值推估出菲律宾目前非上市大型企业中华商企业在 1200 家左右,华商中型企业在 1500 家左右。除个别企业外,华商上市企业资产均超过了 5 亿比索。假设 5 亿比索为上市企业与非上市企业的分界线,则非上市大型企业资产集中在 1 亿至 5 亿比索之间,平均值为 3 亿比索/家;中型企业资产取中间值 5000 万比索/家。据此推算,菲籍华商非上市大中型企业资产总额为 4350 亿比索,约合 94.6 亿美元。在菲律宾非上市华商大中型企业中也有不少资本雄厚的大型企业,如姚祖烈的联合制药,郭麦连洛的水银药业,陈永栽的菲律宾航空、亚洲啤酒、福川烟

---

① 本文采用的菲律宾股市数据以 2009 年 12 月 24 日为基准。

② 菲律宾工贸部,Small and Medium Enterprise Development (SMED) Council Resolution, No. 1, Series of 2003,2003 年 1 月 16 日。

③ 华人经济年鉴编委会编著:《华人经济年鉴》(2000/2001),北京:朝华出版社,2001 年,第 96 页。

④ 菲律宾工贸部网站,http://www.dti.gov.ph/dti/index.php? p=32,2009 年 12 月 24 日。

厂,吕希宗的椰油厂等知名企业。因此,94.6亿美元只是保守数字。

2. 华人小企业及个人资产

从菲律宾华人就业分布情况来看,绝大多数华人从事零售业、餐饮业、种植业等行业,小微型企业居多,甚至是个体企业,他们的资产基本上属于个人资产,数额较小,难以统计。根据台湾"侨委会"1999年的一项调查研究,通过实地访问专家和地区代表领袖的方式估算出2000年亚洲地区华人的年平均所得为4248美元,储蓄率为42%。[①] 假设这两个数值适用于菲律宾小企业华商,根据平均储蓄率和"财产累积七年循环周期理论"[②]来计算,华人小型、微型华商企业、个体企业中的华商资产视为包含在其中。2000年到2009年间菲律宾的GDP年平均增长率约为5%,2003年到2009年这7年的菲律宾华人年平均所得较1999年增长30%,即5500美元/每年,7年总收入为38,500美元,储蓄额为16,170美元。由于华人善于理财,较少浪费,除房屋贷款外很少负债,所以可视储蓄额为可自由支配的资产净额。以菲律宾华人人数为150万推估,得出菲律宾华商小企业及个人资产总额至少应为为242.5亿美元。

3. 外来华商资产

根据《2009年中国对外直接投资统计公报》的数据,2008年中国对菲律宾投资流量为3369万美元,占中国2008年对东盟直接投资流量的1.36%。截至2008年底,中国对菲律宾直接投资存量为8673万美元,占中国对东盟直接投资存量的1.34%。[③] 根据台湾"经济部"投资审议委员会、投资业务处的统计数据,截至2007年底,台商经核准到菲律宾投资案例为966件,累计投资总额达15.9亿美元。[④] 根据东盟秘书处《2008年东盟统计年鉴》的统计数据资料,1995—2008年香港对菲律宾直接投资总计为8.54亿美元,

---

① 台湾环球经济社国际经济研究所华人经济研究计划小组评估。

② "财产累积七年循环周期理论"是指华人个人所得中,未消费掉的储蓄,每累积七年即可构成华人一笔具有固定性的财产。台湾"侨委会"在《全球华人经济力现况与展望研究计划总结报告》中使用该方法推计海外华人私人资产。

③ 中华人民共和国商务部、国家统计局、国家外汇管理局:《2009年中国对外直接投资统计公报》,2010年9月,第53~54页。

④ 台湾"侨委会"编:《2007年台湾华侨经济年鉴》,台北:环球经济社,2008年,第116页。

其他东盟 9 国对菲律宾的直接投资总计为 13.59 亿美元。[①] 将上述几项统计数据整合,菲律宾华商资产总量约为 797.2 亿美元。

表 4-4　菲律宾华商资产统计表

单位:亿美元

	华商上市企业资产	华商非上市大中型企业资产	大陆直接投资	台湾直接投资	香港直接投资	东盟直接投资	菲律宾华人个人资产	合计
金额	421.2	94.6	0.87	15.9	8.54	13.59	242.5	797.2

(三)新加坡华商资产估算[②]

构成新加坡经济的两大资本是外国资本和本地资本,后者包括政府资本、华人资本、马来人资本、印度人资本。华商企业主要以金融贸易、房地产、商业服务业、旅游业等为主。

1. 华商大型企业资产状况

根据 2008 年《福布斯》全球上市公司 2000 强中关于新加坡公司的数据,新加坡华商企业销售额、市值分别占新加坡上榜企业总值的 31.1%、37.7%。2008 年香港《亚洲周刊》发布的全球华商 1000 强排名中,新加坡有 40 家华商企业集团入选,资产总值达 3416.44 亿美元,销售额为 656.69 亿美元。减去 2008 年大华银行资产总值 1161 亿美元、销售额 32.3 亿美元,华侨银行资产总值 1159 亿美元、销售额 28.4 亿美元后,其他华商企业销售额为 596 亿美元,总资产为 1096.4 亿美元,非银行业销售额和总资产比为 1∶1.8。[③] 而 2007 年入选全球华商 1000 强排名新加坡非银行业华商集团资产总值为 587.7 亿美元,销售额为 334.4 亿美元,非银行业华商企业集团销售额和总资产比为 1∶1.9,2009 年入选全球华商 1000 强排名新加坡非银行业华商集团资产总值为 1272 亿美元,销售额 540 亿美元,销售额

---

①　ASEAN Secretariat-ASEAN FDI Database,*ASEAN Statistical Yearbook*,2009,pp. 138&160.

②　采用黄兴华博士关于新加坡华商资产的估算。

③　《亚洲周刊》(香港)2008 年 11 月 23 日。

和总资产比为 1∶2.3。[①]

假定新加坡 1000 家最大企业集团中其他华商企业集团也符合该情况，综合以上 3 年入选《亚洲周刊》全球华商 1000 强排名中新加坡非银行业华商企业集团销售额和总资产比情况，可知 2007 年新加坡非银行业华商企业集团销售总额和总资产比约为 1∶2。而根据新加坡企业发展局的统计，2007 年新加坡 1000 家最大企业集团的销售总额为 11568.76 亿新元，华商企业集团的销售额约占新加坡 1000 家最大企业集团的 1/4。因此，2007 年新加坡 1000 强中华商企业集团的销售额应为 2892.2 亿新元，约合 2178 亿美元。按华商企业集团销售额与资产比约为 1∶2 计算，则华商企业集团总资产为 4356 亿美元。

2. 新加坡华商中小企业资产状况

新加坡华人中小企业以商业和服务业为主，家庭企业占据一定的比重。2007 年新加坡中小企业前 500 强销售总额为 134.91 亿新元，[②]当年中小企业共有 14.8 万家。[③] 新加坡华族中小企业约占当地企业总数的约 80%～90%。[④] 如以占比 80% 计算，2007 年华人中小企业总数为 11.84 万家，营业总额约为 967.3 亿新元，约合 683.6 亿美元。由于新加坡华商企业（非银行业）营业额与资产比率约为 1∶2，推估出华人中小企业资产为 1367.2 亿美元。

3. 新加坡的外来华商资产估算

据新加坡统计局提供的数据，截至 2008 年底，印尼、马来西亚、菲律宾、泰国对新加坡的投资存量合计 163.20 亿新元，约合 115.34 亿美元。[⑤] 新加坡是海外中资企业最为集中的国家，2008 年在新加坡注册的中资企业总数超过 2000 家。中国大陆也是新加坡证券交易所海外上市公司的主要来源地，截至 2010 年 5 月底，在新交所上市的中国企业达 154 家，占在新交所上

---

① 《亚洲周刊》(香港)2009 年 12 月 6 日。

② 资料来源：新加坡国际企业发展局与新加坡 DP 资讯集团调查数据。新加坡中小企业 500 强排名是由新加坡国际企业发展局支持，新加坡 DP 资讯公司从 8000 多家新加坡本地公司，根据它们前年 6 月 1 日到去年 5 月 31 日已审计财务报告所盈利排名前 500 中小企业。

③ 新加坡标新局 2007 年统计数据。

④ 廖小健等著：《全球化时代的华人经济》，北京：中国华侨出版社，2003 年，第 159～161 页。

⑤ Department of Statistics, Ministry of Trade&Industry, Republic of Singapore, *Yearbook of Statistics Singapore* 2010，July 2010，p. 76.

市的 303 家海外公司总数的 50％以上。① 截至 2008 年底,中国在新加坡的投资存量为 33.35 亿美元,②另据新加坡统计局的统计,同期中国对新加坡的投资存量为 35.02 亿美元。③ 据台湾官方统计,1952—2008 年间,台商对新加坡投资项目 459 个,累计投资 54.39 亿美元,④据新加坡方面的统计,截至 2008 年底,台湾对新加坡的投资存量为 64.76 亿新元,约合 45.78 亿美元。⑤ 据香港政府统计处的数据,2008 年新加坡是香港第五大投资目的地和第九大外资来源地。截至 2008 年底,香港对新加坡投资存量为 520 亿港元,约合 66.78 亿美元。⑥

综上所述,新加坡本土华商资产约为 5723.2 亿美元,外来华商资产约为 262.92 亿美元。华商资产总额约为 5986.12 亿美元。

表 4-5 新加坡华商资产统计表

单位:亿美元

	华商大型企业资产	华商中小型企业资产	大陆直接投资	台湾直接投资	香港直接投资	东盟四国直接投资	合计
金额	4356	1367.2	35.02	45.78	66.78	115.34	5986.12

(四)马来西亚华商资产估算⑦

根据马来西亚统计局 2009 年第四季度最新人口统计,马来西亚华人人

---

① 中国驻新加坡大使馆经济商务参赞处:《中资企业仍是新加坡交易所积极争取对象》,http://sg. mofcom. gov. cn/aarticle/jians/201009/20100907151071. html？40722 92814＝168056801.

② 中华人民共和国商务部、国家统计局、国家外汇管理局:《2008 年度中国对外直接投资统计公报》,2009 年 9 月,第 13 页。

③ Department of Statistics, Ministry of Trade&Industry, Republic of Singapore, *Yearbook of Statistics Singapore* 2010, July 2010, p. 76.

④ 数据来自台湾"经济部"投资审议委员会:2008 年核准华侨及外国人、对外投资、对中国大陆投资统计年报。

⑤ Department of Statistics, Ministry of Trade&Industry, Republic of Singapore, *Yearbook of Statistics Singapore* 2010, July 2010, pp. 76&190.

⑥ 香港政府统计处国际收支平衡统计科:《2008 年香港对外直接投资统计》,第 18 页,http://www. censtatd. gov. hk.

⑦ 采用何启才博士关于马来西亚华商资产的估算。

口约为 647.9 万人,约占马来西亚总人口的 22.6%。[①] 然而,马来西亚华商在马来西亚的经济发展和国家建设方面,却扮演着举足轻重的角色。

1. 华商大型企业资产

关于马来西亚华商大型企业资产状况,可以根据《第三马来西亚计划(1976—1980)》、《第九马来西亚计划(2006—2010)》中马来西亚有限公司的拥股资本分布情况获得。[②] 表 4-6 为相关年度马来西亚有限公司的拥股资本分布情况。

根据表 4-6 的统计数据,马来西亚华商企业在 2008 年的累计资产为 2030.9 亿令吉,约 615.8 亿美元,占马来西亚各种族企业总资产的 34.9%,为马来西亚各族群中比例最高者。然而,华商在各个行业的总体比重已经从 1970 的 36.9%,下降到 2000 年的 29.2%,比例呈现出日渐下降的趋势。华商在 1970 年时占有约 2/3 比重的行业,如矿业与采石(66%)、制造业(65.4%)、营建业/建筑业(72.1%)、批发零售及旅餐业(65.3%),分别降至 2000 年的 16.6%、28.1%、39.1% 和 48.5%。

在 2004 年数据中,通过华商在各行业的股权比重,可以看到华商偏重的行业主要为农业或种植业(52.9%),其次为商业和零售业(50.7%),以及建筑业(42.6%)、矿业(39.5%)和服务业(39.5%)等。华商企业参与较少的行业是公共行业,主要包括电力、水利、供水、石油等,大部分是涉及较大资金和高新技术的领域。从事公共行业的主要是外国公司(67.3%),这也是外国公司在马来西亚拥有最多股本的经济领域。[③]

---

① 人口数据引自马来西亚统计局于 2010 年 1 月发布的《每月统计简报》(*Monthly Statistical Bulletin*),有关 2009 年第四季度的人口估算所得。详情请参:马来西亚统计局,http://www. statistics. gov. my/portal/index. php? option = com _ content&view = article&id=570&Itemid=14&lang=en.

② 马来西亚拥股权乃是根据已向马来西亚公司委员会(Companies Commission of Malaysia)注册,并还保持活跃的公司的资料进行估算而得(《第九马来西亚计划》的股权估算是根据逾 68 万家公司的资料而得)。马来西亚政府在估算各族的拥股权时,所采取的计算法是以面值(par value)为准,而不以市值计算。采这种算法的目的主要是可以涵盖所有上市公司(listed companies)和非上市公司(non—listed companies);以市值(market value)为准的话,则只能计算马来西亚股票市场里的上市公司。此外,股份属于政府所有的公司,包括官联公司,并不列入计算范围之内。

③ Economic Planning Unit, Prime Minister's Department, Malaysia, Ninth Malaysia Plan, 2006—2010, 2006.

表 4-6　2000、2004、2006、2008 年马来西亚有限公司的拥股资本分布情况表

拥股类别	马币（百万令吉）					百分比（%）				
	1970	2000	2004	2006	2008	1970	2000	2004	2006	2008
土著个人、信托机构	125.6	62976	100037.2	120378.6	127407.6	2.4	18.9	18.9	19.4	21.9
华人	1450.3	129318.3	206682.9	263637.8	203092.1	27.2	38.9	39.0	42.4	34.9
印度人	55.9	5136.8	6392.6	6967.8	9564.6	1.1	1.5	1.2	1.1	1.6
其他	320.1	2957.7	1897.3	2608.8	698.8	6.0	0.9	0.4	0.4	0.1
代理公司	—	28119.4	42479.1	41185.7	20547.2	—	8.5	8.0	6.6	3.5
外国人	3377.1	103909.4	172279.6	187045.8	220530.8	63.3	31.3	32.5	30.1	37.9
总计	5329.2	332417.6	529768.7	621833.5	581841.2	100	100	100	100	100

资料来源：整理自《第三马来西亚计划（1976—1980）》《第九马来西亚计划（2006—2010）》、《第九马来西亚计划中期检讨报告书》、《第十马来西亚计划（2011—2015）》。

2. 华商中小企业资产

中小型企业在马来西亚经济发展中占据相当重要的地位。截至 2008 年底，马来西亚共有 59.8 万家中小型企业，占国内工商业机构总量的 99.2％，中小型企业也提供了马来西亚 56％的就业机会。[①]

马来西亚中小企业可分为：微型企业、小型企业和中型企业 3 大类，主要集中在制造加工业、服务业和农业。其中马来西亚的微型企业占总企业的约 80％，多为家庭式经营的企业；小型企业和中型企业分别占比 18％和 2％。

马来西亚的华商在中小企业中所占比例超过 80％。[②] 若以总数 59.8 万家为基准进行测算，马来西亚华商中小企业大约有 48 万家，其中中型企业为 0.96 万家，小型企业为 8.64 万家，微型企业为 38.4 万家。笔者根据马来西亚中小型企业的分类标准中各类型企业营业额的平均值，计算出华商中型企业营业额为 86 亿美元（平均营业额为 300 万令吉），小型企业营业额为 259.4 亿美元（平均营业额为 100 万令吉），微型企业营业额为 92.5 亿美元（平均营业额为 8 万令吉），[③]华商中小型企业营业额总计为 437.7 亿美元，由于马来西亚企业（非银行业）营业额与资产比率约为 1:2，推估出华商中小企业资产为 875.4 亿美元。[④]

3. 外来华商资产状况

根据《2008 年度中国对外直接投资统计公报》的数据，截止 2008 年底，

---

① National SME Development Council，Malaysia，*SME Annual Report* 2008，Nov. 2009，p. 47，http://www. smidec. gov. my/node/488.

② 陈子莹:《华商对政府援助一无所知，只会涌向商业贷款和逃税》，独立新闻在线，2007 年 5 月 11 日，http://www2. merdekareview. com/news/n/4039. html;梁家兴:《马来西亚政府如何协助中小企业走向国际市场》，大马经济网，2006 年 11 月 9 日，http://www. malaysiaeconomy. net/my_economy/my_sme/sme/2009－07－29/91. html.

③ 资料来源:马来西亚中小型企业机构（SME Corporation Malaysia）对马来西亚中型、小型、微型企业定义及分类标准。

④ 根据香港《亚洲周刊》2007、2008、2009 年全球华商 1000 强排行榜中马来西亚入选的非银行业华人企业营业额与总资产比综合得出。

中国对马来西亚直接投资的存量为 3.61 亿美元。[①] 据马来西亚工业发展机构 2010 年 2 月 4 日公布的《2009 年度马来西亚制造与服务领域的表现》数据,中国在马来西亚制造业的对外直接投资约为 1.62 亿令吉,获批准的项目计有 17 项(3.5 百万令吉),在马来西亚引进的 FDI 来源地中位居第十五位。[②] 中国继日本、韩国之后,成为在马来西亚相关领域直接投资快速增长的国家之一。台湾是马来西亚吸收 FDI 主要的地区之一,1990 年位居马来西亚吸收对外直接投资国家和地区首位,当年投资额达到 23.5 亿美元。截至 2007 年 12 月底,台商在马来西亚投资达 2550 件,累计投资金额为 107.2 亿美元。[③] 根据香港统计处的资料数据,马来西亚是香港对亚洲直接投资的 6 个主要国家(中国、新加坡、马来西亚、泰国、日本、印度)之一。2008 年香港对马来西亚的直接投资存量为 355 亿港元,约合 45.59 亿美元。[④] 在新加坡对外直接投资的亚洲国家中,马来西亚排第二位,是继中国之后新加坡重要的对外直接投资国,截至 2008 年,底新加坡对马来西亚的直接投资存量为 232.32 亿新元,约合 164.3 亿美元。[⑤]

表 4-7 马来西亚华商资产统计表

单位:亿美元

	华商大型企业资产	华商中小型企业资产	大陆直接投资	台湾直接投资	新加坡直接投资	香港直接投资	合计
金额	615.8	875.4	3.61	107.2	164.3	45.59	1,811.9

综上所述,通过对马来西亚华商资产和外来华商的分析,本土华商资产

① 中华人民共和国商务部、国家统计局、国家外汇管理局:《2008 年度中国对外直接投资统计公报》,2009 年 9 月,第 39 页。

② Malaysian Industrial Development Authority (MIDA), Malaysia, *Performance of the Manufacturing and Services Sectors* 2009, Kuala Lumpur: MIDA, 2009, p. 132 (A9).

③ 台湾"侨委会"编:《2007 年台湾华侨经济年鉴》,台北:环球经济社,2008 年,第 128 页。

④ 香港政府统计处国际收支平衡统计科:《2008 年香港对外直接投资统计》,第 12 页,http://www.censtatd.gov.hk。

⑤ Department of Statistics, Ministry of Trade&Industry, Republic of Singapore, *Yearbook of Statistics Singapore* 2010, July 2010, p. 78.

约 1491.2 亿美元,外来华商资产约为 320.7 亿美元。马来西亚华商资产总额约为 1811.9 亿美元。

（五）泰国华商资产估算[①]

本文根据曼谷证券交易所华商上市企业的数据,估算泰国华商大企业的资产情况。对于泰国华商中小企业,以 2007 年泰国各个行业的企业总数以及泰国中小企业资产划分为基准,分行业对华商中小企业的实力进行分析。经研究估算得出初步结论:泰国华商资产为 3,852.5 亿美元。

1. 泰国华商大企业资产状况

本文以泰国 2009 年 12 月 30 日的股市数据为基准,对 2009 年 12 月 30 日曼谷证券交易所公布的 SET100 家企业进行分析,[②]涉及华商企业有 46 家。这 46 家华商企业总市值为 1541688.43 百万泰铢,合 44141.57 百万美元。前 100 家上市企业的总市值为 4971586.97 百万泰铢,华商企业市值所占比例为 31%。此外,前 100 家上市企业的总资产为 13582405.01 百万泰铢,其中 46 家华商企业的总资产为 4654788.85 百万泰铢,所占比例为 34%。[③] 因此,不论从上市企业的市值来看,还是从上市企业的资产总额来看,华商企业均占 1/3 左右。前 100 家上市企业市值占所有上市公司市值的比例为 84.65%,以此推算所有上市华商企业的市值约为 1820661 百万泰铢,合 521 亿美元;上市华商企业的总资产约为 5498865 百万泰铢,约合 1575 亿美元。泰国还有大批未上市的华商大企业。2007 年泰国工业普查数据显示,泰国 1~50 人的企业数量为 2168728 家,而 51 人及以上的企业有 19687 家。[④] 本文仍按照 34% 的比例来推算,则非上市华商大企业约为 6694 家。根据泰国新生股票投资市场（中小企业板块）统计的上市企业来看,大多上市企业的资产额都在 2 亿~7 亿泰铢之间,因此,本文取平均值 4 亿泰铢来计算非上市大企业资产,推算出非上市华商大企业的资产总额为

① 采用王艳硕士关于泰国华商资产的估算。

② SET100 包括 100 家最大市值及股份流通量最高的上市公司,采用与 SET 指数相同计算方法,自 2005 年 4 月 30 日开始计算,并每年检讨一次成份股组合。

③ 资料来源:泰国曼谷证券交易所,http://www.set.or.th

④ National Statistical Office, Ministry of Information and Communication Technology, Thailand, The 2007 Industrial census, Whole kingdom.

26774 亿泰铢,约合 767 亿美元。

2. 华商中小企业资产状况

从中小企业的数量和行业分布来看,2007 年泰国工业普查将一人以上的企业都计算在内,共有 2188415 家。1～50 人的企业数量为 2168728 家,占 99.1%,其中 1～30 人的企业就达 2156050 家,占 98.5%。[1] 虽然 51～200 人的企业中包含了批发业和零售业以外的中小企业,但是 30～50 人的企业中包含了部分零售业大企业,而且零售业企业数量多,因此这两个数据相互抵消,据此推断泰国中小企业占所有企业总数的 99%。泰国《第二个中小企业促进计划》也指出目前泰国中小企业所占比例为 99%,[2]因此本文以 99% 的比例来推算中小企业的比例。泰国国家银行月报资料显示,1986 年泰国商业生产值达到 4,885.3 亿铢,占国内生产总值的 40.9%。其中属于华商者达到 70%,也即属于华侨华人及华商者占国内生产总值的 28.6%。[3] 据泰国华商社团估计,批发业、进出口业、杂货业、百货业、食品罐头业、西点面包业、药业、餐饮业、娱乐业等,华商均占同行业的 70%。[4] 另据《泰国侨情手册》的数据,泰国华商的商业经营(包括经营规模、范围、金额等)约占全国该行业的 80% 左右。[5] 泰国证券交易所前 100 家上市企业中含有 6 家商业企业,而这 6 家全部是华商企业。综上所述,本文按照 70% 的比例来计算商业和服务业领域华商企业的实力,并排除相互抵消等因素,以商业服务业领域来推估华商中小企业资产状况。根据泰国国家统计局数据显示,2007 年商业和服务业领域共有 1698210 家企业。若按照 99% 来计算中小企业的数量,中小企业数量为 1681227 家。按照 70% 的比例来计算华商中小企业,则约为 118 万家。再根据 2007 年泰国新注册中小

---

① National Statistical Office, Ministry of Information and Communication Technology, Thailand, The 2007 Industrial census, Whole kingdom.

② The Office of SMEs Promotion, Thailand, The 2nd SMEs Promotion Plan,转引自 White Paper on SMEs,泰国中小企业促进办公室网站,http://www.sme.go.th/files/2552/SME-Master-Plan-2.pdf.

③ 李国卿:《泰国华人经济的演变与前瞻》,台北:世华经济出版社,1988 年,第 123 页。

④ 台湾"侨委会"编:《1992 年华侨经济年鉴》,台北:海宇文化事业有限公司,1993 年,第 52 页。

⑤ 广东华侨研究会编:《泰国侨情手册》,华侨志编撰委员会发行,1991 年,第 58～64 页。

企业平均每家资产 3.12 百万泰铢来计算,则泰国华商中小企业资产为
36816 亿泰铢,约合 1156.4 亿美元。

表 4-8　泰国华商资产统计表

单位:亿美元

	华商大型企业资产	华商中小型企业资产	大陆直接投资	台湾直接投资	香港直接投资	东盟直接投资	合计
金额	2342	1156.4	4.5	121.3	49.18	179.08	3852.5

3. 外来华商资产状况

根据《2009 年度中国对外直接投资统计公报》统计数据,截至 2009 年末,
中国大陆对泰国直接投资的存量为 4.48 亿美元。[①] 根据香港统计处的资料
显示,泰国是香港对亚洲直接投资的 6 个主要国家(中国大陆、新加坡、泰国、
日本、印度)之一。2008 年香港对泰国的直接投资存量为 383 亿港元,约合
49.18 亿美元。[②] 台湾也是泰国外资主要来源地之一。2007 年台商经泰国投
资委员会核准投资案件计 49 件,投资金额为 2 亿 4775 万美元,位居在泰投资
来源地第三位。当年,泰国台商厂家约有 3000 家,大曼谷地区(曼谷、北榄、拉
加邦)是台商主要聚集地。正式登记为泰国台湾商会联合总会会员厂商者有
1200 家。其中,台达电子(泰国)股份有限公司系当地最大的台商企业。根据
台湾"经济部"投资审议委员会、投资业务处统计数据,1952 年至 2007 年 12
月底,台商在泰国投资达 2023 件,累计投资金额为 121.3 亿美元。[③] 根据东盟
秘书处《2008 年东盟统计年鉴》的统计数据资料,1995—2008 年东南亚九国对
泰国直接投资总计 179.08 亿美元。[④] 综上所述,通过对泰国华商资产和外来

---

① 中华人民共和国商务部、国家统计局、国家外汇管理局:《2009 年中国对外直接投资
统计公报》,2010 年 9 月,第 40 页。

② 香港政府统计处国际收支平衡统计科:《2008 年香港对外直接投资统计》,第 413 页,
http://www.censtatd.gov.hk.

③ 台湾"侨委会"编:《2007 年台湾华侨经济年鉴》,台北:环球经济社,2008 年,第 123～
128 页。

④ ASEAN Secretariat-ASEAN FDI Database：*ASEAN Statistical Yearbook*, 2008,
p. 138.

华商的分析,本土华商资产约 3498.4 亿美元,外来华商资产约为 354.8 亿美元。泰国华商资产总计约 3852.5 亿美元。

二、其他东盟国家华商资产估算

(一)柬埔寨

柬埔寨华商经济实力普遍优于当地的柬埔寨人,同时涌入柬埔寨的海外华资,也为本地华人参与国家经济建设提供了良好的外部条件,外来华资和本地华资既合作又竞争,共同构建遍及柬埔寨各个经济领域的华商网络。

1. 华商大型企业资产

2010 年,柬埔寨有 7 家华商创建的商业银行,分别是祖籍潮州的许瑞腾创办的湄江银行、李安弟创办的安达银行、方侨生创办的加华银行、陈丰明创办的柬埔寨澳纽皇家银行、香港商人任瑞生创建联合商业银行、马来西亚华商郑鸿标的柬埔寨大众银行以及台湾第一商业银行(金边分行)。

表 4-9 柬埔寨华商银行资产情况表(2005—2007 年)

银行名称	2007		2006		2005	
	资产(百万瑞尔)	所占份额(%)	资产(百万瑞尔)	所占份额(%)	资产(百万瑞尔)	所占份额(%)
柬埔寨大众银行	2260384	16.8	983793	12.8	664892	11.9
加华银行	2242342	16.7	1522579	19.7	1225674	22
澳纽皇家银行(柬埔寨)	2241988	16.7	830301	10.8	370364	6.6
安达银行	525085	3.9	287390	3.7	220643	4
联合商业银行	484253	3.6	423585	5.5	348780	6.3
湄江银行	248674	1.8	109339	1.4	88076	1.6
台湾第一商业银行(金边分行)*	239441	1.8	210930	2.7	164916	3
总计	8242167	62.8	4518915	58.6	3210508	57.7

* 表示分行

资料来源:National Bank of Cambodia,*Annual Report* 2007。

　　截至 2010 年 9 月底,湄江银行在柬埔寨有 5 家分行、安达银行有 1 家分行、联合商业银行有 3 家分行、加华银行有 27 家分行、柬埔寨大众银行有 17 家分行。加华银行已经成为柬埔寨最大的商业银行,在柬埔寨国民经济的发展中发挥着重要作用,其存贷款量占据了柬埔寨全国银行业务量的 30%以上。除银行业外,方侨生还投资于房地产开发,经营购物中心、工业园、酒店、歌剧院、民俗村等项目,逐渐实现金融、旅游、房地产多元化跨国经营。①

　　根据柬埔寨中央银行《2007 年度报告》的统计数据,7 家华商银行的银行资产总额及所占柬埔寨全部银行总资产份额的情况如表 4-9 所示。

　　柬埔寨华商大企业主要以银行业为主,上表所列 7 家华商银行的总资产为 8.24 万亿瑞尔,约合 20 亿美元。

　　2. 华商中小企业资产

　　柬埔寨的中小企业规模较小,根据柬埔寨统计局 2002 年的数据,在制造业部门中,大约 86%的中小企业的雇员在 10 人以下,约 5%的中小企业的雇员在 10 人至 19 人之间,3%的中小企业的雇员为 20～99 人。只有不到 7%的企业为大型企业,雇员在 100 人以上。② 柬埔寨的企业大部分为中小企业,在柬埔寨私营部门中发挥着重要的作用,并逐渐形成了柬埔寨主要的工业体系,吸收了柬埔寨的大量劳动力。2005 年,柬埔寨全国共有小企业 28747 家,从业人员为 79447 人,产值为 6 亿美元,约占柬当年 GDP 的 10%。③ 2006 年柬全国共拥有小型企业 30535 家,比 2005 年增长 4.23%;从业人员为 88040 人,比 2005 年增长 2.35%;产值为 6.25 亿美元,比 2005 年增长 2.02%,约占当年 GDP 的 10%左右。④ 碾米企业在柬埔寨的中小企

---

　　① 康荣平、柯银斌、董磊石:《海外华人跨国公司成长新阶段》,北京:经济管理出版社,2009 年,第 43 页。

　　② National Institute of Statistics, Cambodia, *Statistical Yearbook of Cambodia* 2002, 2003, http://www.nis.gov.kh.

　　③ 中华人民共和国驻柬埔寨王国大使馆经济商务参赞处:《柬埔寨现工业发展状况》,http://cb.mofcom.gov.cn/index.shtml,2006 年 10 月 17 日。

　　④ 中华人民共和国驻柬埔寨王国大使馆经济商务参赞处:《柬埔寨工业近期发展方向》,http://cb.mofcom.gov.cn/index.shtml,2007 年 6 月 29 日。

业占据较大的比重,根据柬埔寨一项专项调查,①碾米企业大多是由柬埔寨华商所建立。在 2005 年的第一次样本抽查中,16 家样本企业中,华商碾米企业为 12 家,占 75%。在 2007 年的第二次样本调查中,在 44 家企业中,华商碾米企业有 42 家,占 95%。如果将两次的抽样结果进行折合估算的话,华商创建的碾米企业所占比例大约为 85%。根据柬埔寨 2007 年《柬埔寨中小企业统计》的数据,2007 年柬埔寨大约有中小型碾米企业 23103 家,按照华商碾米企业所占比例为 85%进行推估的话,柬埔寨华商中小型碾米企业大约有 19638 家。再根据柬埔寨能源、工业和矿业部门关于中小型企业启动资金的定义,小型企业的平均启动资金为 5 万美元。结合第一次调查的数据,将 12 家华商碾米企业的启动资金平均折算,每家碾米企业的启动资金是 4.1 万美元,可以估算出 2007 年柬埔寨华商小型碾米企业的资产约为 8.05 亿美元。2007 年柬埔寨工业部门中超过 80%的中小企业从事食品、饮料等行业,或推算出华商中小企业资产约为 10.07 亿美元。

3. 中国大陆对柬埔寨的直接投资

据柬埔寨中国商会会长高华介绍,到柬埔寨经商的中国商人已经突破 15000 人,②涉及旅游、房地产、教育、新闻出版等各个行业。根据《2009 年度中国对外直接投资统计公报》数据,截至 2009 年底,中国大陆对柬埔寨直接投资的存量为 6.33 亿美元。③ 台商是柬埔寨较活跃的外商之一,主要投资领域有房地产以及土地开发、农业开发、木材加工、纺织成衣、制鞋业、旅游业以及娱乐业等。根据台湾"经济部"投资审议委员会、投资业务处统计资料,1994—2007 年台商在柬埔寨投资 191 件,投资金额总计 3.93 亿美元。④ 根据东盟秘书处数据库《2003 年东盟统计年鉴》、《2008 年东盟统计

---

① 本文数据来源是在两次田野调查时对 16 家碾米企业和 44 家碾米企业的所有者进行面对面的访问和进行结构问卷调查和实地调查。第一次调查是在 2005 年进行的。根据柬埔寨中小企业委员会关于中小企业的定义,16 个样本碾米企业按类别划分为小型企业和微型企业。第二次调查是在 2007 年进行的,也属于小型企业和微型企业。所有样本碾米企业都在马德望省能源工业矿业厅登记。

② 《展现生机的柬埔寨华人经济》,《星洲日报》(柬埔寨)2006 年 10 月。

③ 中华人民共和国商务部、国家统计局、国家外汇管理局:《2009 年中国对外直接投资统计公报》,2010 年 9 月,第 39 页。

④ 台湾"侨委会"编:《2007 年台湾华侨经济年鉴》,台北:环球经济社,2008 年,第 155 页。

年鉴》的数据资料统计,1995—2008 年香港对柬埔寨直接投资累计金额为
4220 万美元。1995—2008 年,东盟九国对柬埔寨直接投资累计金额为
8.944 亿美元。[①] 由于柬埔寨没有详尽的企业统计数据,无法较准确推估华
商资产。但综上所述,柬埔寨华商资产至少在 49.7 亿美元以上,实际资产
可能远远超过该数字。

表 4-10　柬埔寨华商资产统计表

单位:亿美元

	华商大型企业资产	华商中小型企业资产	中国大陆直接投资	台湾直接投资	香港直接投资	东盟直接投资	合计
金额	20	10.07	6.33	3.93	0.422	8.944	49.7

(二)缅甸华商资产估算

1. 本土华商企业资产

缅甸华人大多数都经商,华商从事的行业占当地同行业的比例为:商业
为 70%,服务业 60%,农业 5%,工业 5%。但是华商企业大多仍以中小企
业为主。工业以经营机械修配业、食品加工业及制衣业为主,商业方面以杂
货业、饮食业及金饰业为主。[②] 近年来缅甸经济保持了快速增长,缅甸华商
的总体经济实力也不断提升。贸易行业是缅甸华商经营的重点。在缅甸各
大城镇均有华侨华人开设的杂货铺。20 世纪 90 年代至少有 1000 家,平均
每家资产在 100 万缅元以上。零售杂货业是缅甸华人经营的传统行业,
2002 年从事该行业的华商增长到 2.5 万家,平均每家的经营资产在 200 万
缅元左右。进出口贸易行业是在华商经济中发展较快的行业。1993 年华
人登记注册的进出口公司和代理商约有 800 家,约占全缅甸的 14%。在缅

---

① 2000—2008 年数据来自：ASEAN Secretariat-ASEAN FDI Database，*ASEAN Statistical Yearbook*，2008，p. 129，1995—1999 年数据来自：ASEAN Secretariat-ASEAN FDI Database，*ASEAN Statistical Yearbook*，2003，p. 148.

② 台湾"侨委会"编：《2007 年台湾华侨经济年鉴》,台北:环球经济社,2008 年,第 147 页。

甸 20 家最大的私营出口公司中,为华商所经营的占据一半左右。^① 2002 年获准登记的进出口商、经纪商与合营公司达 4500 家。随着中缅边境贸易的发展和进出口商品数量的逐步增加,华商贸易业所占比重将进一步扩大。航运业、纺织业和食品加工业是近年缅甸华商发展较快的行业。2002 年缅甸华商从事内河及沿海传统航运业者约有 700 多家,资产从 500 万缅元至 8000 万缅元不等。同时华商经营汽车运输者也日益增加。2001 年,缅甸华商经营纺织厂有 500 余家,资产大至 7000 万缅元,小者约 800 万缅元左右。2002 年华商经营的食品加工工厂增加到 5000 家,资产也增长为 600 万缅元至 9000 万缅元不等。餐饮业也是缅甸华商主导的行业。1992 年缅甸华人开办的中餐馆至少有 500 余家,资产从数万到数十万缅元不等,华商餐饮业无论是在数量还是规模上都将快速发展,中餐馆资产少的几百万缅元,多则达 5000 万缅元。此外,华人开设小食店和茶室的数量在不断增加,2001 年仅仰光就有 2000 多家华人小食店,平均资产约在 100 万至 200 万缅元。仰光华人经营的大小茶室约有 700 余家,每家资产小者约为 100 万缅元,大者资产规模达到 4000 万缅元。^② 根据世界银行数据库的统计资料,2000 年缅甸国内生产总值产业构成为:第一产业占比 57.2%,第二产业占比 9.7%,第三产业占比 33.1%。^③ 另据国际货币基金组织 WEO 数据库的统计数据,2000 年缅甸的国内生产总值为 25527 亿缅元,2007 年为 226835 亿缅元,2008 年为 288989 亿缅元,^④约合 270.2 亿美元。根据以上数据,笔者假定 2008 年缅甸三大产业占 GDP 比重基本与 2000 年一致,而华人所从事行业占当地行业比例状况也变化不大,则基本可以推算出 2008 年缅甸及华人三大产业资产分别为 154.4 亿美元(华人 7.72 亿美元)、26.21 亿美元(华人 1.31 亿美元)和 89.44 亿美元(华人 58.14 亿美元),缅甸华人资产总计约合 67.17 亿美元。

---

① 方雄普:《缅甸华人经济掠影》,《侨园》2001 年第 2 期,第 8 页。

② 贺圣达:《当代缅甸》,成都:四川人民出版社,1993 年,第 355~357 页;华人经济年鉴编辑委员会编:《华人经济年鉴 2000/2001》,北京:朝华出版社,2001 年,第 93 页。

③ Source:world Bank Database,转引自中国人民共和国国家统计局编:《2009 年国际统计年鉴》,北京:中国统计出版社,2009 年,第 44 页。

④ Source:IMF WEO Database,转引自中国人民共和国国家统计局编:《2010 年国际统计年鉴》,北京:中国统计出版社,2010 年,第 25 页。

2. 外来华资对缅甸直接投资状况

根据《2009 年度中国对外直接投资统计公报》统计数据,截至 2009 年末,中国对缅甸直接投资的存量为 9.3 亿美元。[①] 据东盟秘书处《2008 年东盟统计年鉴》的统计数据资料,1995—2008 年香港对缅甸直接投资总计为 4.591 亿美元。[②] 根据东盟秘书处数据统计,1995—2008 年东南亚九国对缅甸直接投资累计金额为 12.874 亿美元,[③]由于缅甸目前仍禁止台商直接赴缅甸投资,所以在缅甸投资的台商多数经由第三地或是利用当地人身份前往投资,大多是经营成衣业,其投资具体数据难以统计。综上所述,缅甸的本土华商资产为 67.17 亿美元,国际华资投资额为 26.77 亿美元,总计为 93.9 亿美元。

表 4-11 缅甸华商资产统计表

单位:亿美元

	华商资产	大陆直接投资	香港直接投资	东盟直接投资	合计
金额	67.17	9.3	4.59	12.87	93.3

(三)越南华商资产估算[④]

越南华商主要从事进出口贸易、金融业、建筑和房地产业、酒店和旅游业、橡胶和制品工业、机械制造业等。自越南革新开放以来,越南本土华商企业成就显著,在两次金融危机的影响下充分利用各种经济资源,不断拓展国外市场,保持了良好的发展势头。与此同时,外来华商也成为对越投资的主力军。

越南的华商资产主要由越籍华商资产与外来华商资产构成。鉴于越南的经济发展存在较大的地区差异,且多达半数的越籍华人集中于胡志明市,

---

① 中华人民共和国商务部、国家统计局、国家外汇管理局:《2009 年中国对外直接投资统计公报》,2010 年 9 月,第 39 页。

② ASEAN Secretariat-ASEAN FDI Database:*ASEAN Statistical Yearbook*,2008,p. 129.

③ ASEAN Secretariat-ASEAN FDI Database:*ASEAN Statistical Yearbook*,2008,p. 129.

④ 采用阳阳博士关于越南华商资产的估算。

为越南华商的经济重心,在计算越籍华商总资产时,依此情形分别计算胡志明市华商资产和其他地区的华商资产,再予以求和。越南外来华商资本主要包括中国大陆、港台、新加坡等其他地区华商对越南的投资。

1. 本土华商企业资产

越南华人高度集中于胡志明市。约占全市 6810461 人口总量的 8%。[①]胡志明市统计局数据显示,截至 2007 年,全市各类企业总数为 45076 家,而该市华族企业数量占全市总数的 30%,[②]亦即华族企业达 13522 家。这些企业中,在胡志明市证券交易所挂牌上市的华族控股企业有 3 家,分别是陈金成集团的京都股份公司、郭万寿集团的天龙集团股份公司和邓文成集团的西贡商信 TMCP 银行。此外,该市著名大型华商企业还有尤凯成集团的平仙日用品制作有限公司、陈巧基集团的友联亚洲钢铁股份公司、张子谅集团的新强盛电线电缆责任有限公司、朱立基集团的万盛发投资公司、川亚责任有限公司、蔡俊纺织成衣集团、高肇力集团的亚洲 ABC 饼家、刘立政集团的喜临门饼家等。鉴于胡志明市华族人口众多,越南政府成立了华人工作处,且市行政机构会定期发布有关全市以及华族经济情况的信息和数据,可大致估算出胡志明市华族的资产概数。从经济占有量来看,截至 2005 年,胡志明市的华商企业营业额约占全市经济总量的 30%。[③] 根据越南胡志明市统计局的数据,2008 年胡志明市全部企业资产约达 1675 万亿盾,[④]如仍按华商企业资产占 30% 推估,胡志明市越籍华商的资产总额约为 500 万亿盾,约合 256.5 亿美元。越南其他地区(除胡志明市外)的华族居住相对分散,资产不及胡志明市华族雄厚,且散落于民间。华族企业规模有限,多以家庭为单位,从夫妻店、家庭作坊到小型加工厂之类,遍及城乡。根据这部分华族资产的特点,可依据台湾学者林建山的计算方法,通过计算某地区全体华人的储蓄额,再以 7 年作为循环周期,推算资产累计额,所得即为该地区华商资产。2002—2008 年越南国民的人均月收入为 618050 盾,人均年

---

① 越南胡志明市统计局 2008 年的数据,http://www. pso. hochiminhcity. gov. vn.

② 越南《先锋报》2007 年 2 月 22 日。

③ 《东南亚华人经济值得关注》,广西新闻网,http://www. gxnews. com. cn/staticpages/20051205/newgx439368f3—500991. shtml,2005 年 12 月 5 日。

④ 越南胡志明市统计局网站,http://www. pso. hochiminghcity. gov. vn.

收入合 380.5 美元。亚太地区华人收入为国民平均收入的 350%～450% 左右,①由于越南是发展中国家,且自 2008 年起又遭遇金融危机,故选择低限 350%,则同期华人人均年收入约为 1330 美元。除胡志明市外的越籍华人约占总数的 50%,其他地区华人总收入约为 7.47 亿美元。2002 年至 2008 年,亚洲发展中国家储蓄率为 35.1%,②华人素有勤俭储蓄的传统,储蓄率应不会低于此平均水平,则这部分越籍华商资产总额约为 18.4 亿美元。综合以上数据,越籍华商总资产约为 274.9 亿美元。

2. 外来华商资产状况

根据越南国家统计局数据,从 1988 年至 2009 年,中国大陆对越直接投资项目共计 810 个,占项目总数的 6.4%,在 41 个长期对越直接投资的国家和地区中排名第十六位。根据《2008 年度中国对外直接投资统计公报》数据,截至 2008 年底中国对越南直接投资的存量为 7.285 亿美元。③ 越南是台商重点投资地区。截至 2007 年 6 月,在越台资厂家数量为 1636 家,如算上以第三地名义出资、合资及联营等其他形式,台商企业可达 2500～3000 家。根据越南计划投资部统计,截至 2009 年底,台湾对越投资达到126.35 亿美元,约占越南吸引外资总额的 12.1%,投资项目占总量的18.5%,位居榜首。④ 据越南计划投资部统计,截至 2009 年底,香港对越南投资项目共计 564 个,投资总额达 77 亿美元。⑤ 根据东盟秘书处《2008 年东盟统计年鉴》的数据资料统计,1995—1999 年,东南亚九国对越南直接投资的存量为 19.51 亿美元,1995—2008 年,东南亚九国对越南直接投资存量为 61.05 亿美元。⑥ 综上所述,通过对越南本土华商和外来华商的分析,越南华商资产总额约为 546 亿美元,其中,本土华商资产约 274.9 亿美元,

---

① 林建山:《廿一世纪华人经济力之全球化与当地化发展》,台湾"侨委会"网站,http://www.ocac.gov.tw/public/dep3public.asp? selno=2473&no=2473&level=B

② 巴曙松:《从国际货币体系改革趋势看中国金融发展战略》,中国经济信息网,http://www.cei.gov.cn,2009 年 11 月 12 日。

③ 中华人民共和国商务部、国家统计局、国家外汇管理局:《2009 年中国对外直接投资统计公报》,2010 年 9 月,第 40 页。

④ 越南国家统计局数据,http://www.gso.gov.vn/default.aspx? tabid=512&idmid=5&ItemID=9774.

⑤ 越南计划投资部网站,http://fia.mpi.gov.vn.

⑥ ASEAN Secretariat-ASEAN FDI Database:*ASEAN Statistical Yearbook*,2008,p. 129.

外来华商资产约为 271.7 亿美元。

(四)老挝华商资产估算

根据相关统计数据,2007 年老挝华侨华人总数约为 28 万,约占老挝 600 万总人口的 4.8%,[①]主要分布在万象、琅勃拉邦、会晒、北滨等湄公河沿岸城镇。老挝华商是推动当地经济发展的重要力量。

1. 本地华商

老挝华商多从事进出口、批发、零售业等小型工商业,规模不大,但均自成系统,销售网络遍及全国。1986 年以后,随着老挝新经济政策的实施,华商所经营的小型工商业已逐渐恢复。在各国华商投资的带动下,老挝华商渐与外商合资经营伐木及锯木事业,利用老挝天然资源拓展经营规模与领域。此外,不少泰籍华商与老挝当地华商合作共同投资纺织业、化学肥料、橡胶树、酒店业、银行业等。同时移民在外的老挝华商,也陆续返还原居住地谋求发展。根据老挝华人人口占比情况,假定老挝华人在老挝经济中占比略高于人口占比,2008 年老挝 GDP 约为 51 亿美元,[②]推估老挝华商资产为 3 亿美元。

2. 外来华商状况

1989 年中老关系正常化以后,中资企业逐渐以合资、独资企业的形式对老挝进行投资。根据《2009 年度中国对外直接投资统计公报》数据显示,截止 2009 年底,中国对老挝直接投资的存量为 5.36 亿美元。[③] 投资项目集中在初级加工制造、服务、农业开发、贸易、建设、矿产开发等领域。据东盟秘书处数据,1995—2008 年,台湾对老挝直接投资总计为 3580 万美元。[④]

---

① 庄国土:《东南亚华侨华人新估算》,《厦门大学学报》(哲社版)2009 年第 3 期,第 64 页。

② ASEAN Secretariat-ASEAN FDI Database:*ASEAN Statistical Yearbook*,2008,p. 38.

③ 中华人民共和国商务部、国家统计局、国家外汇管理局:《2009 年中国对外直接投资统计公报》,2010 年 9 月,第 39 页。

④ ASEAN Secretariat-ASEAN FDI Database:*ASEAN Statistical Yearbook*,2008,p. 138.

同期,香港对老挝直接投资总计为 190 万美元,①东盟九国对老挝直接投资累计金额为 4.29 亿美元。综上所述,老挝本土华商资产约 3 亿美元,外来华商资产约为 10 亿美元。老挝华商资产总额约为 13 亿美元。

(五)文莱华商资产估算

文莱独立后,对外侨采取严格控制政策,文莱的华侨华人基本保持在 5 万人左右,其中约 2 万人已取得文莱国籍,1.5 万人为永久居民,另有 1.5 万人仍为临时居民。2006 年文莱华侨华人约 5.6 万人,占总人口的 15%。②文莱摩拉县、都东县是华人主要聚集地。商业是文莱华侨华人从事最为密集的行业。律师是文莱华人另一主要从事的职业,有近百家私人律师事务所为华人所开设。

1. 华商资产状况

根据台湾"侨委会"的调查,1999 年文莱华商杂货业有 310 家,每家平均资产 75000 美元,多属家族经营店铺,占当地市场份额的 50%。资金充裕者往往自行进口部分货品,并兼营批发业务。华商专营贸易业约有 50 余家,每家平均资本约为 10 万美元,占当地贸易业份额 10%左右。华商餐饮业大约 45 家,平均每家资产 12 万美元。华商经营的机械企业有 34 家,平均每家资产约 15 万美元,主要从事车辆、电器等各类产业机械维修业务,进而改造、装配机械业。塑胶加工企业有 4 家,平均每家资产约 15 万美元,经营的产品包括家用器皿、各种机器工具的组配件。华商经营的建筑房地产企业 60 家,平均每家资产 100 万美元,并兼营房地产投资及交易。此外,华商还有食品加工企业 16 家,平均资产 4 万美元。制衣企业 8 家,平均资产 90 万美元,木板厂 7 家,平均资产 20 万美元。在农业方面,华商经营农场有 5 家,农户 18 家,主要种植水果,每家平均资产 20 万美元。华商经营养殖渔业 3 家,他们是文莱农产品的重要供应商。华商从事采石业有 3 家,每

---

① ASEAN Secretariat-ASEAN FDI Database:*ASEAN Statistical Yearbook*,2008,p. 138.

② 台湾"侨委会"和廖建裕教授等所用各项资料,均按文莱华人占总人口 15%比例推算。台湾"侨委会"编:《1997 年华侨经济年鉴》,台北:环球经济社,1998 年,第 105 页;Leo Suryadinata, Issues and Events of Ethnic Chinese Communities, *Chinese Heritage Center Bulletin*,No. 9,May 2007,p. 4.

家资产 100 美元。①

根据文莱华人人口占比情况,假定文莱华人在文莱经济中占比略高于人口占比,2008 年文莱 GDP 约为 141 亿美元,②推估文莱华商资产应不低于 17 亿美元。

2. 外来华商

根据台湾"侨委会"统计,至 2007 年,台商直接投资金额约 1.6 亿美元左右,最大企业资本额约 450 万美元。③ 根据《2008 年度中国对外直接投资统计公报》的统计数据,截至 2009 年底,中国对文莱直接投资的存量为 0.174 亿美元。④ 据东盟秘书处《2008 年东盟统计年鉴》的数据资料统计,1995—2008 年,香港对文莱直接投资总计为 5240 万美元。⑤ 同期,东盟九国对文莱直接投资总计为 14.92 亿美元。⑥

综上所述,通过对文莱本土华商和外来华商的分析,本土华商资产约 17 亿美元,外来华商资产约为 17.22 亿美元。文莱华商资产总额约为 34.22 亿美元。

三、初步结论

本书初步研究结论为:至 2008 年,东南亚的华商资产约为 1.5 万亿美元。其中,华商大企业的资产 9506 亿美元,中小企业 3994 亿美元,外来华资 1557 亿美元。由于各国的中小企业的数据不全,该部分可能被低估或严重低估。如以国别分,则新加坡为 5986 亿美元(占 39.77%)、泰国 3853 亿美元(占 25.6%)、马来西亚 1812 亿美元(占 12.04%)、印度尼西亚亿 1866

---

① 华人经济年鉴编委会编著:《华人经济年鉴》(2000/2001),北京:朝华出版社,2001 年,第 72 页。

② ASEAN Secretariat-ASEAN FDI Database: *ASEAN Statistical Yearbook*,2008, p. 38.

③ 台湾"侨委会"编:《2007 年台湾华侨经济年鉴》,台北:环球经济社,2008 年,第 161 页。

④ 中华人民共和国商务部、国家统计局、国家外汇管理局:《2009 年中国对外直接投资统计公报》,2010 年 9 月,第 39 页。

⑤ ASEAN Secretariat-ASEAN FDI Database: *ASEAN Statistical Yearbook*,2008, p. 138.

⑥ ASEAN Secretariat-ASEAN FDI Database: *ASEAN Statistical Yearbook*,2008, p. 129.

美元(占 12.4%)、菲律宾 797 亿美元(占 5.3%)。前东盟五国占据东南亚华商资产的 95%。即使扣除中国大陆华资的 77.85 亿美元,也在 1.49 万亿美元以上。

由于对后东盟五国的数据掌握远远不够,只能依靠现有资料作大体估算,应当远低于实际数额。但后东盟五国的华商实力较小,即使低估,对东南亚十国华商资产总额的影响不大。东南亚华侨华人数量占世界华侨华人人口的 73.5%,如以其他地区的华商人均资产参照东南亚华商的资产,则港台和东南亚以外的世界华商,其资产总额应在 5500 亿美元左右。东南亚与其他地区的华商资产当在 2 万亿美元以上。加上港澳台地区,中国大陆以外的“世界华商”资产总额当接近 5 万亿美元。[1]

第二节　港台与中国大陆的经贸合作

一、港台与中国大陆的经贸合作概述

香港及台湾因独特的地理优势和雄厚的经济背景,其与中国大陆的经济合作发展迅速,不但有力地推动了中国大陆的经济发展,而且对巩固香港及台湾在国际上的经济地位,对保持香港与台湾的长期繁荣具有重要的意义。

（一）港台与中国大陆经贸合作的发展历程

1. 香港与中国大陆经贸合作的发展历程

新中国成立后,中国大陆立意对香港“长期打算、充分利用”,不仅从政治上稳定香港,而且从经济上支持香港,既为香港提供淡水、原材料和消费品,也为其提供劳动力和商品市场。诸如周总理曾亲自安排专列开赴香港,以保证其副食品市场 80% 以上的商品供应,还曾亲自下令兴建东江—深圳供水工程,以解决香港的淡水供应。

中共十一届三中全会后,中国大陆的改革开放为香港经济发展带来了

---

① 庄国土教授主持国侨办重点项目《华侨华人经济资源研究》课题研究报告,2010 年 11 月。

新的机遇,使得香港在中国大陆经济开放且强劲发展的过程中,获得了其他国家和地区无可比拟的机遇和利益。首先,作为中国内地对外开放的门户香港独占鳌头。中国大陆庞大经济体系的不断发展,让欧、美、日等国家和地区的著名财团都筹划对中国大陆市场进行大规模投资。但起初那些资本都以试探观望为主,选择在香港设点探路,作为日后拓展中国大陆业务的基地。截至1995年底,香港外资银行的数目已经达到了154家。设立的海外公司地区总部114家,地区办事处1132家。其次,中国大陆改革开放使香港资金喜逢出路,制造业得以绝处逢生。香港经济经过20世纪70年代的发展,累积了庞大资本。而香港本地市场逐渐饱和,并且国际市场竞争日趋激烈。适逢中国内地开放,港资便捷足先登。港商在中国内地投资项目回报率高且长期稳定,经营利润丰厚,所以香港资金获得了广阔的用武之地。再次,中国内地的经济发展为香港对外贸易再注活力,金融市场充满生机。最后,中国内地为香港服务业的兴旺提供了巨大支撑,从而推动香港经济顺利转型。

香港回归后,其与内地的经济合作空间更为广阔,合作更加紧密,不仅支撑了香港的繁荣,也促进了内地经济的迅速发展。[①] 2001年中国大陆加入WTO,内地原本从香港转口的商品贸易中一部分变成了第三方的直接贸易,不仅降低了内地与香港之间商品进出口贸易占中国大陆全部进出口贸易的比例,也减少了两地间的贸易量。香港为了保持在内地的贸易地位和利益,加强与内地直接贸易的发展、高新技术合作等,不得不另辟蹊径。为此,香港积极与内地建立两地经济合作的指导与协调机制,以实现共同发展。内地也大力鼓励香港企业前来投资开发高科技产业,利用香港的资金与内地的人才合作开办公司,共同开发高科技产品,同时加快内地国营大中型企业的现代企业制度改革,增加国营企业的灵活性,充分运用两地的金融市场来开展经济合作。[②]

为了促进中国内地与香港经济的共同繁荣与发展,2003年6月29日中央政府与香港特区政府签署了《内地与香港关于建立更紧密经贸关系的

---

① 岳跃:《论香港回归与大陆经济发展》,《韩山师范学院学报》1999年第1期,第29~30页。

② 刘翔峰:《香港内地金融合作的现状及展望》,《国际贸易》2009年第7期,第63页。

安排》(以下简称《安排》),内容主要涵盖货物贸易、服务贸易和贸易便利化三个方面。据《安排》,香港产品将分两阶段获得进入大陆市场零关税的优惠,即自 2004 年 1 月起大陆将给予香港 273 个产品零关税待遇,其他剩下的香港产品最迟 2006 年前给予零关税的优惠(见表 4-12)。2004 年 10 月底双方进行第二阶段的谈判,扩大开放 713 个产品享有零关税。[①]

表 4-12 关税优惠情况表

进口类别	现行关税(%)	大陆加入 WTO 承诺关税(%)	
		2004 年	2006 年
电器及电子产品	5～30	5～30	5～30
塑料产品	8.4～12.7	6.5～10.8	6.5～10
纸制品	5～13.3	5～10.4	5～7.5
纺织品	5～21.3	5～19.4	5～17.5
化学制品	5.5～21.7	5.5～15.8	5.5～10
药物	3～6	3～6	3～6
钟表	14～23	12.5～25	12.5～25
首饰	26.7～35	23.3～35	20～35
化妆品	18.3～22.3	14.2～19.2	6.5～15
金属制品	4～10.5	4～10.5	4～10.5
其　他	5～24.3	5～25	5～25

随着香港和内地经济合作的不断深入,内地开始大力倡导、鼓励港商投资大西北,从而扶持中西部发展,逐渐缩小中西部与沿海地区的发展差距。为此内地也为到中西部投资的港商提供很多优惠政策,放宽了优惠的深度与广度,加快了中西部的基础设施建设,改善了投资环境。

2. 台湾与中国大陆经贸合作的发展历程

据商务部台港澳司经贸交流数据显示,2012 年 1—12 月,大陆与台湾两岸贸易额为 1689.6 亿美元,占对外贸易总额的 4.4%,同比上升 5.6%。其中,大陆对台湾出口 367.8 亿美元,同比上升 4.8%;自台湾进口为

---

① 曾明朗:《报告主题:CEPA 内地与香港关于建立更紧密经贸关系的安排》,学术报告 PPT,https://wenku.baidu.com/view/9d6eeee19b89680203d825f8.html.

1321.8亿美元,同比上升5.8%。大陆共批准台商投资项目2229个,同比下降15.5%,实际使用台资金额28.5亿美元,占实际使用外资金额的3.0%,同比上升30.4%。大陆已成为台湾最大的贸易伙伴、出口市场和顺差来源地。[①]

台资在大陆的布局由沿海向内陆持续发展,从珠三角转移至长三角,再扩展到环渤海地区,进而延伸至中西部地区。回顾台资在大陆的发展,大体分为四个阶段,即起步阶段、发展阶段、调整和复苏阶段、投资理性化阶段。

第一阶段(1978—1989年)为起步阶段。1978年中共十一届三中全会决定实行改革开放,1979年元旦全国人大常委会发表《告台湾同胞书》,首倡两岸尽快实现通邮与通航,希望发展贸易以互通有无。为此台商向大陆开始迈出了试探性的一步。1983年大陆第一家台资企业"三德兴"通过香港转投资在厦门成功注册。1987年台湾当局开放台胞到大陆探亲,台湾厂商也纷纷到大陆考察商情。此后台资企业从小到大、从少到多、从弱到强、从分散到集中、从亏损到盈利,开始逐渐壮大起来。1985—1989年两岸进出口贸易依存度不断上升(表4-13)。

表4-13 1985—1989年两岸贸易依存度统计分析

年份	台湾外贸对两岸贸易依存度	大陆外贸对两岸贸易依存度	台湾对大陆出口贸易依存度	大陆自台湾进口贸易依存度	台湾自大陆进口贸易依存度	大陆对台湾出口贸易依存度
1985	2.17	1.58	3.21	2.34	0.58	0.42
1986	1.49	1.29	2.04	1.89	0.60	0.46
1987	1.38	1.83	2.29	2.84	0.83	0.73
1988	2.47	2.65	3.7	4.06	0.96	1.01
1989	2.94	3.12	4.38	4.90	1.22	1.12

资料来源:根据国务院台湾事务办公室两岸经贸统计中《1979—2005年两岸贸易依存度统计分析表》整理而成。

第二阶段(1989—1993年)为发展阶段。这个时期正值台湾经济转型,

---

① 数据源自中国商务部官网。

劳动力成本逐渐上升,一些劳动密集型的传统产业为了降低成本而纷纷开始投资大陆。1992年以前,台资产业集中在制鞋、服装、餐饮等低技术、低成本行业,以"台湾接单、大陆生产、香港转口、海外销售"的模式,将大陆沿海特别是珠三角地区作为出口基地。这几年台商投资大陆的项目数和实际投资金额都逐年加速递增,1993年达到顶峰,实际投资额达31.1亿美元。这既受益于台湾当局1987年开放大陆探亲,也受益于大陆1992年提出建立社会主义市场经济体制的政策鼓励。

第三阶段(1994—2002年)为调整和复苏阶段。这一阶段又以1999年为界,1999年之前项目增长率基本处于负增长状态,实际投资金额没有太大的变化,每年维持在30亿美元上。这既受两岸关系紧张以及台湾方面"戒急用忍"政策的影响,也受亚洲金融危机的影响。1999年台商对外投资的平均规模下降至最低点的26亿美元。2000年以后,台商投资大陆的项目数和实际投资金额都呈现缓增趋势,2002年无论是项目数还是实际投资金额都达到顶峰,项目数为4835个,实际投资金额为39.7亿美元。

第四阶段(2003年迄今)为投资理性化阶段。截至2007年,项目总数基本回落至2000年的水平,即3299个,实际投资金额回落至近十年来最低点17.74亿美元。这种变化一是由于中国大陆《劳动合同法》的出台,加上原材料、土地、能源紧缺,直接导致企业的生产成本增加,二是由于人民币对美元快速升值从而引发出口汇率风险等因素。随着世界经济形势逐步上升,台湾经济和大陆经济的合作亦不断攀升。由于两岸经济合作效果逐步凸显,两岸贸易也出现了较高的恢复性增长。[①]截至2012年12月份,台湾对中国大陆投资已达61.83亿美元。

(二)港台与中国大陆经贸合作的现状

1. 香港与大陆经贸合作的现状

2015年内地与香港的经贸交流与合作日益紧密,再结硕果。2015年底内地与香港签署了《〈安排〉服务贸易协议》,标志着内地全境与香港基本实现服务贸易自由化。

---

① 吕玉宝、程莎锋、邹春莹:《台商大陆投资的发展历史及结构现状分析》,《当代经济》2008年第12期,第37~38页。

第一,贸易方面。据海关统计,2015 年香港继续保持为内地第四大贸易伙伴(前三位依次为欧盟、美国、东盟)、最主要出口市场。内地与香港货物贸易额 3443.4 亿美元,同比下降 8.3%,占内地对外货物贸易总额 8.7%。其中内地对香港出口 3315.7 亿美元,同比下降 8.7%;自香港进口 127.7 亿美元,同比上升 1.2%;贸易顺差 3188 亿美元,同比下降 9%。

从贸易商品类别上看,自香港进口以机电产品、化工品、金属及其制品和轻工产品为主,四者的进口金额占对港进口总额的 52.1%,矿产品进口增长率达 482.5%成为增长最快的商品类别;对香港出口以机电产品、轻工产品和纺织服装为主,三者的出口金额达对港出口总额的 89.9%,机电产品进口增长率达 24.9%,成为增长最快的商品类别。

此外,据商务部统计,2015 年内地与香港服务贸易额 1225.6 亿美元,香港是内地第一大服贸伙伴。其中内地对香港出口 551.6 亿美元,香港是内地第一大服贸出口目的地;内地自香港进口 674 亿美元,香港是内地第二大服务进口来源地。从服务类别看,自港进口以旅游业为主,进口金额达自港进口总额的 66.8%;对港出口以运输业、加工服务业、专业和管理咨询服务业为主,出口金额分别占对港出口总额的 26%、14.8%、14.6%。

第二,相互投资方面。据商务部统计(投资者注册地口径),2015 年内地共批准港资项目 13146 个,同比上升 8%,实际使用港资 863.9 亿美元,同比上升 6.3%,占内地利用境外投资总额的 68.4%,香港为内地最大投资来源地。截至 2015 年底,内地累计批准港资项目 386213 个,实际使用港资 8333.3 亿美元,港资占内地累计吸收境外投资总额的 50.7%。从地域上看,港商投资地区仍集中在东部地区,同比上升 9.4%,占内地实际利用港资总额的 84.9%。从行业上看,港商投资行业侧重于房地产业、制造业和金融业,三者分别占实际利用港资总额的 28.1%、22.8%和 15.8%;批发零售业成为吸收港资项目最多的行业,港商投资项目达到 3724 个,占项目总数的 26.1%。

此外,据商务部统计,2015 年内地对香港非金融类直接投资 584.7 亿美元,同比上升 24.9%,占内地对外投资总额 1180.2 亿美元的 49.5%,为内地最大境外投资目的地。截至 2015 年底,内地对香港非金融类累计直接投资 4059.6 亿美元,占投资存量总额的 53.1%。

除了贸易和投资外,另据商务部统计,2015 年内地在香港承包工程合同数 176 份,同比减少 25.1%;金额 46.5 亿美元,同比增长 48.9%;完成营业额 40.3 亿美元,同比增长 8%;在港劳务人数 53154 人,同比增长 3.1%。截至 2015 年底,内地在香港累计完成营业额 511 亿美元。[①]

2. 台湾与大陆经贸合作的现状

截至 2015 年,两岸经贸交流与合作持续推进,总体呈现稳中有进、稳中向好的势头。

第一,贸易方面。据海关统计,2015 年大陆与台湾贸易额为 1885.6 亿美元,同比下降 4.9%。其中大陆对台出口 449 亿美元,同比下降 3.0%;自台进口 1436.6 亿美元,同比下降 5.5%;大陆对台贸易逆差 987.5 亿美元。台湾是大陆第七大贸易伙伴,第九大出口市场和第六大进口来源地。大陆是台湾最大的贸易伙伴和贸易顺差来源地。总体上,当年的两岸贸易表现要好于全年大陆整体对外贸易,也好于全球对外贸易。

从贸易商品类别上看,大陆自台进口以机电产品、化工产品和塑料及其制品为主,三者的进口金额达到自台进口总额的 91.7%,农产品的进口增长率达到 37.5%,成为增长最快的商品类别;对台出口以机电产品、化工产品和贱金属及其制品为主,三者的出口金额占对台出口总额的 82.7%,在出口总量小幅下降的背景下,矿产品出口大幅增长,达 29.4%。

此外,据商务部统计,2015 年大陆与台湾服务贸易额 209.56 亿美元,台湾为大陆第十一大服贸伙伴。其中大陆对台湾出口 131.67 亿美元,台湾为大陆第六大服贸出口目的地;自台湾进口 77.89 亿美元,为大陆第十大服贸进口来源地。从服务类别看,自台进口以旅游业、运输业为主,进口金额分别占自台进口总额的 49.3% 与 35.4%;对台出口以旅游业为主,出口金额占对台出口总额的 52.9%。

第二,双向投资方面。据商务部统计(投资者注册地口径),2015 年大陆共批准台商投资项目 2962 个,同比增长 27.8%;实际使用台资金额 15.4 亿美元,同比下降 23.9%,占大陆利用外资总额的 1.2%,台湾为大陆第九大投资来源地。截至 2015 年 12 月底,大陆累计批准台资项目 9.5 万个,实际使用台资 626.9 亿美元,占大陆实际使用境外投资总额的 3.8%。总体

---

① 《2015 年内地与港澳地区的经济贸易关系》,商务部网站,2016 年 5 月 9 日,http://tga. mofcom. gov. cn/article/sjzl/zs/201605/20160501314154. shtml.

来看,新增台资项目数和实际使用台资金额"一增一降",主要原因是服务业成为台商投资热点,制造业领域投资则逐步减少。相较制造业而言,服务业单个项目投资金额规模较小,虽然数量增长快,但总金额下降。另据台湾方面统计,目前大陆仍是台湾最大的岛外投资目的地。

2015 年台资在大陆投资呈现一些新的特点。从地域上看,台商投资地区向北部沿海和中西部地区转移的趋势较为明显,山东、江苏、福建、吉林、湖南位列台商投资前五位,合计占大陆实际使用台资的 76.6%,其中吉林省吸收台资金额同比增长 447.9%,成为台商投资增长最快的地区,安徽、山东、湖北等地吸收台资金额增长率都在 50% 以上。从行业上看,台商投资行业侧重于制造业和批发零售业,其中制造业仍然是吸收台资金额最多的行业,实际使用台资金额达到 10.3 亿美元,占实际利用台资总额的 67.24%;批发零售业成为吸收台资项目数最多的行业,台商投资项目达到 1347 个,占项目总数的 45.5%。居民服务和其他教育业,金融业,教育业,农、林、牧、渔业成为台商投资增长最快的行业。

自 2009 年 6 月 30 日台湾开放陆资赴台投资起计算,截至 2015 年底,经商务部核准,大陆已有 309 家非金融企业赴台设立了公司或代表机构,投资金额 9.4 亿美元。[①]

二、大陆与港台经贸合作中的广西角色

广西位于中国华南地区西部,南濒北部湾,地理区位优势突出,是中国进入东盟最便捷的海上和陆路大通道,也与香港及台湾有密切的经贸往来。

(一)香港与广西的经济合作、投资与贸易

多年来,香港是广西最大的境外投资来源地、重要的出口中转地和主要贸易伙伴。从行业分布看,港商在广西投资的领域主要集中在制造业、房地产业(指合同外资额)。据统计,截至 2012 年底,香港在广西设立企业 6400 多家,投资额超过 65 亿美元。广西经济发展迅猛的一个重要原因就是其对外开放广度和深度的不断加大。而在对外开放方面,广西拥有不可替代的

---

① 《2015 年祖国大陆与台湾地区的经济贸易关系》,商务部网站,2016 年 5 月 9 日, http://tga. mofcom. gov. cn/article/sjzl/zs/201605/20160501314157. shtml.

区位优势和政策优势。① 根据广西壮族自治区商务厅对外贸易处数据统计,2010 年广西对香港进口累计金额 9.9012 亿美元,累计同比上升 20.5%,出口累计金额 0.3599 亿美元,累计下降 20.8%;进出口累计金额共 10.2611 亿美元,累计同比上升 27.9%。

2012 年广西对香港的进出口贸易呈四大特点。一是加工贸易占比逾八成,广西以加工贸易方式对香港进出口 13.5 亿美元,增长 26.7%,占同期桂港贸易的 83%。二是外商投资企业占比近九成。三是北部湾经济区领跑桂港贸易。北部湾经济区四市(南宁、北海、钦州、防城港)对香港进出口 14.8 亿美元,增长 29.9%,占 91.2%。其中南宁市进出口 8.5 亿美元,增长 75.6%,高于同期广西对香港贸易总体增速 50.4 个百分点。四是机电产品为主要进出口商品,广西对香港出口机电产品 13.2 亿美元,增长 26.3%。

2014 年广西同香港的贸易总额为 26.4549 亿美元,同比增长 50.1%,约占广西当年进出口总额的 6.5%,其中出口 25.8156 亿美元,同比增长 57.8%;进口 0.6394 亿美元,同比下降 49.3%。② 同年广西实际利用外资 10.0119 亿美元,其中来自中国香港 5.4 亿美元,约占 54%。③

单位:亿美元

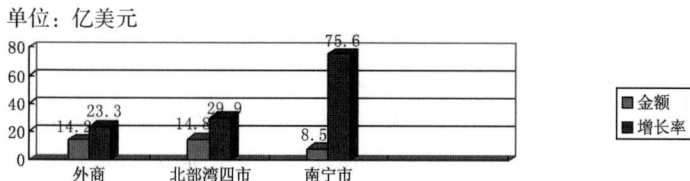

图 4-1　北部湾经济区四市对香港进出口额

南宁海关有关负责人认为,广西对香港进出口快速增长的主要原因是香港看好广西区位优势优越,广西北部湾保税物流体系的功能不断完善,南

---

① 《广西加强引入港资和港企》,中新网,2013 年 01 月 22 日,http://smfws.mofcom.gov.cn/article/resume/n/201301/20130100009987.shtm.

② 广西壮族自治区统计局:《广西统计年鉴 2015》,北京:中国统计出版社,2015 年,第 164 页。

③ 广西壮族自治区统计局:《广西统计年鉴 2015》,北京:中国统计出版社,2015 年,第 170 页。

宁保税物流中心、北海出口加工区的健康快速发展等,这些都为广西承接大批东部加工贸易企业转移奠定了基础,推动着桂港贸易迅猛增长。[①]

(二)台湾与广西的经济合作、投资与贸易

近年来,中国与东盟双边经贸往来日益密切,自中国—东盟自由贸易区建成,加上《海峡两岸经济合作框架协议》(ECFA)签署,越来越多的台商到广西投资办厂,希望借此进军东盟市场,分享自贸区"零关税"带来的巨大商机,东部台资企业近年来向中西部转移的趋向尤其明显。广西的农业、水泥、物流、旅游、木材加工、铝业加工、房地产、汽车零配件制造、超市建设等投资项目得到台商青睐,其中物流成为台商进入广西最热门的行业之一。据报道,2008—2012 年广西新增台资企业 213 个,累计达到 1392 个,实际到位 15 亿美元,累计达到 36 亿美元,台资已连续多年成为广西利用境外资金的主要来源之一。诸如 2011 年 4 月,全球知名的液晶显示器制造厂商台湾冠捷科技集团入驻广西,建设年产 500 万台以上显示器的设备生产基地,产值将超 50 亿元;玉林的海峡两岸农业合作试验区于 2006 年正式成立以来,截至 2012 年 6 月已经入驻台资企业达 56 家,总投资额达 45 亿元。[②]

2014 年广西同台湾的贸易总额为 13.7506 亿美元,同比增长 170.6%,约占广西当年进出口总额的 3.4%,其中出口 1.1197 亿美元,同比增长 45.8%;进口 12.6309 亿美元,同比增长 192.8%。[③] 同年广西实际利用外资 10.0119 亿美元,其中来自中国台湾 0.08 亿美元,约占 0.8%。[④]

---

① 《2012 年广西对香港进出口总额同比增长达 25%》,新华网,2013 年 2 月 27 日,http://www.gx.xinhuanet.com/newscenter/2013—02/27/c_114815441.htm.

② 《东盟市场商机无限 台商希冀"借道"广西》,新华网,2012 年 7 月 22 日,http://news.xinhuanet.com/local/2012—07/22/c_112499743.htm.

③ 广西壮族自治区统计局:《广西统计年鉴 2015》,北京:中国统计出版社,2015 年,第 164 页.

④ 广西壮族自治区统计局:《广西统计年鉴 2015》,北京:中国统计出版社,2015 年,第 170 页.

第三节　东亚侨资在中国大陆的分布、投资产业类型及其特点与成效

一、东亚侨资在中国大陆的分布及投资产业类型

（一）东亚侨资在中国大陆的分布

1. 东亚侨资

中国人移民海外由来已久,经年累月已经形成一个庞大的海外华侨华人群体,其中的大多数聚居在东亚特别是东南亚地区。

表 4-14　东南亚华侨华人分布及在当地人口中所占比例

单位:万人

国别	年份	人数	在当地人口中所占比例	新移民人数
印尼	2007	1000	4.1%	10
泰国	2007	700	11%	35～40
马来西亚	2006	645	23.7%	10～15
新加坡	2007	360	77%	35
缅甸	2007	250	4.5%	100～110
菲律宾	2006	150	1.6%	20
越南	2007	140	1.67%	10～15
柬埔寨	2007	70	5%	20～25
老挝	2007	28	4.8%	13
文莱	2007	5.6	15%	*
总计	2007	3348.6	5.96%	253～283

资料来源:庄国土:《东南亚华侨华人数量的新估算》,《厦门大学学报》2009 年第 3 期,第 64 页。

东亚侨资是华侨华人经过漫长而艰辛的商贸活动点滴积累而成,至今已发展到一定规模。由于地理位置相邻,文化习俗相同,东亚华侨华人历来在居住国与中国的关系上扮演着沟通衔接的重要角色,特别是其中的华商

群体。中国近代民族工业形成与发展中的许多记录都是由华侨留下的。据统计,1862—1911年近50年间,华侨投资国内企业约351家,投资金额折人民币约5515万元。主要集中在闽粤两地,分布在商业、交通运输业、金融业等行业。[①] 华侨企业改变了中国社会的封闭性,唤醒了中国民族企业的意识,为中国经济发展作出了突出贡献。中国大陆改革开放后,大量海外侨资特别是东亚侨资投向中国大陆,催生了今日中国经济之繁荣。20世纪80年代,海外华商投资中国几乎一枝独秀。90年代以后,东南亚华人企业集团逐渐向以国际生产和跨国经营为特征的投资主导国际分工发展。香港、台湾和东南亚华人资本开始透过华人网络将大量的资金投向中国,其中绝大部分是来自香港的投资。据统计,1994年海外华商投资在外资企业中的比重曾达到64%,到2001年缩减为40%,2005年跌入34%的低谷。但自2006年至今,海外华商资本的比重持续上升,欧美日韩的比重整体逐年下降。

国务院侨办的统计资料表明,至2005年在中国内地已建立的60多个创业园区中,华侨华人创办的高新技术企业已达5000多家,年产值超100亿元人民币。[②] 凭借与中国内地的天然联系,港澳台资本与海外侨资成为中国改革开放以来外商直接投资的主要来源。

2. 东亚侨资在中国大陆的分布

1984年以前,侨资主要在经济特区尝试性投资。1984年以后,将投资区扩展到整个沿海开放地区。1992年后,东亚华商在中国大陆投资开始由东南北上扩大范围,浙江、江苏、上海、山东、北京等地区开始逐渐地成为了海外华资投资的青睐城市。

根据地理与社会经济联系程度,中国大陆可以分为七大区域[③]:

(1)北部沿海地区,即环渤海地区,包括辽宁、河北、北京、天津和山东。

(2)中部沿海地区,即长江三角地区,包括上海、江苏和浙江

(3)南部沿海地区,包括福建、广东、广西和海南。

---

① 谭天星:《华侨华人与中国经济发展》,《八桂侨史》1994年第4期,第30页。

② 郝时远:《海外华商:中国经济的第二种力量》,《中国经济周刊》2005年24期,第339页。

③ 庄国土、刘文正:《东亚华人社会的形成和发展》,厦门:厦门大学出版社,2009年,第355页。

(4)中北部地区,包括黑龙江、吉林、内蒙古和山西。

(5)长江中游地区,包括河南、安徽、江西、湖北和湖南。

(6)西南地区,包括重庆、四川、贵州、云南和西藏。

(7)西北地区,包括陕西、甘肃、宁夏、青海和新疆。

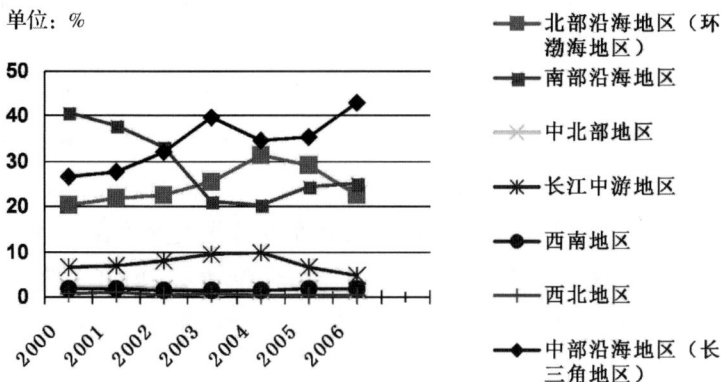

图 4-2 2000—2006 年中国大陆外商直接投资和其他投资的空间分布比重

如图 4-2 所示,外商投资开始逐渐由中国东南部沿海地区向长江中游地区、中北部地区扩散。东亚华商对华投资范围开始逐渐扩大,推动了东亚华商与中国大陆各领域的合作交流。例如泰国谢国民的正大卜蜂集团,已先后在河南、广西、四川、安徽等地投资兴办饲料厂;印尼彭云鹏的巴里多太平洋集团在咸阳市投资兴建火力发电厂和渭河公路大桥;马来西亚郭鹤年的郭氏兄弟集团在广西兴建深水码头和炼油化工企业;菲律宾郑周敏的亚洲世界集团在洛阳投资于土地成片开发项目等。[①] 新加坡则在苏州、无锡、龙口、青岛、成都、重庆等地投资了 10 个工业园区,其中苏州工业园区是新加坡在中国大陆投资的最大工业园区,占地 70 平方公里,总投资达 20 亿美元,包括丰隆(新)集团、林增控股等多家华人企业集团在内的 19 家新加坡公司参与投资开发。[②]

---

① 王望波:《改革开放以来东南亚华商对中国大陆的投资研究》,厦门:厦门大学出版社,2004 年,第 62～63 页。

② 唐礼智:《东南亚华人企业集团对外直接投资研究》,厦门:厦门大学出版社,2004年,第 214 页。

（二）东亚侨资在中国大陆的投资产业类型

改革开放初期,海外华商对中国大陆的投资领域相对单一,主要集中在劳动密集型的出口加工制造业以及宾馆服务业等。20世纪90年代以后,随着中国政府产业政策和投资导向的调整,海外华商投资的领域开始遍布各个行业,产业结构日趋优化和完善。其中房地产业、酒店业、制造业、金融业、商业以及基础设施领域逐渐成为海外华商向中国西北方向扩展投资的重点。

1. 房地产业

香港的长江实业、和记黄埔、新鸿基、九龙仓等华人财团在长三角、环渤海以及长江中游地区皆有大型的地产投资项目,仅2005年11月至2006年3月间,港资在上海房地产投资超过200亿元,商业项目与大型高档住宅成为港资投资的重点。[①] 长江实业是一间地产发展及策略性投资公司,为香港规模最大的地产发展商之一。长江实业一直立足香港本土发展,后来将目光投向内地巨大的市场,在北京、上海、广州开发了多个项目。除去广州外,仅上海的两个项目销售额预计可达50亿元,北京一个项目销售额预计达30亿元。[②]

新鸿基集团维持选择性及专注的投资策略,主要集中在北京、上海、广东、成都、长江三角洲地区、珠江三角洲地区等发展房地产业。新鸿基地产为香港主要地产发展商之一,核心业务是地产发展业务及物业投资,截至2013年12月,集团所占土地储备达4660万平方呎,包括2860万平方尺的已落成投资物业。[③]

2. 酒店业

海外华商投资酒店业的代表当属郭鹤年的"香格里拉"酒店集团。总部设在香港的香格里拉酒店管理集团是亚洲最大的豪华酒店集团,被视为世界最佳酒店管理集团之一。该集团1989年在北京开设了售价商贸饭店,

---

① 《李嘉诚等港资房产商大举入沪》,《每日商报》2006年4月4日。

② 《李嘉诚旗下企业上海"捂地",三项目土地收益增117亿》,赢商网,http://news.winshang.com/html/014/0930.html。

③ 《辉立证券:新鸿基地产增持评级看122.8港元》,新浪财经,2013年10月16日,http://finance.sina.com.cn/stock/hkstock/hkgg/20131016/153717011668.shtml.

2011 年推出嘉里酒店品牌,开设上海浦东嘉里大酒店。香格里拉于 1984 年进入中国的第一家就是杭州香格里拉,至 2000 年已在北京、上海、青岛、武汉、深圳、东北三省的省会等 12 个主要城市开设 15 家饭店。[①] 截至 2007 年,先后在中国大陆的 19 个城市开设了 24 家饭店,客房量近 15000 间,投资金额超过 10 亿美元。[②]

3. 制造业

制造业一直是海外华商北上投资的重点,投资的行业主要包括食品、啤酒、电子、造纸、轮胎、摩托车制造、建材、玻璃以及重化工业等。

表 4-15　2008 年华交会世界华商 500 强前 10 名单(先进制造业)

序号	公司首脑	公司名称	总部所在地	主要股东	主要业务	市值(百万美元)
1	陈永坚	香港中华煤气有限公司	香港	李兆基	生产、输送与销售煤气及经营与煤气相关之业务	9297.6
2	曹棨森	香港电灯集团有限公司	香港	长江基建集团有限公司	电力生产及供应	8838.2
3	李泽钜	长江基建集团有限公司	香港	和记黄埔有限公司	投资香港电灯、基建投资、基建材料及基建有关业务等	5433.2
4	汪穗中	德昌电机股份有限公司	香港	汪顾亦珍	马达	3744.5
5	Djajusman Surjowijono	盐仓集团	印尼	蔡氏家族	香烟制造	2804.3

---

① 《谁与争锋——与香格里拉酒店集团中国市场副总裁朱福明一席谈》,《市场观察》2001 年第 2 期,第 113 页。

② 《在变化中坚守根本——专访香格里拉酒店集团中国区销售总裁朱福明》,《商务周刊》2007 年第 23 期,第 75 页。

续表

序号	公司首脑	公司名称	总部所在地	主要股东	主要业务	市值（百万美元）
6	林天宝	PT Hanjaya Mandala Sampoerna Tbk	印尼	林天宝家族	香烟制造	2441.5
7	蔡其建	宝成工业股份有限公司	香港	必喜兄弟、蔡其建	运动鞋、休闲鞋、鞋材	1760.9
8	李智正	京都水泥大众有限公司	泰国	李智正等	水泥制造及分销	1296.2
9	张国荣	建滔化工集团	香港	张国荣	制造铜面板、玻璃纤维布、铜箔、甲醛及双氧水	1126.7
10	杨肃斌	YTL Power International Berhad	马来西亚	杨忠礼机构有限公司	电力生产	1098.5

资料来源：《2008 年华交会世界华商 500 强前十名单（先进制造业）》，2009 年 4 月 5 日，http://www.docin.com/p-13100500.html.

4. 商业与基础设施领域

商业方面，新世界百货中国有限公司为集团于中国内地的零售旗舰，是中国内地最大的百货店拥有人及经营者之一，于 1993 年成立，目前经营管理了 31 间以"新世界"命名的百货店、10 间于上海以"巴黎春天"命名的百货店，及 1 家于上海以"上海泓鑫时尚广场"命名的购物商场，覆盖北京、上海、沈阳、武汉、成都、大连等 20 个重点城市。截至 2007 年底，马来西亚的金狮集团旗下的百盛商业集团有限公司，在中国 26 个主要城市的黄金地段拥有及管理 39 家以"百盛"为品牌的百货店及 2 家以"爱客家"为品牌的超级购物中心。[①] 在基础设施领域方面，海外华商投资包括兴建码头、港口、机场、高速公路、工业园区、技术开发区、物流区、参与安居工程、旧城改造等项目。

---

① 《百盛商业集团有限公司 2007 年年报》，第 1 页。

随着时间的推移,海外华商逐渐加大对物流、医疗、精细化工、电子信息、绿色食品、教育及文化等新兴产业的投资,产业类型逐步从劳动密集型向资金密集型、技术密集型企业过渡。此外,海外华商的投资形式以独资为主,以往的合资企业也通过股权转让,资产重组等渠道逐步向独资转变。[①]

二、东亚侨资在中国大陆的投资特点及成效

(一)投资特点

1. 中国式"雁阵型"投资模式

东亚侨资对中国大陆投资的区域逐渐扩大,由最初在广东、福建等中国东南部地区城市投资发展,后来延伸至长江中游地区、中北部地区。这种一路"北上"投资发展局面可称谓中国式"雁阵型"。

改革开放后,东亚华商最先在南方闽粤两省开始投资,深圳、广东等中国东南部沿海地区在投资过程中担任"领头军"的角色,更直接导致广东省等地成为了中国经济发展的一个重要区域。到了 20 世纪 90 年代,东亚华商的投资目光开始深入至长江中游地区,同时深圳的劳动力、土地成本上升,环境压力增大,所以劳动密集型产业纷纷向内地转移。[②] 随着广州、深圳等东南部沿海地区城市这些"领头军"的产业结构不断调整,一路"北上"的各个城市的发展结构也随之变化,随之发展起来的城市再带动后续发展的城市,不断形成新的"雁阵"。中国大陆出现了三个这样"雁阵",在北方以京津为枢纽带动东北及华北地区,波及西北;在长江中下游地区以上海为枢纽,带动江浙及长江中游地区;在南方港深穗走廊带动华南及西南地区。三个"区域雁阵"又组成一个以长三角为顶端、以珠三角及环渤海湾为两翼的"中国雁阵"。[③]

2. "乘数效应"——宏观经济控制手段

国际投资的乘数效应创造了许多间接的就业机会。因为企业之间存在相互依存的连锁关系,一个企业必有许多相关企业与之配合,从而间接增加

---

① 陈明、蔡炜:《"长三角"如何吸引华商资本》,《新华日报》2003 年 4 月 10 日。

② 王燕祥、张丽君:《西部边境城市发展模式研究》,大连:东北财经大学出版社,2002年,第 293 页。

③ 《雁阵模式助推中国经济》,《深圳特区报》2010 年 9 月 20 日。

工作岗位。以新加坡工业园区为例,新加坡在苏州、无锡、龙口、青岛、成都、重庆等地投资的 10 个工业园区,主要经济指标年均增幅 30％,综合发展指数位居国家级开发区第二位。园区产业大力发展主导产业,如电子信息制造、机械制造等;现代服务业则是以金融产业为突破口,发挥服务贸易创新示范基地优势,重点培育金融、总部、外包、文创、商贸物流、旅游会展等产业。以纳米技术为引领的新兴产业,重点发展光电新能源、生物医药、融合通信、软件动漫游戏、生态环保五大新兴产业。截至 2010 年该园区新兴产业产值 1472 亿元,占规模以上工业比重 45.4％,列苏州全市第一。[①]

3. 聚集经济

所谓聚集经济,是指那些在生产、经济、技术上有密切联系,或在布局上有相同指向的产业集中在某一个区域范围内,其中的每个企业都是因为与其他关联企业接近而改善了自身发展的外部环境,并从中受益。[②] 正大集团是泰籍华人创办的知名跨国企业。该集团在中国投资额近 60 亿美元,设立企业 200 多家,遍及除青海、西藏以外的所有省、市、自治区,员工人数超过 80000 人,年销售额超过 500 亿人民币。正大集团由华裔实业家谢易初、谢少飞兄弟创建于 1921 年,公司从农作物种子的销售开始,逐步发展壮大,形成了由种子改良—种植业—饲料业—养殖业—农牧产品加工、食品销售、进出口贸易等组成的完整现代农牧产业链,成为世界现代农牧业产业化经营的典范。近 30 年来,正大集团在家族第二代管理者的领导下,不断革新农牧业的经营理念,在壮大优势产业和主导产业的同时,还积极涉足其他行业,如电讯、石化、房地产、医药、零售、金融、机械和传媒等领域,成效卓著,跻身于东南亚规模最大和最具影响力的企业集团之列。[③]

1979 年,正大集团率先进入中国市场,投资 1000 万美元在深圳兴办了第一家现代化饲料、家禽养殖公司,取得了深圳第 001 号中外合资企业营业执照。此后的二十多年,正大集团不断加大在中国的投资力度。正大集团在中国几乎所有的省市自治区都有投资项目,总数达到 200 多个,形成包括

① 《苏州工业园区建设的经验和启示》,山东省商务厅官网,http://www.shandongbusiness.gov.cn/public/html/news/201607/278131.html.

② 陈自芳:《区域经济学新论》,北京:中国财经经济出版社,2011 年,第 121 页。

③ 《正大集团在中国》,商务部公共商务信息服务网,2006 年 01 月 18 日,http://ccn.mofcom.gov.cn/spbg/show.php? id=3373.

正大饲料、正大食品、正大肉鸡、正大鸭业、正大种籽、易初莲花、大阳摩托、正大摩托、正大制药（包括正大青春宝、正大福瑞达和正大天晴等）、正大广场等具有广泛知名度的企业、品牌和产品。[①]

（二）投资成效

东亚华商对中国大陆的投资不仅促进了中国大陆经济的发展,同时也促进了中国大陆各省市之间内部区域的合作与发展,平衡了各省市之间的经济发展水平。[②] 与此同时也促进了东盟国家与中国大陆的合作交流与发展,提升了中国在世界的地位。同时中国大陆良好的发展环境加大了投资回报率,吸引着大量的侨资企业前来投资,借助中国大陆的平台,东亚华侨华人也使得自己的企业更加趋向国际化,共同促进,共同发展。投资中国大陆无论对中国大陆还是对东亚华侨华人而言都是一个双赢的局面。

1. 中国经济水平的提高

从中国大陆经济市场的发展过程不难看出,东亚侨资企业无论是以独资还是合资的投资方式都越来越与中国的国内企业相互融合,越来越成为中国经济发展的内在动力。华侨华人企业对中国注入资金,引进技术,兴建工、商、农、能源等类实体,从而促进了城市经济的发展和侨乡面貌的改观。这是海外华人投资中国所带来的最明显的变化与影响,尤其对侨乡经济的发展作用更大。[③]

海外侨资较早进入的地区主要是广东和福建侨乡,其中又以经济特区、沿海港口城市等最受青睐。以中国第一侨乡广东省为例,1979 年至 2000 年海外侨资直接投资协议额为 1411.5079 亿美元,分别占广东省和全国协议投资总额的 82.8％ 和 20.87％,海外侨资实际利用金额为 811.5196 亿美元,占广东省和全国实际投资总额的 82.1％ 和 23.29％。[④] 再以广东重要侨

---

① 《正大集团在中国》,商务部公共商务信息服务网,2006 年 01 月 18 日 http://ccn. mofcom. gov. cn/spbg/show. php? id=3373.

② 《裴援平:世界华商大会连接中国与世界经济发展》,中国新闻网,2013 年 09 月 26 日,http://www. chinanews. com/zgqj/2013/09－26/5327408. shtml.

③ 谭天星:《华侨华人与中国社会经济发展》,《八桂侨史》1994 年第 4 期,第 32 页。

④ 彭黎明:《海外华资对侨乡的投资探讨——以广东侨乡为例》,《华侨华人历史研究》2002 年第 4 期,第 31 页。

乡江门为例,以江门为中心通往广东各县主要侨乡的大多数汽车公司都是华侨投资的。截至 2013 年,江门有 400 多万华侨华人遍布世界 100 多个国家地区,与市内人口 448 万相当,拥有"海内外两个江门"的人缘优势;吸引了 8000 多家外资企业和 40 多家世界 500 强企业落户。①

除了侨乡之外,东亚侨资对中国大陆其他地区经济发展的影响同样巨大。以上海为例,海外华商的投资对促进上海近代经济发展,作用是显著的。最突出的是先施、永安等大型百货公司的创立,直接带动了上海近代商业的发展。可以说,闻名中外的南京路的繁华,与这几家侨资百货公司的落成和开张是分不开的。而在工业方面,随着一批侨资企业的相继创办,国外一些先进生产技术的传入,不仅把上海工业生产的技术水平推上了一个新的高度,还填补了中国民族工业生产门类的某些空白。② 海外华侨华人主要侨居在新加坡、马来西亚、泰国等东南亚地区,因此投资于上海的侨资企业多数来自东南亚地区。

天津也是如此。天津由于地理位置优越,发展速度较快,越来越多的东亚华侨华人开始看中天津的发展,投资兴业。"2011 年华侨华人聚集天津共谋发展合作洽谈会"期间,35 个国家和地区的 280 多位海外侨商、专业人士、侨商组织代表参会,达成合作意向 47 个,协议投资额 76 亿人民币。③ 其中印尼融侨集团投资 20 亿元在津建设五星级酒店和高档写字楼,并就参与开发西青、北辰综合商业地产项目正式签约。泰国正大集团投资 3 亿元资金开展物流项目等。

2. 促进了东亚国家与中国大陆的经济合作

东亚侨资企业对中国大陆的投资,在促进中国大陆经济发展的同时也大大地促进了东亚国家与中国大陆的经济合作。这从经济发展深受侨资影响的广东和上海就可以看出来。如表 4-3 所示,2012 年广东与东盟的贸易额达 923.65 亿美元,略低于 2011 年的 931.55 亿美元,但数额仍然庞大。广东与东盟国家紧密的贸易联系与东盟国家对广东的大量投资是密不可分

---

① 《江门(上海)投洽会达合约 77 项,引资逾 157 亿美元》,上海侨务网,http:// qwb. sh. gov. cn/shqb/node826/node842/node848/u1a77267. html.

② 戴鞍钢:《华侨华人与上海城市精神》,《文汇报》2013 年 10 月 28 日,第 011 版。

③ 《本市一年吸引侨资超百亿》,天津政务网,2012 年 02 月 08 日,http://www. tj. gov. cn/zwgk/zwxx/zwyw/201202/t20120208_151772. htm.

的,如表 4-17 所示,1979—2011 年仅新加坡就签订了 2161 个对广东的投资协议。

表 4-16　广东同东南亚部分国家的进出口额

单位:亿美元

国别	2011 年			2012 年		
	进出口	出口	进口	进出口	出口	进口
泰国	197.30	64.37	132.93	201.78	70.02	131.77
马来西亚	234.33	65.56	168.77	216.09	73.49	142.59
新加坡	175.44	86.17	89.27	173.52	85.75	87.77
印度尼西亚	124.47	61.33	63.14	121.27	62.14	59.13
东盟	931.55	378.95	552.60	923.65	397.06	526.59

资料来源:据《广东统计年鉴 2013》的相关数据编制而成。

表 4-17　部分东南亚国家对广东直接投资的协议数量

单位:个

指　标	1979—2011 年	2000 年	2005 年	2010 年	2011 年	2012 年
泰国	643	12	11	8	11	14
马来西亚	731	14	52	47	38	37
新加坡	2161	76	137	72	85	68
印度尼西亚	174	6	15	4		5

资料来源:据《广东统计年鉴 2013》的相关数据编制而成。

上海也是如此。如图 4-3 所示,2000—2008 年新加坡、马来西亚和泰国与上海的贸易呈现急速上升的趋势,其中新加坡增长了 10 倍左右。

3.“以侨为桥”,借助华商网络提升了中国大陆在国际上的地位

东亚侨资对中国大陆的投资成效,即成功地以“侨”为“桥”,为中国大陆与世界牵线搭桥,不断提升中国大陆在国际上的地位,也创造了更多机会让世界更加了解中国。华侨华人聚居的东南亚和港澳台地区与中国内地有极大的经济互补性和发展互动性,中国内地可以借此吸入资金、技术、管理和

单位：亿美元

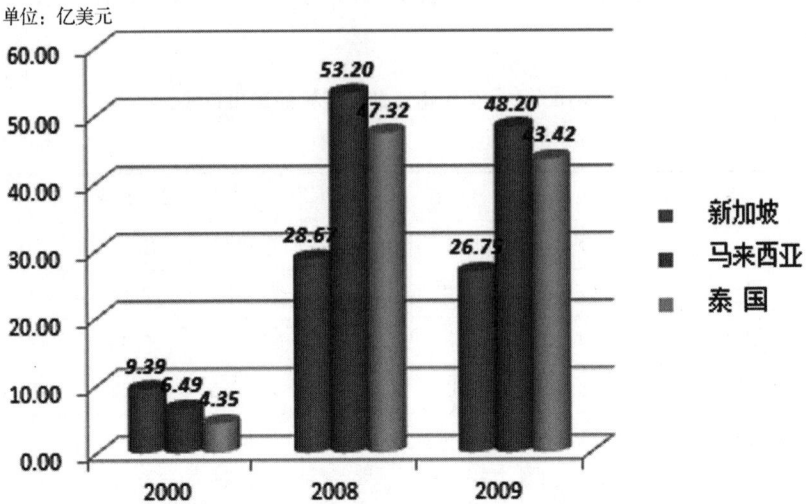

图 4-3　东南亚部分国家与上海市的进出口总额

资料来源：据《上海统计年鉴 2010》的相关数据而制作。

市场体制，让经济在一个较短的时间内完成产业结构的转化和升级。①

　　随着经济全球化的不断发展，现今世界的资源与资本已逐渐开始超越国界，东亚侨资某种程度上成为了连接中国大陆与世界的桥梁，通过华商网络可实现中国内地与世界经济、国际市场接轨。

---

　　①　陈传仁、李晓林：《华商网络覆盖全球的华人经贸网》，世界华商经济年鉴杂志社，2007 年，第 300 页。

第五章

广西外向型经济发展评述与对策思考

第一节 广西外向型经济发展评述

一、广西外向型经济发展现状评述

（一）广西的外向型经济发展总体上滞后

1. 近年来广西的外向型经济发展迅速

第一，近年来广西的进出口贸易连续实现超高速增长。如表 5-1 所示，2009 年以来，广西的进出口贸易基本保持超高速增长，进出口总额由 2009 年的 142 亿美元暴增至 2014 年的 405.53 亿美元，5 年时间增长了 185.46％；出口总额由 83.7 亿美元暴增至 243.3 亿美元，增长了 190.6％；出口总额由 58.35 亿美元暴增至 162.23 亿美元，增长了 178％；贸易顺差由 25.36 亿美元暴增至 81 亿美元，增长了 219.65％。

第二，近年来广西的外商直接投资也整体上呈现快速增长趋势。从表 5-2 可知，自 2005 年开始，广西外商直接投资在经过几年的超高速增长后开始出现较大的波动，直到 2014 年投资额都还没有恢复 2009 年的投资水平。但整体上呈现快速增长趋势，由 2005 年的不到 3.8 亿美元增至 2014 年的 10 亿美元，不到十年时间，增长了 164.4％。

表 5-1   2009—2014 年广西的进出口贸易总额

单位:万美元

年份	进出口总额	增长率	出口总额	增长率	进口总额	增长率	差额	增长率
2009	1420599	7.28%	837110	13.87%	583490	−0.95%	253620	73.65%
2010	1770609	24.64%	960988	14.8%	809621	38.75%	151367	−40.32%
2011	2333084	31.77%	1245859	29.64%	1087224	34.29%	158635	4.8%
2012	2947369	26.33%	1546841	24.16%	1400527	28.82%	146314	−7.77%
2013	3283690	11.41%	1869499	20.86%	1414191	0.98%	455308	211.19%
2014	4055305	23.4%	2433004	30.14%	1622301	14.72%	810703	78%

资料来源:广西壮族自治区统计局:《广西统计年鉴 2015》,北京:中国统计出版社,2015年,第 159 页。

表 5-2   2005—2015 年广西的外商直接投资

单位:万美元

年　份	投资额	增长率
2005	37866	28%
2006	44740	18.2%
2007	68396	52.9%
2008	97119	42%
2009	103533	6.6%
2010	91200	−9.4%
2011	101381	11.2%
2012	74853	−26.2%
2013	70008	−6.5%
2014	100119	43%

资料来源:广西壮族自治区统计局:《广西统计年鉴 2015》,北京:中国统计出版社,2015年,第 170 页。

　　第三,近年来广西的对外承包工程也整体上呈现较快上升趋势。从表 5-3 可以看出,近几年广西的对外承包工程波动较大,合同项目数骤升骤减,呈现一种不稳定的态势,合同金额也呈 U 字形发展态势,但整体上是上升的,合同项目数由 2010 年的 39 个增至 2014 年的 81 个,四年时间增长了

107.7％；合同金额由6.1亿美元增至8.6亿美元，增长了41.6％；年度完成的营业额则一直呈现快速上升态势。

表 5-3　2010—2014 年广西的对外承包工程

单位：个/万美元

年份	合同项目	增速	合同金额	增速	当年完成营业额	增速
2010	39		61019		56429	
2011	13	−66.7％	55061	−9.8％	65296	15.7％
2012	23	76.9％	29703	−46％	74972	14.8％
2013	28	21.7％	32008	7.8％	83002	10.7％
2014	81	189.3％	86373	169.8％	87736	5.7％

资料来源：广西壮族自治区统计局：《广西统计年鉴 2015》，北京：中国统计出版社，2015年，第 172 页。

2. 广西在中国的对外经济版图中角色不彰

第一，进出口贸易总额占比小。从表 5-4 可以看出，2000—2012 年全国进出口贸易总额由 4742.9 亿美元猛增至 38671.2 亿美元，增长了 7 倍之多，平均每年增加了约 2800 多亿美元，贸易顺差也逐年扩大，由 2000 年的242.1 亿美元增至 2012 年的 2303.1 亿美元，平均每年增长了约 170 亿美元。纵观全国 2000—2012 年的进出口总额可以发现，除了在 2009 年有小幅回落，其他年份都呈稳健增长。

2000—2012 年广西进出口贸易额由 20.4 亿美元增加到 295 亿美元，占全国进出口总额的比例由 0.43％上升到 0.76％，虽然在全国进出口贸易总额中所占的比重有所上升，但从总体上讲广西进出口贸易占全国的比重很小。2012 年，广西进出口总额在全国排第 18 位。在与其他沿海省份及云南的进出口总额比较中，广西的进出口总额也相对较少，远远落后于广东、浙江、福建的进出口总量，仅以微弱数额领先于云南。广东作为经贸大省，其进出口总额在全国处于领军地位，2012 年广东进出口总额占了全国进出口总份额的四分之一。[①]

---

①　国家统计局编：《中国统计年鉴 2013》，北京：中国统计出版社，2013 年，第 241 页。数据是根据其中的表格内容计算出来的。

表 5-4　货物进出口总额

单位:亿美元

年　份	进出口总额	出口总额	进口总额	差　额
2000	4742.9	2492	2250.9	242.1
2001	5096.5	2661	2435.5	225.5
2002	6207.7	3256	2951.7	304.3
2003	8509.9	4382.3	4127.6	254.7
2004	11545.5	5933.3	5612.3	320.9
2005	14219.1	7619.5	6599.5	1020
2006	17604.4	9689.8	7914.6	1775.2
2007	21765.7	12204.6	9561.2	2643.4
2008	25632.6	14306.9	11325.7	2981.2
2009	22075.4	12016.1	10059.2	1956.9
2010	29740	15777.5	13962.4	1815.1
2011	36418.6	18983.8	17434.8	1549
2012	38671.2	20487.1	18184.1	2303.1

资料来源:国家统计局编:《中国统计年鉴2013》,北京:中国统计出版社,2013年,第224页。

第二,吸引外资与对外投资不多。就吸引外资而言,如表5-5所示,2000—2012年全国实际使用外资金额虽然在不同年份有所波动,但总体呈上升趋势,由2000年的593.56亿美元增加到2012年的1132.94亿美元,增加了90.9%。

而2000—2012年广西利用外商直接投资情况(见表5-6),不仅数量小,还增长很不稳定。2012年广西吸收外商直接投资额7.49亿美元,仅占当年全国吸收的外商直接投资总额的约0.66%,所占的比重很小,与广东(241亿美元)、福建(63.4亿美元)、浙江(162.2亿美元)等省份相比相去甚远,与云南(21.89亿美元)相比也只有后者的约1/3。广西吸引的外资对全国而言微不足道。

表 5-5　2000—2012 年全国实际使用外资情况

单位:亿美元/个

年份	总计金额		外商直接投资额		外商其他投资额
	项目	金额	项目	金额	
2000	22347	593.56	22347	407.15	86.41
2001	26140	496.72	26140	468.78	27.94
2002	34171	550.11	34171	527.43	22.68
2003	41081	561.4	41081	535.05	26.35
2004	43664	640.72	43664	606.3	34.42
2005	44001	638.05	44001	603.25	34.8
2006	41473	670.76	41473	630.21	40.55
2007	37871	783.39	37871	747.68	35.72
2008	27514	952.53	27514	923.95	28.58
2009	23435	918.04	23435	900.33	17.71
2010	27406	1088.21	27406	1057.35	30.86
2011	27712	1176.98	27712	1160.11	16.87
2012	24925	1132.94	24925	1117.16	15.78

资料来源:国家统计局编:《中国统计年鉴 2013》,北京:中国统计出版社,2013 年,第243 页。

表 5-6　广西吸收外商投资额(2000—2012 年)

年份	外商直接投资额(亿美元)	增长率%
2000	5.04	−20.9
2001	3.84	−23.8
2002	4.85	26.2
2003	4.56	−0.6
2004	2.96	−35.2
2005	3.79	28
2006	4.47	18.2
2007	6.84	52.9
2008	9.71	42

续表

年份	外商直接投资额(亿美元)	增长率%
2009	10.35	6.6
2010	9.12	11.9
2011	10.14	11.2
2012	7.49	−26.2

资料来源:根据历年《广西壮族自治区国民经济和社会发展统计公报》整理。

至于我国的对外直接投资方面,2002—2010年,中国对外直接投资年均增长速度为49.9%。在2010年我国对外直接投资流量达到688.1亿美元,同比增长21.7%,2011年末,中国对外投资存量4247.8亿美元。[①]

由表5-7可知,2011年广西在全国非金融类对外直接投资流量排名中位列第25位,仅为1.67亿美元,远低于广东的36.3亿美元,福建的5.3亿美元和浙江的18.5亿美元,也低于云南的2.5亿美元。同年广西在全国非金融类对外直接投资存量排名中位列第27位,仅为6.87亿美元,远低于广东的179.8亿美元,福建的24.5亿美元和浙江的71.9亿美元,也比云南的18.3亿美元低得多。广西的对外投资在全国而言也微不足道。

表5-7 2011年中国非金融类对外直接投资流量和存量情况表(分省市)

省市区名称	投资流量(万美元)	投资存量(万美元)
北京市	117503	603380
天津市	40706	138678
河北省	46363	195470
山西省	18319	83021
内蒙古自治区	12825	56517
辽宁省	114384	435689
其中:大连市	74591	296903
吉林省	20493	111548
黑龙江省	23834	172792

---

① 中国商务部:《中国对外投资合作发展报告2011—2012》,2012年,第8、5页。

续表

省市区名称	投资流量(万美元)	投资存量(万美元)
上海市	183802	637473
江苏省	225383	570194
浙江省	185287	718913
其中:宁波市	75573	187524
安徽省	53089	165408
福建省	53028	244754
其中:厦门市	15267	80557
江西省	18833	39751
山东省	247339	862620
其中:青岛市	23466	149036
河南省	28251	97460
湖北省	70903	88351
湖南省	117628	329577
广东省	363350	1798111
其中:深圳市	113306	832918
广西壮族自治区	16714	68701
海南省	121999	165262
重庆市	40125	110572
四川省	56341	192478
贵州省	2033	4952
云南省	24845	182914
西藏自治区	216	377
陕西省	44816	113806
甘肃省	64917	133950
青海省	173	1304
宁夏回族自治区	1295	5956
新疆维吾尔自治区	31474	103390
新疆生产建设兵团	9768	59319

资料来源:中国商务部:《中国对外投资合作发展报告 2011—2012》,2012 年,第 153～154 页。

第三,对外经济合作的力度不强。对外经济合作是中国外向型经济发展的重要推力之一。从表 5-8 可以看出,全国对外承包工程的合同金额由 2004 年的 238.44 亿美元增至 2012 年的 1565.29 亿美元,八年时间剧增 556.5%;完成的营业额也由 2004 年的 174.68 亿美元剧增至 2012 年的 1165.97 亿美元,增长 567.5%;年末在外人数也由 2004 年的 11.47 万人增至 2012 年的 34.46 万人,增长 200%。

至于广西,2012 年广西对外承包工程的合同金额仅为 2.97 亿美元(见表 5-3),仅占当年全国总额的 0.19%,占比无足轻重,同时低于广东的 190.5 亿美元、福建的 5 亿美元、云南的 11.21 亿美元(2011 年的统计数据),也低于浙江的合同金额。2012 年完成的营业额 7.5 亿美元,仅占当年全国总额的 0.64%,也是无足轻重,同时低于广东的 160.5 亿美元、云南的 11.45 亿美元(2011 年的统计数据),也低于浙江的合同金额。至于对外承包工程的年末在外人数和对外劳务合作,广西都没有相关的统计数据,估计占比同样极低。

表 5-8　全国对外经济合作

年份	对外承包工程				对外劳务合作	
	合同数（份）	合同金额（亿美元）	完成营业额（亿美元）	年末在外人数（万人）	派出劳务人数（万人）	年末在外人数（万人）
2004	6694	238.44	174.68	11.47	17.3	41.94
2005	9502	296.14	217.63	14.48	18.34	41.87
2006	12996	660.05	299.93	19.86	21.48	47.52
2007	6282	776.21	406.43	23.6	21.49	50.51
2008	5411	1045.62	566.12	27.16	22.49	46.71
2009	7280	1262.1	777.06	32.69	18.01	45.03
2010	9544	1343.67	921.7	37.65	18.68	47.01
2011	6381	1423.32	1034.24	32.4	20.91	48.84
2012	6710	1565.29	1165.97	34.46	27.84	50.56

资料来源:国家统计局编:《中国统计年鉴 2013》,北京:中国统计出版社,2013 年,第 252 页。

(二)广西的进出口贸易存在诸多不足

1. 对外贸易依存度低

对外贸易依存度是一国或地区进出口总值占国内生产总值(GDP)或国民生产总值(GNP)的比重,它可以反映一国或地区经济对国际市场的依赖程度和经济发展的外向开放度。[①] 由表 5-9 可知,广西进出口、出口及进口依存度均明显低于全国平均水平。这说明作为拉动经济增长三驾马车之一的外贸(主要指出口)在广西经济中的地位尚不够突出,经济开放度十分有限,其经济增长主要是靠内需和投资拉动。广西提升外贸依存度,一方面有利于引进国外先进技术设备、管理经验和稀缺资源等,另一方面有利于逐渐实现出口商品结构和产业结构的升级。

表 5-9　主要年份广西对外贸易依存度统计

年份	进出口		出口		进口	
	广西	全国	广西	全国	广西	全国
2000	8.1	44.5	5.9	23.4	2.2	23.1
2005	10.4	63.9	5.8	34.3	4.6	29.6
2007	12.0	66.2	6.6	37.5	5.4	29.5
2010	11.4		6.1		5.3	
2011	12.2	50.1	6.5	26.1	5.7	24.0
2012	13.8	47.0	7.2	24.9	6.6	22.1

资料来源:历年《广西统计年鉴》和广西商务厅网站。

2. 外贸商品流向的分散度低

就全国而言,亚洲国家(地区)是我国贸易的主要伙伴。2012 年亚洲国家(地区)中最大的贸易伙伴是中国香港,其次是日本,排在第三位的是韩国,同前三位的进出口额占了全国进出口总额的近四分之一;同国际组织东盟的进出口额占全国进出口总额的 10% 左右。从全球范围看,美国是我国

---

① 佟家栋:《对外贸易依存度与中国对外贸易的利益分析》,《南开学报》2005 年 6 期,第 26 页。

第一大贸易伙伴国,进出口额占了全国进出口总额的 12.4％ 左右。[①]

相对而言,广西的贸易伙伴排名与全国的贸易伙伴排名有较明显不同。广西与美日欧等发达国家和地区的贸易规模不大,贸易额在总额中所占的比重不高。广西最大的贸易伙伴是东盟,2012 年的进出口总额为 120.5 亿美元,占广西进出口总值的四成。而东盟国家中的重点对象是越南,2010—2012 年越南占了广西对东盟出口额的九成左右,占了广西从东盟进口额的五至六成。

3. 边境小额贸易占比高

从表 5-10 可以看出,2010—2014 年广西的进出口贸易中一般贸易和边境小额贸易之和占贸易总额的比重维持在 72.5％～84.4％ 之间,占比非常高。同时,边境小额贸易在进出口贸易总额中的占比不断增大。从表 5-10 可以看出,2010—2014 年广西进出口贸易中的一般贸易增速骤降,2014 年甚至出现负增长;一般贸易额在进出口贸易总额中所占的比例也在不断下降,由 2010 年的 60.4％ 骤降至 2014 年的 36.2％。相反,边境小额贸易保持超高速增长,贸易额由 2010 年的 42.4 亿美元猛增至 2014 年的 147.3 亿美元,增长了 247.3％;贸易额在进出口贸易总额中所占的比例也在不断上升,由 2010 年的 24％ 增至 2014 年的 36.3％,超过了 2014 年一般贸易额的占比 36.2％。

表 5-10　2010—2014 年广西的进出口贸易总额(按贸易方式分)

单位:万美元

年份	进出口总额	一般贸易	增长率	占比	边境小额贸易	增长率	占比
2010	1770609	1068883		60.4％	424094		24％
2011	2333084	1276476	19.42％	54.7％	625024	47.38％	26.8％
2012	2947369	1446971	13.36％	49％	834777	33.56％	28.3％
2013	3283690	1491083	3％	45.4％	1150876	37.87％	35％
2014	4055305	1466222	−1.67％	36.2％	1472781	28％	36.3％

资料来源:广西壮族自治区统计局:《广西统计年鉴 2015》,北京:中国统计出版社,2015 年,第 160 页。

---

① 根据《中国统计年鉴 2013》(北京:中国统计出版社,2013 年,第 322～235 页)的相关数据计算而来。

4. 进口与出口增长所依赖的贸易方式并不一致

从表 5-11 可以看出,2011—2014 年广西通过一般贸易出口的金额连续出现负增长,通过一般贸易出口的金额在出口总额中的占比也不断下滑,由 2010 年的 48% 下降至 2014 年的 20.5%。相反 2010—2014 年广西通过边境小额贸易出口的金额却连续实现超高速增长,由 33.2 亿美元暴增至 140 亿美元,通过边境小额贸易出口的金额在出口总额中的占比也不断上升,由 2010 年的 34.5% 升至 2014 年的 57.6%。这说明广西的出口越来越依赖边境小额贸易,所以对越南的贸易依存度高。

至今进口,情形又不一样。2010—2014 年广西通过一般贸易实现的进口,增速变化较大,由超高速增长、低速增长蜕变为负增长,进口额在进口总额中的占比也整体上呈下降趋势,由 2010 年的 75% 降至 2014 年的 59.7%,不过一般贸易仍然是广西实现进口的主要方式。相反,2011—2014 年广西通过边境小额贸易实现的进口额连续出现负增长,由 11.6 亿美元降至 7.2 亿美元,在进口总额中的占比也不断下降,由 10.7% 降为 4.4%,可见广西通过边境小额贸易实现的进口总额已经微不足道。

表 5-11　2010—2014 年广西的进口与出口贸易(按贸易方式分)

单位:万美元/%

年份	出口总额	其中的一般贸易	占比	其中的边境小额贸易	占比	进口总额	其中的一般贸易	占比	其中的边境小额贸易	占比
2010	960988	462011	48	331945	34.5	809621	606872	75	92149	11.4
2011	1245859	531479	42.7	508593	40.8	1087224	744998	68.5	116431	10.7
2012	1546841	501079	32.4	724780	46.9	1400527	945891	67.5	109997	7.9
2013	1869499	500380	26.8	1047220	56	1414191	990703	70	103656	7.3
2014	2433004	498178	20.5	1400883	57.6	1622301	968043	59.7	71898	4.4

资料来源:广西壮族自治区统计局:《广西统计年鉴 2015》,北京:中国统计出版社,2015 年,第 161~162 页。

5. 外商企业货物进出口总额占比不高

根据《中国统计年鉴 2013》的统计数据,全国各省市区外商企业货物进出口贸易额,广西在 2000 年全国排第 16 位,2010 年降至第 18 位,2012 年又降至第 19 位,在全国处于中下游,而且其在全国的排名不断走低。2012 年广西外商企业货物进出口贸易额占全国外商企业货物进出口贸易总额的 0.5%,这与广西利用外资的水平和规模相一致。[①] 从广西的角度来看,2012 年广西外商投资企业的进出口总额也仅占广西进出口总额的 32.7%。[②]

(三)缺乏引领外向型经济发展的龙头

南宁是广西的首府,广西第一大城市,地处中国华南、西南和东南亚经济圈的结合部,是环北部湾沿岸重要的中心城市,是中国面向东盟国家的区域性国际城市,是广西政治、经济、文化、交通中心,是中国—东盟博览会永久举办地。改革开放尤其是实行沿海开放城市政策以来,南宁经济持续、快速、健康发展,产业结构不断调整,经济效益不断提高,综合实力日益增强,经济以年均 10% 以上的速度递增,国民经济主要指标居广西前列,是广西区域性物流、资金流、信息流的交汇中心。但就其外向型经济发展来看,南宁似乎还不能称为广西外向型经济发展龙头。

1. 南宁在吸引外资方面在广西各市一枝独秀

从表 5-12 可以看出,2014 年南宁市吸引外资在广西各市中可谓是一枝独秀,无论是新签的外资项目数还是引进的金额都在四成以上,远多于桂林、钦州等城市。在吸引外资方面,如前所述,南宁之于广西的比例超过了深圳之于广东(2012 年)、厦门之于福建(2012 年)、宁波之于浙江(2012 年),但低于昆明之于云南(2012 年)。

---

① 数据依《中国统计年鉴 2013》(北京:中国统计出版社,2013 年,第 242 页)的相关统计计算而得出。

② 广西壮族自治区统计局编:《广西统计年鉴 2013》,北京:中国统计出版社,2013 年,第 163 页。

表 5-12　2014 年广西各市新签外商投资项目和金额

城市	项目数(个)	占比	金额(万美元)	占比
合计	138		191691	
南宁	59	42.8%	77629	40.5%
柳州	6		10357	
桂林	18	13%	38399	20%
梧州	6		599	
北海	9		2502	
防城港	2		1239	
钦州	10	7.2%	34886	18.2%
贵港	6		10917	
玉林	7		5542	
百色	1		−1881	
贺州	5		3878	
河池	2		2487	
来宾	2		2414	
崇左	5		2723	

资料来源:广西壮族自治区统计局:《广西统计年鉴 2015》,北京:中国统计出版社,2015年,第 171 页。

2. 南宁在广西的进出口贸易中角色并不突出

从表 5-13 可知,崇左市在广西的对外贸易中一枝独秀,2014 年其进出口额占到了广西进出口总额的 36.2%,这主要归因于广西边境小额贸易的兴旺,且边境小额贸易是推动广西出口的主要方式,所以沿边的崇左市在广西的出口贸易中角色吃重,2014 年的出口额占广西出口总额的 54.2%。但从进口来看,2014 年崇左的进口额仅占广西进口总额的 9.3%。崇左进出口贸易严重失衡,没法充当广西进出口贸易的龙头。而防城港、钦州、南宁、北海等城市角色更次,更没有办法充当广西进出口贸易的龙头。作为广西第一大城市和经济中心的南宁,2014 年的进出口贸易额仅为广西进出口总额的 11.87%,还不如钦州(13.15%)和防城港(13.49%)。

表 5-13　2014 年广西各市的进出口商品总值

单位：万美元

地区	进出口	出口	进口
全区	4055305	2433004	1622301
南宁	481410	261702	219708
柳州	226825	80197	146628
桂林	94327	77225	17101
梧州	124948	50777	74171
北海	350016	175176	174840
防城港	546866	150522	396344
钦州	533447	201112	332334
贵港	30603	18703	11900
玉林	48681	32224	16458
百色	72850	53059	19792
贺州	17306	7351	9955
河池	47929	2291	45639
来宾	10688	4699	5989
崇左	1469407	1317965	151442

资料来源：广西壮族自治区统计局：《广西统计年鉴 2015》，北京：中国统计出版社，2015 年，第 166 页。

二、广西外向型经济发展驱动平台评述

（一）中国—东盟博览会

在中国—东盟关系由"黄金十年"迈入"钻石十年"的转型期，在广西推行北部湾经济区开放开发和珠江—西江经济带建设"双核驱动"，实现江海联动发展，并朝"中南西南战略支点"的建设目标迈进的新的历史时期，博览会的角色显得更加吃重，同时又有着与时俱进、转型升级的必要性和紧迫性。

1. 独特优势

相较于国内其他形式各样的展会,博览会有着独特的优势,体现在其功能、结构、内容等诸多方面。

(1)博览会兼有外交的功能与使命。可以说,博览会成立之初就肩负有稳定中国周边的外交使命,是一个践行中国"富邻、睦邻、安邻"的周边外交政策,推动中国与东盟国家合作共赢的多边外交平台。东南亚地区是中国的近邻,其稳定与否攸关中国的和平发展。博览会举办以来,中国与东盟国家高层互访频繁,极大地充实了中国—东盟向和平与繁荣的战略伙伴关系。

(2)博览会具有专业稳定的组织筹办机构。相较于中国其他政府主导型展会完全行政化的办会模式,博览会采取的是全新的"博览局"模式,内称"广西国际博览事务局",外称"中国—东盟博览会秘书处",全面负责展会的组织筹办工作,主要负责总体规划和重大活动的组织实施;统筹和组织实施境内外招商招展,展会的展区规划、现场管理与服务;负责展馆租赁、展位经营、广告赞助以及专有品牌资源的管理和经营;负责整体形象设计和宣传推介工作。[①] 博览局的工作人员多从有相关工作经验的政府机构或高校中选取。这一模式,不仅能更好地调动政府资源,还能锻造一支更加稳定且专业的队伍。

(3)博览会拥有多国共办机制。博览会是中国商务部、东盟十国经贸主管部门和东盟秘书处共同主办的国家级、国际性展会,是目前中国境内唯一由多国共办的综合性展会,已经建立由各国经贸部长共同担任组委会主任、司局长担任副秘书长、处长为联络官的三级工作架构。共办机制充分调动了11国经贸主管部门对博览会筹备工作的积极性,成为博览会生产力培育的重要原动力。同时,博览会还得到了中国和东盟各国商协会的大力支持,从而极大地增强了博览会的竞争力。[②]

(4)博览会的内容形式多样。博览会是实践"大会展"的典型展会,已经形成了主会期"两会一节多论坛"的活动架构。"两会"指中国—东盟博览会和中国—东盟商务与投资峰会;"一节"指南宁国际民歌艺术节;"多论坛"指

---

① 应丽君:《政府主导型展会发展报告(2010)》,北京:人民日报出版社,2010年,第13页。

② 陶程:《政府主导型展会发展路径初探——以中国—东盟博览会为例》,《东南亚纵横》2011年第7期,第12页。

同期举办的各项论坛,诸如中国—东盟金融合作论坛、中国—东盟商会领袖论坛、中国—东盟基础设施合作高峰论坛等。此外,会期还会举办一些体育赛事活动。一系列论坛和活动极大地丰富了博览会的内涵,使其影响延伸到了政治、经济、文化等各个领域。

2. 面临的问题

博览会虽然成功举办了十四届,但相较于国内外诸多其他展会,却又很年轻,还存在诸多问题与不足,需要与时俱进,及时补足。

(1)硬件设施不足

博览会的永久会址南宁国际会展中心占地 850 亩,由德国 GMP 设计公司和广西建筑综合设计研究院合作设计,由主建筑、会展广场、民歌广场、行政综合楼等组成,共有 15 个不同规格的展厅,展览面积达 4.8 万多平方米。[①] 二期工程面积约 4.5 万平方米,增加了 1400 个国际标准展位的大型展厅。[②] 然而,博览会还是面临硬件设施不足的问题。第七届博览会召开时,中国和东盟国家对展位的需求总数为 5600 多个,超出实际展位 1000 多个。随着博览会影响力的扩大,展位需求会更大,展位的供需矛盾会更加突出。[③]

如果进行横向比较,则差距更大。至 2014 年秋,广交会的展馆总面积达 118 万平方米,总展位数量达 60222 个,博览会的展览面积不足广交会的十二分之一,展位也差不多只有广交会的十三分之一,更何况广交会的琶洲展馆是目前亚洲规模最大、设施最先进、档次最高,能满足大型国际级商品交易会、大型贸易展览等需要的多功能、综合性、高标准的国际展览中心。至 2014 年的第十六届,浙洽会的展览面积达到了 12.5 万平方米,也超出博览会三分之一强。南博会暨昆交会的展览规模近两年更是在快速推进,2015 年第三届的总展览面积达到了 13 万平米,2016 年的第四届更是达到了 18 万平米,在展览规模上快速超越了博览会。

---

① 李德正:《对如何发展中国—东盟博览会的思考与对策》,《经济与社会发展》2010年第 7 期,第 18 页。

② 李世泽:《中国—东盟博览会的国际化战略》,《广西经济管理干部学院学报》2005年第 2 期,第 23 页。

③ 陶程:《政府主导型展会发展路径初探——以中国—东盟博览会为例》,《东南亚纵横》2011 年第 7 期,第 13 页。

（2）经贸成效相对不足

如前文所述，虽然博览会的各项经贸指标，参展企业数、参展参会客商数、贸易成交额、国际合作项目签约额、国内合作项目签约额等，都总体上呈发展态势，但是横向比较又显得经贸成效不足。

就参展参会客商数而言，博览会由第一届的 1.8 万人一直稳步增长，2014 年的第十一届达到了 5.57 万，2015 年的第十二届又增至 6.5 万人。然后广交会 2014 年春秋两季仅采购商人数就达到了 37.4 万，春季的采购商覆盖了全球 214 个国家和地区，秋季的覆盖了 211 个国家和地区。所以无论是参加的人数还是参加人员所覆盖的地域，博览会都无法与广交会相提并论。

就贸易成交额而言，博览会的交易金额一直呈上涨趋势，由第一届的 10.84 亿美元增至 2013 年第十届的 19.1 亿美元，将近翻了一番。然而，广交会 2013 年春秋两季的交易额达到了 672.3 亿美元，2011 年春秋两季更是达到了 747.6 亿美元的峰值。2013 年博览会的成交额仅为当年广交会的 2.8%。2013 年第一届南博会暨第二十一届昆交会的进出口额为 51.83 亿美元，是当年博览会成交额的 271.36%。

就国际合作项目签约额而言，2013 年第十届博览会达到了 90.56 亿美元，这一数额远低于当年第十七届投洽会的 321.6 亿美元，也少于当年南博会暨昆交会的 94.34 亿美元。

（3）其他方面的不足

第一，市场化程度不高。按国际惯例，办会展是市场行为，而不是政府行为，举办的主体不是政府，而是商业协会和专业会展公司，会展业管理主要依靠行业自律机制和自律规范，政府一般只在基础设施投资、大型展会的宣传与扶持等领域予以介入。博览会由 11 个国政府经贸主管部门及东盟秘书处主办，由广西区政府承办，这与国际惯例相悖。博览会的常设机构对外称中国—东盟博览会秘书处，对内称广西国际博览事务局，是一个正厅级事业单位，负责对博览会进行全面策划和管理，是博览会的最高权力机构和决策中心，而广西南博国际会展有限公司只是一个执行机构，根本就不具备专业会展公司市场化与专业化运作的功能和作用。[1] 虽然博览会也在朝市场化的方向转型,但进展缓慢,政府介入的程度仍然很深,仍大量采用行政手段,市场化运作不够。诸如在招展方面,由商务部发文,各省商务行政主管部门主要以行政方式来组团参展。在招商方面,主要通过中国驻外使馆邀请,通过中介机构招商不多。[2]

第二,专业化不足。虽然博览会已经形成了较为完善的专业化服务体系,但展会内容专业化、参展人员专业化、展会运作专业化等方面仍然不足。作为综合性贸易展,博览会的展览内容偏向大而全,虽然近几届开始举办系列专业展,一定程度上推进了展览内容的专业化,但只是小范围而非整体性的改变,特别是展览内容未能反映行业发展的最新动态和趋势。博览会专业观众的数量和质量也不高,制约了展会品牌吸引力的提升。此外,博览会的运作仍以政府行政方式为主导,没有真正形成专业化的展会运作模式。[3]

第三,品牌化有待于提升。在国际会展界,获 UFI(国际展览联盟)资格认可与"UFI"使用标记是名牌展览会的重要标志。博览会虽然曾荣获"2006 年中国十大最具影响力的政府主导型展会"和"2007 年中国最具影响力的国家级品牌展会",并在第六届中国会展节事财富论坛上被评为"2008 年度十大展会",但远未达到"UFI"资格认可的评估指标要求。[4]

第四,专业人才缺乏。博览会的相关从业人员大多是半路出家,专业素质不太高,缺少一支稳定的、高素质的会展专业人才队伍。[5] 据相关调查,博览会需要会展、语言、公关、会展营运服务、展示工程等方面的专业人才,其中最缺乏的是具有系统思维和系统筹划能力的策划者、经营过大型项目

① 李德正:《对如何发展中国—东盟博览会的思考与对策》,《经济与社会发展》2010 年第 7 期,第 19 页。

② 汤碧:《中国—东盟博览会可持续发展问题探索》,《经济问题探索》2012 年第 7 期,第 15 页。

③ 郝庆智:《浅谈中国—东盟博览会品牌发展的现状、挑战及对策》,《中国市场》2013 年第 16 期,第 26 页。

④ 李德正:《对如何发展中国—东盟博览会的思考与对策》,《经济与社会发展》2010 年第 7 期,第 19 页。

⑤ 汤碧:《中国—东盟博览会可持续发展问题探索》,《经济问题探索》2012 年第 7 期,第 15 页。

的展览展示操作者和具有国际认证的注册会展经理资格——CEM。①

第五,国际化程度不高。博览会是以促进中国—东盟自由贸易区建设为宗旨,并向全球开放的国际性展会,当前不仅有中国和东盟十国参与,也有美、日、法、德、澳、加等诸多域外国家参与,已经具备了一定的国际影响力,但影响力有较大的局限性。就当前参展的展位数而言,东盟及其他域外国家和地区的参展展位不到总展位数的1/3,这个比例虽达到了国际性展会的标准,但对一个多国共办的展会而言,显然不够理想。参展国的热情程度也不一,一些经济欠发达的东盟国家,如越南、柬埔寨等,参展的积极性较高,而经济发达的国家,如新加坡和文莱,参展企业数量非常少,东盟之外其他国家和地区的参展企业数量更稀少。②

(4)面临广交会与昆交会的激烈竞争

虽然我国的主要出口产品已由初级产品转为工业制成品,但仍以低值的中低端产品为主,中低端产品也是我国在国际市场上最具有竞争力的产品,因而以展出中低端产品为主、主要吸引中小企业参加的国内各大展会都具有较强的国际竞争力和影响力,博览会竞争的压力主要来自于国内同行。与博览会同类型的国内展会主要有7个,分别是广交会、高交会、工博会、乌洽会、哈洽会、华交会和昆交会,③其中与博览会竞争较大的主要有广交会和昆交会,广交会又以其品牌、规模、实力、进出口贸易功能及对东盟市场的渗透,成为博览会的最大威胁。

首先,广交会的挑战。与博览会相比,广交会具有诸多方面的竞争优势。第一,历史悠久。广交会被成为"中国第一展",自1957年创办以来已有六十年的历史,相对而言,博览会仅举办了十一届。第二,规模庞大。广州市政府新建的广州国际会议展览中心即广交会琶洲新馆,已建成投入使用,耗资45亿元,占地面积33.7万平方米,居中国之首,也是仅次于德国汉

---

① 李德正:《对如何发展中国—东盟博览会的思考与对策》,《经济与社会发展》2010年第7期,第20页。

② 郝庆智:《浅谈中国—东盟博览会品牌发展的现状、挑战及对策》,《中国市场》2013年第16期,第26～27页。

③ 杨京凯、龙裕伟主编:《飞跃彼岸——中国—东盟博览会战略发展的理论构想》,成都:电子科技大学出版社,2006年,第32页。

诺威展览中心的世界第二大会展中心。[①] 广交会的展位数高达 4 万个以上,博览会的展位数仅为广交会的 1/14。现每届展览规模达 116 万平方米,参展企业超过 2.4 万家。第三,成交额大。2011 年广交会的全年成交额达 747.6 亿美元,而同年第八届博览会的成交总额仅为 18.07 亿美元,仅为前者的约 2.4%。第四,影响力大。以 2012 年为例,春季交易会到会采购商近 21 万人,来自 213 个国家和地区,秋季交易会到会采购商近 19 万人,来自 211 个国家和地区。[②] 第五,服务到位。广交会致力于提高客户满意度,搭建"一站式"服务平台,第 108 届就开通了客户联络中心。第 109 届广交会启动运行了产品设计与贸易促进中心(PDC),为境外设计机构与境内参展企业提供产品设计升级的合作平台。第 110 届广交会开始完善采购商和参展商个性化增值服务,大力提升电子商务和信息化水平,向建设"智慧广交会"和发展电子商务的目标迈进。第六,高端资讯服务出彩。第 114 届广交会产品设计与贸易促进中心(PDC)设计展示面积达 1129.5 平方米,比上届增长 31%,共吸引了来自 10 个国家和地区的 74 家设计机构参加设计展示,意向洽谈 9099 宗,1692 宗有望转化为合作项目。第七,电子商务平台建设推进快。第 114 届广交会,截至 2013 年 11 月 4 日中午,累计为采购商精准匹配推荐供应商 175000 多次,共获全球采购需求 65000 多条,超过 2600 家中国企业回复采购需求 40000 多条。期间平台页面总浏览量为538098 次,比第 113 届增长 22 倍;指定时段内仅计数一次的唯一身份访问者总人数 67303 人,比第 113 届增长近 12 倍;单日最高流量达 41243 次,是上届的 9 倍;单日唯一身份访问者最高达到 5545 人,是上届的 8 倍。[③]

在单展规模上,广交会名列世界第一,是中国历史最长、层次最高、规模最大、商品种类最全、到会采购商最多且国别地区分布最广、成交效果最好

---

① 杨京凯、龙裕伟:《飞跃彼岸:中国—东盟博览会战略发展的理论》,成都:电子科技大学出版社,2010 年,第 32 页。

② 《历届采购商到会统计》,广交会网站,2014 年 11 月 7 日,http://www.cantonfair.org.cn/html/cantonfair/cn/about/2012−09/125.shtml.

③ 《第 114 届中国进出口商品交易会闭幕新闻发布会发言稿》,广交会网站,2014 年11 月 7 日,http://www.cantonfair.org.cn/html/cantonfair/cn/info/2013 − 11/28952.shtml.

第五章

·广西外向型经济发展评述与对策思考

的综合性国际贸易盛会。① 毫无疑问,广交会对国内及东盟国家的客商有着巨大的吸引力,对主要以国内及东盟国家客商为主的博览会构成了重大挑战。

其次,昆交会的挑战。改革开放以来,云南和广西主要通过加强与东盟各国的经贸联系来加快自身参与经济全球化的进程,一年一度的昆交会和博览会是其参与和开展区域合作的重要平台。由于面向的区域重叠且同质性高,昆交会和博览会形成了一定的合作与竞争关系。

昆交会虽然影响力不及博览会,但相较而言还是有其特定的优势。第一,经验优势。昆交会起步早,自 1993 年举办首届至今已举办了 22 届,经验比较丰富,各项机制也逐步走向成熟。第二,区位优势。昆交会依托大西南地区,面向东南亚和南亚,以西南地区为重点,并辐射全国以及东盟与南亚国家和地区。昆交会以大湄公河次区域(GMS)国家为核心,以东南亚、南亚为基础,依托长三角、珠三角,辐射中南半岛和印度半岛,具有跨越太平洋、印度洋的区位特点,这是博览会无法超越的。特别是毗邻南亚的区位优势,随着印度的崛起,势必给昆交会带来更好的发展环境和发展空间。第三,多省区市共办优势。昆交会,全称为中国昆明进出口商品交易会,是获商务部批准,由商务部和西南六省(区、市)七方重庆、四川、云南、贵州、广西、西藏、成都联合主办,云南省人民政府承办的综合性商品交易会。多省区市共办有助于促进区域资源整合,推进区域合作。

近年来昆交会的快速扩展也对博览会构成了一定的挑战。2008 年,第十六届昆交会首次由商务部参与主办。2009 年,第十七届昆交会与第二届南亚国家商品展在昆明同期举办。2012 年 10 月,中国国务院批准将南亚国家商品展升格为中国-南亚博览会(简称"南博会"),从 2013 年起每年在中国昆明举办一届,并与昆交会同时举办,由中国商务部和云南省人民政府共同主办,并邀请南亚各国商务主管部门联合举办。2013 年的第 21 届昆交会和首届南博会,有来自近 30 个国家和地区的 35 个代表团共 467 名外国政要、贵宾和港澳台嘉宾,23 个省(区、市)、央企、民企和金融机构等 600 多家专业买家、机构投资人,以及近 5 万专业观众莅会。国外(境外)参展企

① 《中国进出口商品交易会概况》,中国进出口商品交易会网,http://www.cantonfair.org.cn/html/cantonfair/cn/about/2012-09/120.shtml.

业总数突破 1200 家,累计外经贸成交 174.66 亿美元,同比增长 116.5%。签约国内合作项目 409 个,总投资 5378 亿元。[①]

昆交会以大湄公河次区域(GMS)国家为核心,以东南亚、南亚为基础,并从 2003 开始增设"东盟馆",东盟十国全部参展,所以吸引了很大一部分东盟客商,与面向东盟的博览会直接竞争。

除了同类型国内展会的挑战,博览会还面临电子商务等现代模式带来的挑战。当今的企业,除了交易会,还有许多的出口途径,尤其是网络技术和通讯技术的高速发展而引发的电子商务,使企业能够方便地获取大量的相关信息,快捷地与客户建立联系、进行沟通,极大地改变了贸易的方式和效率,也给交易会等传统的贸易促进方式带来了冲击。

(二)中马钦州产业园区

中马钦州产业园区是继中新苏州工业园区和中新天津生态城之后,中国政府与外国政府合作建设的第三个园区,有其独特优势,它对广西外向型经济发展的意义也非常重要。同时,中马钦州产业园区是一个正在建设中的园区,虽然取得了重要的建设成就,但其拉动经济发展的作用与功能尚未完全凸显,并且在建设的过程中存在一系列问题。

1. 独特优势

中马钦州产业园区的优势主要体现在政府政策、地理区位、管理与运行机制、资源等方面。

(1)政策优势

中马钦州产业园区享受国家级经济技术开发区政策,少数民族地区优惠政策,国家新一轮西部大开发优惠政策,广西北部湾经济区开放开发优惠政策,云南、广西沿边金融综合改革试验区支持政策和地方自主优惠政策,有着多重优惠政策的叠加。此外,国务院也制定专门支持园区发展的优惠政策,广西自治区专门出台扶持园区的政策,在重大产业布局、税收、土地、资金等方面加大支持力度,给予园区充分的自主权,为入园企业提供更加优

---

① 《第 2 届中国-南亚博览会暨第 22 届中国昆明进出口商品交易会简介》,中国-南亚博览会官网,2014 年 11 月 20 日,http://www.csaexpo.cn/html/2014/yaowen_0527/2970.html.

质高效的服务。广西自治区政府还同意园区创建"自治区改革创新先行区",全面实施综合配套改革,自治区层面和各部门所出台的各项深化改革、简政放权、先行先试政策,园区能使用的,都给予园区先行先试、优先试点。

(2)机制优势

中马钦州产业园区与马中关丹产业园区开创了"两国双园"国际园区合作新模式。中国商务部和马来西亚贸工部牵头成立"两国双园"联合合作理事会,广西自治区层面成立"两国双园"开发建设领导小组,钦州市成立服务园区领导小组,形成了上下联动的协调工作机制,协调解决园区开发建设中遇到的困难和问题。园区由国际化的中马两国合资公司开发建设运营,体制机制灵活。

(3)区位优势

中马钦州产业园区及其所在钦州市位于广西北部湾经济区的中心位置,处于中国—东盟自贸区、泛北部湾经济合作区、大湄公河次区域、泛珠三角经济区、西南六省(市、区)协作等多个区域合作的交汇点,南拥北部湾,背靠大西南,东连珠三角,面向东南亚,区位优越,战略地位突出,是连接以上区域的重要通道、交流桥梁和合作平台。

(4)资源优势

园区所在地钦州市自然资源丰富。首先,土地资源,钦州陆地面积1.0895万平方公里,且人口密度低。其次,矿产资源,钦州有矿产资源有近46种,已开发利用的矿产有石膏、钛铁矿等近20种,后续开发利用的空间大。再次,植物资源,钦州拥有陆地植物共765种。最后,海洋资源,钦州海岸线长562.64公里,近海岸线10米等深线内可供养殖面积866.7平方公里,可养殖的主要经济鱼类20余种,蟹类191种。[①]

2. 面临的问题

(1)产业建设的推进不如预期

从产业项目的建设情况看,2014年产业项目年内计划完成8.1亿元投资,实际完成5.35亿元,全部为2个续建项目创造,而计划开工的2个产业项目(清真食品、LED项目),实际开工为零,园区的产业投资后劲不足。特

---

① 郑良华:《中马钦州产业园区建设第四代产业园区研究》,广西大学硕士学位论文,2016年,第26页。

别是清真食品项目,2014年8月13日就已土地摘牌,至2015年2月2400万元的土地款仅交了1200万元。至于LED项目,2014年7月就已签约,至2015年2月仍未上缴合同履约金100万元,项目签约以后签约公司都没有工作人员进驻园区办公,项目用地平整和围墙修建等基础性的工程都没有启动。从引进的项目情况看,至2015年初入园的产业项目共7个,其中2014年园区签约了2个项目(第三方实验室、LED项目),那些项目的单个规模体量都不具备"龙头"带动作用,难形成产业链效益。从项目洽谈的情况看,至2015年初,如北斗项目、东盟云谷、空气动力船等项目的洽谈已历时2年多,园区也作了大量的工作,但项目的具体产品和效益还不明晰,园区都不知如何围绕项目去进行基础设施配套、优惠扶持等。[①]

此外,据《经济日报》报道,中马钦州产业园区预计到2016年底能够集聚人口5000人,累计完成固定资产投资50亿元,并实现工业总产值50亿元,实现财政收入1亿元。[②] 然而2017年上半年,钦州钦南区国税局共组织中马钦州产业园区税收收入仅1288万元,[③]这明显不如预期。

(2)城市建设的特色难以形塑

至2015年,园区关于城市设计及城市形象塑造的基本概念、系统构建以及如何实现"产城融合",都还较为模糊,园区滨水区发展规划及城市设计、海岸公园开发、城市综合体等体现园区特色的具体项目推进较为缓慢,下一步投资回报大的商住用地如何开发也未达成共识。所以,来访的客商、客人都反映,无法一目了然地了解园区城市建设的"特色"在哪里。

(3)"两国双园"的合作优势未能有效凸显

截至2015年初,体现"双园互动"的产业互动、招商互动、政策互动等具体的工作成果不多,如马来西亚中小企业园区建设、燕窝产业的引进、清真食品项目的开工建设、设立马来西亚招商联络处、筹建中马研究院等,成效不显著。

---

① 《中马钦州产业园区工管委会办公室关于2014年园区重点工作完成情况的督查通报》,中马园办发[2015]3号。

② 童政:《中马钦州产业园区探索"两国双园"引资机制》,《经济日报》2016年1月21日,第008版。

③ 吕永汉:《中马钦州产业园区建设稳步发展》,《钦州日报》2017年7月31日,第001版。

(4)体制机制创新不足

园区 2014 年实行的建设自治区改革创新先行园区的工作任务方案中，共有 80 项具体改革创新工作，其中 23 项要求当年内就完成的工作至 2015 年初才完成 9 项；24 项经常性开展的工作任务至 2015 年初出成果的才有 6 项；要求年底实现的一批可复制、可推广的改革经验目标，至 2015 年初仅有人事制度改革、境外人民币回流机制具备了可复制推广性。[①]

(5)人才规模与专业性不足

园区不仅人才队伍规模小，且从队伍的人才结构看，缺乏有工作经验的人才和高层次的人才，如规划人才缺乏，特别是具有丰富的实际招商工作经验的人员仅 1 人。从人才队伍的培养来看，园区干部培训渠道不多，培训力度也不够，2014 年园区的培训预算经费为 19 万元，至 2015 年初才用了 4 万元。2014 年绩效考核指标中，公务员每年参加脱产培训时间累积不少于 12 天，但至 2015 年初都没有很好地完成。[②]

(6)资金问题

虽然园区内专门设立了地方性银行，并在政策上鼓励商业银行对企业的信贷支持，但企业建设的资金瓶颈依旧存在，不少企业难以得到商业银行的信用贷款，园区本身的公共基础设施建设也因财力不够而受影响。国家及地方的相关财政扶持不到位，也一定程度上影响了园区内的经济运行。至 2015 年，经过 3 年多的时间，园区利用国家和自治区投入的资金加快了基础设施和配套设施的建设，各种设施已基本建成到位。2015 年以来，园区累计拨付中央财政补助资金约 3.9 亿元。园区要加快产业和城市项目的推进，过程中对资金的需求量非常大。按设想，园区需每年投入 100 多亿元，而资金缺口每年达 60 亿元至 70 亿元。资金缺口已成为阻碍园区升级和发展的瓶颈。[③]

(7)后发优势一时难以凸显

---

① 《中马钦州产业园区工管委会办公室关于 2014 年园区重点工作完成情况的督查通报》，中马园办发[2015]3 号。

② 《中马钦州产业园区工管委会办公室关于 2014 年园区重点工作完成情况的督查通报》，中马园办发[2015]3 号。

③ 谢佳君：《以金融创新推进开发园区升级》，《金融时报》2015 年 9 月 22 日，第 003 版。

中马钦州产业园区不仅是继中新苏州工业园区和中新天津生态城之后,中国政府与外国政府合作建设的第三个园区,也是一个按照"高起点、高标准、快发展"的要求建设的中国和马来西亚两国投资合作旗舰项目,计划打造成先进制造基地、信息智慧走廊、文化生态新城和合作交流窗口。然而,相较于先行者中新苏州工业园区的巨大经济成效,诸如主要经济指标年均增幅达 30% 左右,以占苏州市 3.4% 的土地、5.2% 的人口创造了全市 15% 的经济总量等,中马钦州产业园区虽然定位和起点高,但是经济成效一时难以凸显,难以发挥后发优势。诸如 2015 年 1—11 月,园区完成固定资产投资 63637 万元,同比下降 51.35%;完成基础设施项目投资 60238 万元,同比下降 23.08%;完成产业项目投资 3399 万元,同比下降 93.53%,[①]出现了明显的建设减速。

(三)广西百色国家农业科技园区

1. 特色与优势

(1)突出的人才与科技优势

2002—2010 年,园区先后吸引国内外专家、教授、科技人员 248 名入园开展科研、指导和服务工作,先后引进、消化、吸收科技成果、新技术 410 项。几年来,百色园区建立合作基地及研发与服务机构 356 个,从业人员 4550 人。取得了"四季蜜芒反季节促花方法"等 15 项专利,有 11 项成果通过自治区科技成果鉴定,26 项通过市级科技成果鉴定。5 项成果荣获广西科技进步奖,12 项荣获市科技进步奖。转化了甘蔗测土配方施肥、芒果高接换种、番茄水垄栽培等 368 项先进适用技术。[②] 至 2013 年,据不完全统计,园区推广优新品种 385 个,建立科技成果示范点、示范基地 113 个,培训农户劳力 16 万人次,辐射带动当地农民年人均增收 300 元以上。[③]

2004 年 8 月园区被自治区党委组织部、人事厅授予为"广西百色现代农业人才小高地"建设单位,成为全区首批 13 个自治级人才小高地建设载

---

① 《2015 年 1—11 月中马钦州产业园区经济运行简析》,中马钦州产业园区官网, http://www.qip.gov.cn/News/Detail/eadeb917-68b3-4ef8-937d-bfe783b1bfc7.

② 邱烜:《撑起老区农业科技一片天——广西百色国家农业科技园区发展走出新路子》,《当代广西》2010 年第 16 期,第 63 页。

③ 《广西百色国家农业科技园区建设成效显著》,《硅谷》2013 年第 12 期。

体之一。几年来,园区努力营造优质环境,建有集办公、研发、生产及生活设施于一体的现代农业技术研究推广中心,建立了 20251 平方米的专家实验楼和 4521 平方米的专家公寓楼。专家实验大楼设有 9 个标准实验室,目前已配置了国家二级生物安全实验室、食品农产品质量安全检测中心实验室、铝制品检测中心实验室等 3 个标准实验室,购置了气相色谱仪、高效液相色谱仪、超纯水器、超净工作台等大型先进实验仪器;建立了信息中心、生物组培中心、农产品质量安全检测中心、铝制品检测中心、培训中心和中国—东盟现代农业科技展示园、农副产品加工集中区等。

2008 年 6 月,国家人力资源和社会保障部批准设立了园区博士后科研工作站(人社部发[2008]43 号文),是为广西 28 个博士后科研工作站之一。园区博士后科研工作站设有百色市现代农业技术研究推广中心、百色市农业科学研究所、田东增年山茶油有限责任公司等三个博士后工作分站。园区博士后工作已于 2008 年 10 月正式启动,并与华南农业大学、广西大学签订了联合招收培训博士后合作协议。

此外,园区还设有检测中心,下设办公室、业务室、常规实验室、大型仪器室等部门,共有工作人员 14 人,其中包括高级职称 3 人,中级职称 8 人;检测检验中心配备了高效液相色谱仪、气相色谱仪、原子荧光分光光度计、原子吸收分光光度计、紫外分光光度计等在内的仪器设备共 181 台(套),可独立开展包括农产品、肥料、饲料、食品、环境样品中的无机成分、农药残留、食品添加剂、防腐剂等方面的项目。

(2)紧密的东盟联系

百色与东盟各国在气候、土壤、经济社会状况、农业生产条件等方面具有相似性和互补性,农业合作前景广阔。园区也一直充分利用处于中越"两廊一圈"衔接带的优越位置,坚持"面向亚热带、面向三农、面向东盟"的发展方向,积极与东盟开展多方面、多层次的科技合作,加大招商引资和招才引智力度。至 2010 年,园区先后与越南、老挝、法国等国家和台湾地区签订合作项目 12 项。2005 年以来,园区先后举办了 6 期"亚热带果树栽培技术国际培训班",共对来自越南、泰国、老挝、柬埔寨、缅甸、印尼、马来西亚、菲律宾等 8 个东盟国家的 106 名政府农业官员、专家学者、中高级农业技术人员开展集中培训。2007 年 11 月,园区被科技部命名为"国际科技合作基地"。为促进百色农业对外交流合作,2007 年以来,园区每年都与田阳县政府承办中国—东盟(百色)现代农业展示交易会,国内和东盟各国的农业官员及客商都来参加展示会,取得了良好的社会效益和经济效益,展示交易会的成功举办,也让百色走向了东盟,让东盟了解了百色。① 2009 年园区在核心区兴建了中国—东盟(百色)现代农业展示观光园和中国—东盟(百色)农产品物流园。2010 年袁隆平院士及技术团队在园区建立了国家杂交水稻工程技术研究中心东盟分中心,规划建设 100 亩高标准育种示范田,1000 亩品种试验田,10 万亩两系杂交水稻制种生产基地,在百色开展超级杂交水稻种子的科研、试验、示范及产业化生产,让中国超级稻"走向东盟,走向世界"。2013 年 1 月,经自治区政府批准同意,百色市政府和自治区发改委、科技厅、农业厅、商务厅联合印发了《中国—东盟(广西百色)现代农业合作示范区规划》,将在广西百色国家农业科技园区的基础上建立中国—东盟(广西百色)现代农业合作示范区,为园区带来了新的发展机遇。②

园区还举办中国广西百色亚热带现代农业技术研讨会、中国—东盟亚热带现代农业技术发展(百色)论坛等,至 2010 年共邀请 43 名东盟各国专家和 28 名国内知名农业专家出席论坛、研讨会。园区还与老挝国家农业部作物种植司共同签订中老蔬菜种植开发合作,与越南国家植物与肥料测试中心、河内植物保护研究所等签订热带亚热带特色果蔬种质资源开发与利用、农作物标准化生产及加工技术研究开发等方面的农业科技合作协议。③

(3)农业气候优势

百色国家农业科技园区所处的位置拥有优越的气候条件和肥沃的土地资源,是中国三片最好的亚热带季风气候区之一,与海南岛和西双版纳齐名,盛产粮食、蔬菜、芒果、香蕉、甘蔗等作物,也是我国为数不多的可大面积种植冬季反季节水果蔬菜的重要基地之一。百色生态环境优良,农业资源特别是亚热带农业资源丰富,具有立体气候和不同的农业开发带,能同时生长多种热带、亚热带及温带作物,这使得百色的地方特色农产品种类和品种繁多。

---

① 邱烜:《撑起老区农业科技一片天——广西百色国家农业科技园区发展走出新路子》,《当代广西》2010 年第 16 期,第 64 页。

② 邱烜:《破茧成蝶舞千姿——鸾凤争汇的广西百色国家农业科技园区》,《当代广西》2013 年第 8 期,第 62 页。

③ 《国家农业科技园区的广西样本》,《中国农村科技》2010 年第 11 期,第 70 页。

(4)政治优势

百色国家农业科技园区位于革命老区百色,得到了国家科技部和自治区党委、政府的高度重视,这为园区有效调动和集成各种资源优势、突破园区行政地域局限、整合区域资源、建立开放式的国家农业科技园区提供有力的行政支持。[1] 多年来,园区建设得到党中央、国务院和科技部、自治区领导的关心和支持,广西科技厅、财政厅、农业厅、水利厅等部门领导多次亲临园区指导,在招商引资、人才、技术、资金等方面提供支持,推动园区工作顺利开展。[2]

2. 面临的问题

(1)资金不足问题

园区项目尤其是重点农业项目资金投入不足,这在一定程度上造成园区发展后劲不足。首先,百色是革命老区,财政比较困难,园区建设经费不能满足园区发展的需要。园区坐落在广西百色市田阳县境内,所处地属经济欠发达地区,产业结构落后、基础设施欠佳、投资不足、市场化程度相对不高、经济外向程度低、人均收入与消费水平较低,能够组织的税收收入有限,从而影响了对园区的财政投入。其次,金融机构服务园区农业科技推广的投入不足。农业发展银行本是金融支持农业科技转化的主力军,设有农业科技成果转化资金信贷科目,但出于风险考虑而对农业科技推广信贷支持有限。截至 2013 年,农业发展银行百色市分行尚未发放农业科技推广贷款。国有商业银行、邮政储蓄银行、农村信用社、村镇银行、农村资金互助社、小额贷款公司等出于各种原因而"惜贷"或"畏贷"。比如说,截至 2011 年 12 月末,百色市 10 家小额贷款公司自成立以来累计发放贷款 5.24 亿元,但农户贷款仅占 27.60%。[3]

相比较而言,如前所述,福建漳浦台湾农民创业园的组织架构中有专门的融资体系,创业园通过成立担保公司而解决抵押物难以估值的"贷款难"

① 韦胜:《新时期百色国家农业科技园区建设的思考》,《当代广西》2013 年第 11 期,第 62 页。

② 毛兆亮:《广西百色国家农业科技园区的建设与发展研究》,广西大学硕士学位论文,2011 年,第 31 页。

③ 李乔漳等:《金融支持农业科技推广问题研究——以广西百色国家农业科技园区为例》,《区域金融研究》2013 年第 4 期,第 61 页。

问题,通过协调农业银行与园区台资企业的融资意向而成功与漳州农业银行签订了框架性合作协议,企业以租金返还银行利息,从而解决企业资金问题。

(2)人才与技术创新问题

园区科技人员尤其是高层科技人员少且知识结构不合理的问题仍然存在,难以满足园区加快发展的需求。同时园区与科研院所等技术依托单位结合不够紧密,并且缺乏高新技术风险投资的意识和机制,这不可避免影响了园区的技术创新能力。2009年科技部对全国农业科技园区进行验收,广西百色国家农业科技园区的能力建设评分为29.0分,得分率72.50%,其中孵化企业数得分率最低,仅为68.00%。这说明广西百色国家农业科技园区的研发和服务机构、科技成果转化企业孵化器、孵化企业、农业经济合作组织、农村实用科技人才等能力建设方面不足,特别是孵化企业数量太少。[①]

相比较而言,如前所述,福建漳浦台湾农民创业园的科研机构主体主要由福建省建立的创业园科技服务中心和海峡现代农业研究院共同组成,创业园科技服务中心一方面辅导入园的台湾农民进行新品种、新技术推广,一方面通过两岸的产学研合作促进两岸农民交流与合作;海峡现代农业科学研究院则通过吸引两岸高技术人才,吸纳台湾的农业技术。

(3)产业建设成就不佳

虽然有较多的企业入园,参与园区建设,但那些企业在数量与规模上都不够突出,整体上影响了产业建设成就。就数量而言,2009年科技部对全国农业科技园区进行了验收,广西百色国家农业科技园区的综合效益评分为34.2分,得分率85.50%,但其中的园区入驻企业数得分率很低,仅为68.33%。这说明入驻的企业远远不够,园区需加大力度引进企业入驻。[②]

就企业规模而言,园区聚集农业科技龙头企业的功能不畅,农业产业化示范带动乏力。园区先后通过招商引资引进了几十家现代农业科技企业,其中有一些被评为自治区或百色市农业龙头企业,但多数实力较弱,无法发

---

① 褚兴彪:《欠发达地区农业科技园区的发展对策研究——以广西百色国家农业科技园区为例》,《安徽农业科学》2012年第36期,第17872页。

② 褚兴彪:《欠发达地区农业科技园区的发展对策研究——以广西百色国家农业科技园区为例》,《安徽农业科学》2012年第36期,第17871页。

挥农业产业化引擎与示范作用。这很大程度上与园区自身功能欠缺和发挥不畅有关,制约着园区农业产业化发展。[①]

此外,农产品加工水平不高,许多农产品在加工方面还处于空白,农业产业链短,产品附加值较低。据研究,发达国家农产品加工业产值与农业产值之比为 2.0~3.7：1,我国约为 0.9：1,广西约为 0.8：1,百色约为 0.34：1;发达国家的农产品加工率一般在 90％ 以上,我国为 40％~50％,广西不到 15％,百色为 13.6％。以 2008 年为例,百色除了制糖、造纸、酒精制造、植物油加工、饲料加工这几个方面初具规模外,其他农产品的加工规模都很小,很多农产品在加工方面还处于空白。[②]

相比较而言,如前所述,广西百色国家农业科技园区在 2008 年底(成立7 年后)在园区投资、开发和生产,并享受园区相应优惠政策的企业共有 87家,总产值 29.3455 亿元。而福建漳浦台湾农民创业园自 2005 年启动至2006 年中,就已有 33 家台资企业入驻,中心区有 12 家,投资额达 1500 万美元,共有 229 家台资农业企业在那里开业,总投资 5.6 亿美元;至 2015 年中(设立 9 年后),创业园累计引进台资农业企业 260 多家,实际利用外资 3 亿多美元,年创产值 35 亿元。相较于广西百色国家农业科技园区农产品加工水平不高的问题,福建漳浦台湾农民创业园有专门的加工基地,即农产品保鲜加工基地。

(4)园区管理问题

园区的管理机制、管理水平和人文环境还需加强培育。园区开发建设和运行时间相对不长,经验也不足,各种先决条件尚缺,加之园区运行以政府的投入与管理为主体,主要强调公益服务性质,成本与效益的市场机制补位仍欠缺,投入与产出不成正比的现实矛盾依然存在,严重制约着园区自身的发展壮大。[③] 2009 年科技部对全国农业科技园区进行了验收,广西百色国家农业科技园区的组织管理评分为 15.9 分,得分率 79.50％,其中的优

---

① 韦胜:《新时期百色国家农业科技园区建设的思考》,《当代广西》2013 年第 11 期,第 62 页。

② 黄光平:《广西百色国家农业科技园区农产品加工现状及发展研究》,广西大学硕士学位论文,2010 年,第 14 页。

③ 韦胜:《新时期百色国家农业科技园区建设的思考》,《当代广西》2013 年第 11 期,第 62 页。

惠政策指标得分率最低,仅为76.25%。这表明广西百色国家农业科技园区在组织管理方面尚有不足,特别是优惠政策的出台和落实有所欠缺。①

(5)竞争力问题

百色的农业产品和结构,尤其是热带水果,与东盟国家的水果基本相同,例如香蕉、荔枝、芒果、菠萝、龙眼等热带水果以及木薯和甘蔗,与东盟国家产品趋同。不利的是,百色热带水果的规模、质量、外观与东盟国家水果相比有较大差异,生产成本相对较高,品质不突出,竞争力弱。随着中国—东盟自由贸易区建设的全面推进,百色热带水果以及大米、甘蔗、木薯等农产品受到了来自东盟国家农产品一定程度的冲击。

缺乏主导农产品品牌也影响了园区农产品的竞争力。百色作为我国重要的冬菜生产基地以及香蕉、芒果等热带亚热带水果生产基地,在国内外市场还没有形成百色自己的农产品知名品牌,农产品的市场认可度、竞争力和认知度严重不足。所以在面对来自东盟国家的进口农产品时,百色农产品相对国内而言更加缺乏足够的市场竞争力。②

相比较而言,福建漳浦台湾农民创业园至2015年已逐渐形成花卉苗木、蔬菜、水产、水果、食用菌生产五大主导产业,至2016年逐渐形成了以花卉、果蔬、茶叶、渔业、农副产品、农畜产品为核心的六大功能产业区。

(四)广西的跨境经济合作区

1. 优势

(1)边境贸易

如前所述,云南的进出口贸易主要依靠一般贸易,2012年虽较于前几年比重下降了很多,但仍接近进出口总额的一半,总额为112.78亿美元。而当年的边境小额贸易总额仅为21.49亿美元,仅占进出口总额的10.2%。

而广西的边境小额贸易不仅贸易量大得多,并且增长非常迅速。2012年的边境小额贸易额为83.5亿美元,占广西当年进出口贸易总额的

① 褚兴彪:《欠发达地区农业科技园区的发展对策研究——以广西百色国家农业科技园区为例》,《安徽农业科学》2012年第36期,第17871页。

② 毛兆亮:《广西百色国家农业科技园区的建设与发展研究》,广西大学硕士学位论文,2011年,第35～36页。

28.3%,至 2014 年贸易额已增至 147.3 亿美元,占广西当年进出口贸易总额的 36.3%,超过了广西当年一般贸易的比重 36.2%。特别是广西的出口非常依赖于边境小额贸易。如前所述,2010—2014 年广西通过边境小额贸易出口的金额连续实现超高速增长,由 33.2 亿美元暴增至 140 亿美元,通过边境小额贸易出口的金额在出口总额中的占比也不断上升,由 2010 年的 34.5%升至 2014 年的 57.6%。

边境贸易是边境合作的重要内容和基础,也是一股强大的推动力,因此广西的边境小额贸易量远超云南将非常有助于广西的跨境经济合作区建设。

(2)与越南的经贸联系

广西与云南设立跨境经济合作区的意向是在同一年提出的,广西(2005 年 4 月)略早于云南(2005 年 9 月),并且都是与越南联合提出的。意向提出后,越南地方政府与中国广西、云南地方政府之间,越南中央政府与中国中央政府之间的一系列互动表明,越南有很强的意愿在越中边境地区设立跨境经济合作区,多年来越南经济的快速增长也使其有实力更有动力去推动跨境经济合作区建设。虽然中国中央政府与越、老、缅等国的中央政府并未就跨境经济区建设签署最后的协议文件,但 2014 年 3 月,中国商务部与越南工贸部在重庆就中越跨境合作区建设举行首轮司局级磋商,关于东兴-芒街、凭祥-同登、河口-老街三个选址方案基本确定,"一线放开、二线管住、封闭管理、区内自由"的监管模式已成为共识。按当前的趋势去预测,广西、云南的跨境经济合作区建设最终会在中越之间首先实现突破。

未来的中越跨境经济合作区建设,很大程度上取决于中国广西、云南与越南的经贸联系,而广西与越南的经贸联系相较于云南更为密切。近年来广西与越南的贸易一直保持着超高速增长的势头,越南连续很多年一直是广西在东盟中最大的贸易伙伴,广西—越南贸易在广西—东盟贸易中所占的比重极大,占到了 3/4 以上。2012 年广西—越南贸易额达到了约 97.3 亿美元,8 年时间增长了约 12 倍,增长最为惊人的是广西对越南的出口,2012 年达到了 82.7 亿美元,8 年时间内增长了约 17 倍。截至 2010 年,广西与越南已签订工程承包合同 149 份,合同额 5.44 亿美元,营业额 2.6 亿美元。截至 2010 年 6 月,广西批准在越南投资项目 114 个,协议投资额 2.1 亿美元,中方协议投资额 1.54 亿美元;同期越南在广西设立的外商投资企业累计 22 家,合同外资金额 9053 万美元,实际利用外资金额 1589 万美元。

虽然越南也是云南的重要经贸伙伴,但相较而言经贸联系要弱得多。2011 年云南对越南的出口额为 9.73 亿美元,占其当年出口总额的 10.3％,2012 年对越南的出口额下降为 8.29 亿美元,占其当年出口总额的比例也下降为 8.3％。云南对越南的进口则更少,2011 年仅为 2.41 亿美元,2012年更是降为 2.17 亿美元。至于相互投资,占双方吸引外资的比重均极低。

2. 劣势

(1)运营经验

按构想,跨境经济合作区在"一线放开、二线管住、封闭管理、区内自由"的监管模式下运作,对于这样一种模式,云南有类似的运作经验,而广西没有。2000 年 4 月国家计委 287 号文批复同意按"境内关外"方式设立姐告边境贸易区。姐告边境贸易区在全国率先实行"境内关外"封闭管理,与缅接壤的主要地段设置了封闭设施。该区具有全国最宽松、最优惠的政策环境,形成了包括国家特许、省和州政府赋予、自身结合实际制定的政策体系。

(2)接壤的国家与边境口岸

云南有长达 4060 公里的边境线,8 个边境州(市)的 25 个边境县(市)与缅甸、老挝和越南毗邻,共有 20 个国家级口岸、100 多条通道与越、老、缅三国相连,全省 70％以上的对外经济合作在上述三国。而广西仅与越南接壤,陆地边境线长 1020 公里,只有 8 个边境县(市、区)与越南的 4 个边境省份接壤,只有 4 个陆路一类口岸,7 个二类口岸。随着中国与越南、老挝、缅甸经贸联系的不断加强,云南未来的跨境经济合作区建设或许有更大的施展空间。

三、新世纪以来的广西侨资发展评述

(一)侨乡优势未能充分发挥

1. 侨乡优势

暨南大学的高伟浓教授认为,鸦片战争以来的近现代华侨华人史大体上走过了四个时期:从 19 世纪 40 年代华侨大批出国到 19 世纪末,这一时期为华侨在海外定居、艰难创业和曲折发展的时期;从 20 世纪初到 40 年代末,这一时期为华侨史的第二个发展时期;从 20 世纪 50 年代到 20 世纪 80

年代初,这一时期为华侨史的第三个时期;从 20 世纪 80 年代起到现在,海外华侨华人社会正处在一个全新的历史时期。他进而认为,在第一个历史时期,广西华侨就已经大批量出国,主要分布在中南半岛及更远的国家和地区。只是由于各种因素,广西籍华侨群体在那一时期还没有形成足可跟粤闽籍华侨群体匹敌的经济力量,大多数人还在从事艰苦的原始农垦和矿业劳动,原始积累的速度缓慢,并且很多人赚了一笔就打道回乡,因而客观上削弱了广西籍华侨社会的规模,但还是出现了少数靠个人打拼白手起家的杰出人士。在第二个时期,广西华侨中的资本拥有者乃至大资本家阶层已经出现。到了第三个时期,海外华侨中科技和经济精英人物已经大批出现,那一时期广西的华侨实业家也有知识人士兴办实业成功。他还指出,除了实业界,在科技、教育、文化、法律等各界出人头地的广西华侨华人精英也是璀璨夺目。①

广西是继广东、福建之后的全国第三大侨乡,当前有归侨、侨眷 300 多万,其中归侨 18.5 万;祖籍广西的海外华侨华人 700 多万,分布在 100 多个国家和地区;广西籍海外华侨华人社团组织有 300 多个。广西也是归难侨安置大省(区),全区共安置了来自印尼、越南、泰国、缅甸、马来西亚等 10 多个国家的归侨 18 万多人,大部分安置在 46 个归难侨安置场,其中华侨农林场 22 个,农垦系统农场 14 个,林业系统林场 10 个。②

(2)侨乡优势未能充分发挥

根据赵和曼先生的研究,改革开放以来,广西努力发挥侨乡优势,积极引进华侨华人和港澳台同胞的资金、技术与人才,以便促进侨乡经济的发展与社会的进步。为此,广西采取诸多的措施,诸如全面落实侨务政策,积极实施"大侨务"战略,不断改善投资环境,加强海外联谊工作等。努力获得了回报,从 1979 年起至 2001 年止,广西累计批准利用外资合同 9578 个,合同金额 168.96 亿美元,实际利用外资总额 100.61 亿美元,其中 80% 是华侨华人、港澳台同胞的投资。③

① 高伟浓:《华侨华人史整体视野中的广西籍华人精英》,《东南亚纵横》2008 年第 1
期,第 58~62 页。

② 《广西侨情基本情况》,广西壮族自治区侨务办公室官网,http://
www.gxqb.gov.cn/bencandy.php?fid－116－id－3965－page－1.htm.

③ 赵和曼:《海外华人与广西侨乡经济建设》,《八桂侨刊》2002 年第 3 期,第 1~2 页。

269

然而广西的侨乡优势并未充分发挥,广西对侨资的利用与其作为第三大侨乡的地位并不相称。

仅以侨资利用的规模为例,如前所述,2014 年广西实际利用外资 17.22 亿美元,其中侨资规模约为 10.7 亿美元,占总额的 62%。而当年全国的侨资规模约为 942 亿美元,约占外资总额的 78.8%,因而当年广西侨资占外资的比重较全国低了 16.8%。从侨资数额来看,广西吸纳的侨资仅占当年全国侨资总额的 1.13%。

横向比较来看,2012 年,广东的侨资规模约为 179 亿美元,占其外资总额的 80.64%;福建的侨资规模约为 38.51 亿美元,占其外资总额的 88.37%;浙江的侨资规模约为 88.5 亿美元,占其外资总额的 82.20%;云南的侨资规模约为 16.1 亿美元,占其外资总额的 91.56%;全国的侨资规模约为 788.9 亿美元,占全国外资总额的 70.62%。可见,2012 年广东、福建、浙江、云南四省侨资占外资的比重相较于当年全国分别高出了 10.02%、17.75%、11.58% 和 20.94%,与广西 2014 年低于全国 16.8% 的情况形成了鲜明对比。同时,这四省 2012 年吸纳的侨资数额也远高于广西 2014 年所吸纳的侨资数额。从全国范围来看,2012 年,广东的侨资规模占当年全国的 22.69%,福建占全国的 5.5%,浙江占全国的 11%,云南占全国的 2.04%,均远高于 2014 年广西在全国的占比 1.13%。

广西作为全国第三大侨乡,吸纳的侨资数额、侨资在外资中的比重以及侨资在全国侨资总额中的占比均低于全国第一大侨乡广东和第二大侨乡福建,或许不足为奇,但低于第五大侨乡云南以及排不上位的浙江,就不得不令人反思。

(二)区位与政策优势未充分发挥

1. 区位与政策优势

(1)区位优势

第一,广西是"一带"与"一路"有机衔接的重要门户。2015 年 3 月国家发改委、外交部和商务部联合发布的《推动共建丝绸之路经济带和 21 世纪海上丝绸之路的愿景与行动》,明确指出,要"发挥广西与东盟国家陆海相邻的独特优势,加快北部湾经济区和珠江—西江经济带开放发展,构建面向东盟区域的国际通道,打造西南、中南地区开放发展新的战略支点,形成 21 世纪海上丝绸之路与丝绸之路经济带有机衔接的重要门户"。作为有机衔接的重要门户,广西将在"一带一路"建设中发挥独特作用。

第二,广西具有沿海、沿江与沿边优势。广西有着非常巨大沿海、沿江与沿边优势,不仅拥有1595公里的海岸线,1020公里的陆地边境线,而且还拥有西江黄金水道。北部湾是广西非常宝贵的沿海资源,获得批准且成为国家战略的北部湾经济区,已是引领广西发展的火车头。连接广西、云南、贵州、湖南、广东、香港和澳门的西江,径流量居于全国第二位,经改造后运输量能够突破2亿吨,已上升为国家战略的珠江—西江经济带建设,将会拉动沿江产业和沿江城镇化发展,成为驱动广西发展的双核心之一。广西不仅拥有12个边境口岸,且跨境经济合作区建设取得一定的成效,沿边地区的开发开放将使广西在区域经济合作中的角色更加突出。

第三,广西位处华南经济圈与西南经济圈的结合部。华南经济圈的范围囊括广西、广东、海南和福建,是一个跨省的经济地理和产业空间概念。该经济圈的经济发展差异较大,产业结构呈现一定的梯度特征。西南经济圈的范围囊括广西、四川、云南、贵州、重庆和西藏。相较于华南经济圈,该经济圈的产业结构类似度较高,旅游业的重要性很突出。作为华南与西南两大经济圈的结合部,广西能够在我国经济发展的整体格局中发挥连接东西、承接南北的战略枢纽作用。

第四,广西是中国面向东盟的门户。中国—东盟博览会、广西沿边金融综合改革试验区、北部湾经济区、泛北部湾论坛等强化了广西与东盟的经贸联系。中国—东盟信息港、中国—中南半岛陆路通道、中国—东盟海上通道、中国—东盟航空枢纽等则强化了广西与东盟的道路联通与信息沟通。

(2)政策优势

广西作为沿海沿边省区,作为中国面向东盟的门户,作为西部省区,作为少数民族地区,作为革命老区,其在发展上享有一系列的政策优惠或倾斜。早在1984年北海就被确定为中国首批对外开放的14个沿海城市之一,广西也成为中央确定最早对外开放的地区之一。1992年凭祥、东兴等广西7个县(市)被确立为边境开放县(市)。1999年《西部大开发"十一五"规划》将北部湾经济开发区定位为重点开发区域。2004年广西加入大湄公河次区区域经济合作,同年每年一次的中国—东盟博览会成功举办了第一届并永久落户南宁。2008年1月国家正式批准了《广西北部湾经济区发规划》,从各个方面给予了北部湾诸多政策优惠和帮助。2014年7月《国务院关于珠江-西江经济带发展规划的批复》原则上同意了《珠江—西江经济带发展规划》,并要求努力把珠江-西江经济带打造成为中国西南、中南地区开放发展新的增长极,珠江-西江经济带发展正式上升为国家战略。广西不仅享有沿海沿边开放、西部大开发和高新技术开发区的政策优惠,而且还享有大多数省份没有享受的民族区域自治、华侨投资区等优惠政策。

(3)区位与政策优势未充分发挥

有两个事例能够说明广西的区位与政策优势未充分发挥。第一,东亚侨资在中国大陆的扩散路径。如前文所述,东亚侨资对中国大陆投资的区域逐渐扩大,由最初在广东、福建等中国东南部地区城市投资发展,后来延伸至长江中游地区、中北部地区,继而开始流向内陆地区以及西部地区。很明显,广西未能充分发挥其区位与政策优势,抢占先机,在第一时间吸引大规模的侨资流入。第二,广西北海的发展历程。北海的历程可谓是广西利用外资的缩影。作为中国首批对外开放的14个沿海城市之一,北海抢占了先机,20世纪90年代前期外商投资大幅增加,外资额占广西全区外资总额的比重很大,有些年份甚至超过了一半,自然成为了广西对外开放的窗口。但由于投资主要在房地产项目,随着国家实行宏观调控,房地产泡沫破灭,导致外资纷纷撤离北海,北海作为广西招商引资窗口的地位无法保持。很明显,北海未能充分发挥其区位与政策优势,留住外资并扩大外资流入的规模。

(三)投资的软硬环境双重落后

1. 投资的硬环境成本高

以物流体系为例,虽然近年来广西进一步加大了公路、铁路、港口等交通基础设施建设的力度,物流硬环境得到了改善,但其在港口规模、通过能力、现代化水平等方面与东部沿海省份相比,仍有较大的差距。据《2012年中国城市竞争力蓝皮书:中国城市竞争力报告》所述,广西的城市发展水平在全国的排名偏低,各项指标的排名都比较落后。广西的北部湾港由于铁路运力有限与统一调配不足,港口码头设施不全,有船期无货柜或有货柜无船期的问题长期得不到解决,时常造成港口货物滞港,从而推高企业的物流成本。据估算,一个40尺货柜商品从广西口岸出口比从深圳或湛江口岸出口物流成本高出约 3000～4000 元人民币。高昂的物流成本使得很多货物都绕道广州、深圳港口出口。[①]

2. 投资的软环境不够规范

一是乱收费问题仍然存在。长期以来,广西在收费问题上采取了一系列措施予以规范和管理,但在实际操作层面上仍时有违规现象发生。有些地方的操作规范并不严格,收费弹性大,并且收费标准经常变动,且"就高不就低",所以容易引发混乱与抵触情绪。二是市场竞争不规范。市场机制不健全,在管理方面,广西各地强调"管"的作用而忽略了"理"的职能,使得服务体系不完善,管理效率低。

(四)产业结构问题

广西的产业技术层次相对较低,外资利用方式也比较单一,结构有待于改善。广西利用外资的项目中资源性传统产业和初级加工项目比例较高,高新技术行业的项目所占比重较低。

东部省份利用外资,引进大项目或高科技新兴产业项目已成为发展趋势,如汽车、通讯、精细化工、生物工程以及金融贸易、信息服务等项目。[②]相反,广西起步较晚,受投资环境等诸多不利因素的影响,在吸引大项目、消化国际先进技术、模仿创新能力等方面均较大程度地落后于东部地区,引进的项目以劳动密集型传统产品小项目居多。

虽然国家支持广西吸引外资,支持外商投资以下领域:动植物药材资源开发生产;日处理甘蔗 5000 吨及以上的蔗糖精深加工及副产品综合利用;锌、锡、锑、钨、锰等金属精深加工;民族特色工艺品及包装容器材料生产;汽车整车制造,专用汽车制造,汽车零部件制造大型工程机械关键零部件;旅游景区(点)保护、开发和经营及其配套设施建设。[③] 但是国家支持的产业中,资源性传统产业依旧占主要地位。

---

① 孙宝、程超颖、谢娱:《中国—东盟自贸区建设十年:广西与东盟双边贸易回顾与展望》,《广西经济》2012 年第 9 期,第 20 页。

② 林瑞文:《广西利用外资的必要性及对策》,《技术与市场》2010 年第 11 期,第 119 页。

③ 国家发展和改革委员会:《中西部地区外商投资优势产业目录》,2013 年 7 月 15 日。

第二节　广西外向型经济发展的对策思考

如前所述,广西的外向型经济发展总体上滞后,存在诸多的问题与不足,而推动广西外向型经济发展的各个平台由于自身的问题或不足又驱动力有限,要推动广西的外向型经济发展固然可以从其本身和各个驱动平台存在的问题和不足入手,提出相对应的对策或措施,但因问题与不足之处众多而使得相应的对策或措施也众多,难免会碎片化,难以较为系统地解决好发展所面临的产业、资金、技术、人才、市场乃至附带的政治与外交问题。鉴于改革开放以来的重大侨情变化,鉴于广西作为全国第三大侨乡且侨乡优势并未充分发挥,鉴于东部发达省市外向型经济发展与侨资的密切关联,广西打好"侨牌",不失为一个更好的选择。

一、改革开放以来的重大侨情变化

1978 年 12 月中国共产党十一届三中全会以后,遵循实事求是的思想路线,以改革开放为国策,全党工作重心向经济领域转移。中国的侨务政策也发生根本变化。其最重要的精神是在侨务工作中贯彻邓小平同志一贯提倡的"实事求是"的方针,根据国内外侨情变化的特点,制定出有利于华侨华人在当地生存、发展,又能促进华侨华人对中国经济、文化建设作出贡献的务实侨务政策。

(一)华侨华人数量激增

改革开放以来,最重要的侨情变化是华侨华人人口数量的增长及分布状况的变化。近 30 年的华侨华人数量急速增长,决定性的因素是大量中国新移民涌向以北美为主要方向的发达国家与地区,还有一定数量的中国移民前往非洲和拉丁美洲,从而决定性地改变了华侨华人人口增长点和分布。

中华人民共和国成立后至 20 世纪 70 年代后期,大规模的中国人海外移民活动基本停止,持续 300 余年的中国海外移民大潮中断。因此,20 世纪 50 年代至 20 世纪 70 年代末,世界华侨华人的人口数量增长,主要是华人人口的自然增长。到 20 世纪 80 年代初,华侨华人数量约 2000 万。[①] 20 世纪 70 年代末以来,中国再次启动大规模的海外移民潮,成为国际移民大潮的组成部分。

中国改革开放伊始,国门骤开,外资和外国人蜂拥而至,长期被封锁的发达富裕的西方和东亚发达地区展现在国人面前。同时,中国政府也逐步放宽出国限制,出国热蔚为时尚,大规模移民潮也随之而至,持续至今。在中国大陆,改革开放以来的出国移民通常被称为新移民。依出国目的、途径和职业结构,中国新移民大体可分为四种类型。第一类移民是留学生,迄 2006 年中国大陆留学人员数量已超百万,连同其出国眷属,以留学渠道移民国外的中国大陆人总数当在 100 万以上。留学成为中国人移民国外的主渠道之一,为古今中外独一无二。无论大陆或港台,中国留学人员主要前往发达国家,尤其以北美为最。第二类移民为非熟练劳动力,他们主要以亲属团聚理由申请定居身份,少部分人则选择非法途径前往海外定居。非熟练劳动力移民也主要前往发达国家,尤其是美国。福州人是中国非熟练劳力移民美国的典型,至 2005 年仅福州市所辖的 60 多万人口的长乐县(市),就有将近 20 万人移民美国。[②] 第三类移民为商务移民,包括投资移民、驻外商务人员和各类商贩。20 世纪 90 年代后期以来,中国大陆前往发展中国家的投资移民数量增长较快,尤其在东南亚地区。第四类移民为劳务输出人员。通常中国出国劳务人员的期限一般是两年,且常年保持增长趋势,可视为特殊移民群体。

除了中国大陆的大量移民外,还有很多来自港台地区的移民。大体而言,来自台湾的移民高度集中于美国,其次是加拿大和澳大利亚。来自香港的移民主要前往加拿大、美国和澳大利亚。

但就增速而言,日本和韩国是中国新移民增长最快的地区。至 2009 年底,在日中国人登记者达 68 万多人,[③] 加上未统计的持日本护照华人和数

---

① 根据全国侨联侨史学会会长洪丝丝的说法,至少有 2000 万华侨华人,约有 20% 是华侨。这个数据与台湾侨务会的估计大体相当。洪丝丝:《华侨历史研究工作的几个问题》,《侨史》1983 年第 1 期。

② 庄国土:《近 20 年福建长乐人移民美国的动机和条件》,《华侨华人历史研究》2006 年 1 期,第 10～11 页。

③ 日本法务省入国管理局编:《2009 年出入国管理》,2010 年 11 月,第 19～20 页。

以万计的超期滞留者,日本华侨华人数量超过70万人。中韩建交后,两国贸易呈现超常规发展,促使旅韩中国人数量急剧增加。截至2009年底,在韩中国人586662人,其中朝鲜族人为377560人。[①]

从20世纪70年代至2007—2008年,从中国前往世界各地的移民超过1000万。其中,来自港台的约160万～170万,来自中国大陆约800多万。前往发达国家的中国新移民近700万,前往发展中国家的300多万。无论是前往发达国家或发展中国家,都有相当部分是非正式途径(undocumented)移民。

由于大规模新移民的加入和华侨华人社会本身的人口自然增长率,至2007—2008年,世界华侨华人总数增至约4543万。其中东南亚有3348.6万,约占全球4543万华侨华人的73.5%。到2011年,世界华侨华人总人数当在5000万左右。根据中国侨网的最新报道,2016年海外华侨华人有6500万。[②]

表5-14 2007—2008年中国新移民数量估计、分布和职业构成

单位:万人

国别	人数	主要职业	备注
美国	190	留学人员和专业人士,非熟练工人。	相当部分来自港台;相当部分为无证移民
加拿大	85	留学人员和专业人士,非熟练工人。	相当部分来自港台
欧洲	170	商贩、工人。	相当部分为无证移民;流动性大
大洋洲	60	留学人员和专业人士,工人、商人。	相当部分来自港台;小部分为无证移民
日本	60	留学人员和专业人士,工人。	大部分为留学—专业人士定居

---

① 韩国移民局编:《2009年韩国入境统计年鉴》(Korea Immigration Service, *KIS Statistics* 2009),首尔,2010年,第264页。

② 《华侨华人走过2016——更暖的祖国,更深的觉醒》,中国侨网,2016年12月30日,http://www.chinaqw.com/hqhr/2016/12-30/119806.shtml.

续表

国别	人数	主要职业	备注
非洲	50	商贩、技术人员、劳务人员。	大部分集中于南非
拉丁美洲	75	商贩。	大部分居住在阿根廷及其周边邻国
俄罗斯	20	商贩。	流动性大,数量变动大
东南亚	253	商贩、技术人员、企业家、工人、劳务人员、留学生。	流动性大,相当部分为无证移民
亚洲其他地区	67	工人、商贩、劳务人员、留学人员	大部分在韩国;流动性大
总计	1030		

资料来源:美、加、欧洲各相关国家、日本人口统计与出入境资料;各国人口统计与华社信息;中外文相关报道。

表 5-15　2007—2008 年各洲华侨华人数量和分布统计表

单位:万人

地区**	人数/百分比*	新移民/百分比**
总计	4543/100.00	1030/22.6
亚洲	3548/78	400/11.12
美洲	630/13.87	350/56
欧洲	215/4.7	170/79
大洋洲	95/2.	60/63
非洲	55/1.2	50/90

* 占全球华侨华人总数%;** 占当地华侨华人总数%。

(二)华侨华人经济实力的成长

近 30 年来侨情变化的特点之二,是华侨华人的经济力量迅速成长,从而构成改革开放以来与中国大陆深度合作的格局。

20 世纪 70 年代以前,华侨华人高度集中在东南亚,其资本的累积,也主要在东南亚。早期东南亚华商的资本积累主要来自流通领域,到 20 世纪前期,东南亚华商已形成强大的商业资本,在零售业居优势地位,在现代金融业和工矿、交通领域也占有一席之地。二战结束以来,东南亚地区政治经济发生了巨大而深刻的变化,随着华人归化于当地进程的基本完成,已融入当地民族经济的华人企业也随之发生了前所未有的变化。20世纪70年代以来,东南亚华人企业迅猛发展,经济实力大增,已成为东南亚经济的支柱之一和亚太经济的重要组成部分。有些专家甚至认为海外华人主导了东南亚的经济:华人控制了印度尼西亚80%的企业资产;控制了泰国90%的制造业;控制了泰国50%的服务业;[1]菲律宾1000家大型企业中超过1/3由华人掌握;华人控制马来西亚60%的资本市场。[2]

从20世纪80年代中期起,世界华人经济进入一个新的扩张阶段,其重要组成部分是台湾的海外投资。台湾的大规模海外投资始于80年代后期在美国进行投资,然后于90年代初期转向东南亚和中国大陆投资。据估计,在1990—1996年间,有近600亿美元的资金从台湾流入中国大陆和东南亚地区。[3]台湾商人海外投资的策略一般是尽可能地利用华人的贸易网络或者是和当地华人进行合资。台湾的海外投资增强了全球华人经济力量,并对全球华人经济增长做出贡献。

就东南亚华人企业的组合方式与发展规模而言,战后得到飞速发展的东南亚华人企业可分为三个类型。[4] 一是非工业部门的"传统领域基础型",这是二战以前殖民经济时期华人长期经营的的领域,如橡胶、大米、肥皂和金融、零售贸易等行业。虽然在这一领域的华人企业经营的资本总量不是很大,但数量极多。二是"经济发展周边型",这种类型的华人企业不是积极加入工业化的领域,而是敏锐地捕捉经济发展带来的事业机遇,从而获

---

① Wu, Friedrich and Duk, Sin Yue, Hong Kong and Singapore: "twin capitals" for overseas Chinese capital, Table 3, *Business & The Contemporary World*, Vol.7 (3), pp. 21-33.

② *Economist*, 1996, March, p. 4.

③ 这一数据是来自被投资国的统计。根据台湾经济部的统计,这一期间由台湾经济部核准的数据是200亿美元,超过的部分是未经台湾当局核准的海外投资。参见萧新煌、龚宜君:《东南亚台商与华人之商业网络关系》,第4页,《迈向新世纪:台湾与东南亚华人经济发展与互动国际研讨会》论文,台北,1998年4月。

④ 关于这三种类型的划分,参见:岩崎育夫:《东南亚华人资本的海外投资动向》,陈文寿编:《华侨华人的经济透视》,香港:香港社会科学出版社,1999年,第93页。

得成长,如马来西亚的郭鹤年集团、黄鸿年(Oei Hong Leong)集团。第三是"工业发展基础型",这类华人企业堪称是能迅速利用所在国家产业政策以获得成长的"优等生",如新加坡的丰隆(Heong Leong)集团、印尼的沙林(Salim)集团。与第一类型的华人企业绝大多数是家族经营的地方性中小企业不同,第二和第三类型的华人企业大多是实现了规模化和跨国化的企业集团,这些企业集团以制造业、银行业为核心,对其他行业进行大规模跨国投资和联营,形成财阀式的跨国大企业集团。

就华人企业的产业结构和行业人口结构而言,东南亚华人企业也可分为五种类型。[①] 一是生产类型,这种类型企业的产业结构集中在商品生产部门,如农业、林业、畜牧业、渔业、工业(包括电力和煤气)、矿业、建筑业、运输业、通讯业等。马来西亚、印度尼西亚的华人企业多属此类型。二是流通类型,这种类型企业的产业结构集中在上述商品交易的流通环节及针对性的周边服务,如商业、国际贸易、金融等行业,泰国、菲律宾、印支三国的华人企业多属此类型。三是中间、混合类型,指兼营生产和流通领域的企业,新加坡、马来西亚、印尼和泰国的一些华人大企业集团已成为此类打通生产和流通领域的企业。四是服务类型,指产业结构集中在服务行业,如餐饮业、旅馆业等,东南亚各国不少中小华人企业从事该行业,而华人服务业的巨头已多是混合型的华人大企业集团。五是分散类型,指产业结构分散于生产、流通、服务等行业的华人企业,如新加坡的华人企业,遍布各个行业。

就华人企业而言,多集中于生产和流通行业,但随着大规模华人企业集团的崛起和发展,这些大企业集团越来越蜕变为混合型企业。他们通常有自己的生产性企业和自己的银行作为企业集团的核心,掌控部分或大部分销售网络推销所生产的商品。

至于全球华商的总资产,全文已有详论,此处不再赘述。

(三)华侨华人的专业人才资源

改革开放以来侨情变化的特点之三,是华侨华人的专业人才规模和质量急剧增长。这不但是因为规模庞大的华侨华人对教育的重视,更在于中国、尤其是大陆人才的急剧外流。当前华侨华人的人才资源可分为两类:一

---

① 游仲勋:《东南亚华侨经济简论》,厦门:厦门大学出版社,1987年,第18～19页。

是华人土生人才，二是留学人员和来自中国的前留学人员。后者是海外华人专业人才的主力。

　　中国新移民总量在 800 万以上，留学成为移民的主渠道之一，形成海外华侨华人社会庞大的人才资源。海外华人专业人才主要为前中国（包括港台）留学生。专业人才以理工人才为主。主要分布在发达国家，高科技人才集中在北美。加上港台、东南亚、欧洲、澳洲乃至日本华人，如果说数以几百万计专业人才，当不过分。其整体科技实力远超中国大陆。

　　海外同胞向来在科教领域声誉卓著，取得非凡成就。迄今获得诺贝尔科学奖的 8 位华人科学家，其研究工作和居住地全部在海外：李政道（中国西南联大），1957 年获物理学奖；杨振宁（中国西南联大），1957 年获物理学奖；丁肇中（台湾），1976 年获物理学奖；李远哲（台湾），1986 年获化学奖；朱棣文（美国本土），1997 年获物理学奖；崔琦（河南出生，香港培正中学，美国奥古斯塔纳学院毕业），1998 年获物理学奖；钱永健（美国本土），2008 年获诺贝尔化学奖；高锟（上海生、台湾和香港就读，在英国从事研究），获物理学奖（2009 年获诺贝尔物理学奖）。在美国 300 所研究型大学里，超过 10% 的教授是华裔教授。在日本大学里做教授、副教授的中国人已经超过 1000 名。连在素以晋升教授艰难著称的德国，也已有 30 余位华人教授活跃在德国各高校的讲台上，比 10 年前增加了 6 倍。英国大学对海外学人有很强的吸引力，2005—2006 年度内，在所有的非英国籍研究员群体之中，来自中国的学者最多，共有 1450 人。紧随其后的是德国学者，共有 1070 人。以在英国大学内教学的非英籍学人计算，中国学者的数目（2280 人）也占第四位，在德国（3130 人）、爱尔兰共和国（2410 人）和美国（2380 人）之后。华侨华人的专业人才中，科技人才所占比例最高。硅谷庞大的华人社群（Chinese community in Silicon Valley）分别由"中国出生的华人"（Chinese-Born Chinese，CBC）、"中国出生的美国人"（Chinese-Born American，CBA）和"美国出生的华人"（American-Born Chinese，ABC）所组成。

　　硅谷万家高科技公司中，由华人创办的或担任首席执行官的公司有 3000 多家。在硅谷，目前 1/3 的高级科研人才是外国人，在计算机领域，一半以上的博士没有美国国籍。在美国完成硕士学位的欧洲人中，50% 的人留在美国居住很长时间，很多人还长期留在那里。在科技人员中，约有六成是亚裔，仅清华大学和华中科技大学留美毕业生在硅谷就职的就分别为

5000 和 2500 人。另据 2006 年 9 月 30 日出版的《圣何塞新闻报》报道,在硅谷腹地圣克拉拉(Santa Clara)和阿拉米达(Alameda)两个县,来自中国大陆的移民就有 27.2 万人,目前在硅谷核心区 230 多万的人口中,亚裔大约占 23%,其中有一大半是来自台湾、中国大陆、香港、东南亚和世界各地的华裔移民。在科技人员中,约有六成是亚裔,其中印度人和华人占了绝大部分。而在 10000 多家高科技公司中,硅谷华人开办的公司或是由华人担任 CEO 的公司多达 3000 多家,加上在这里创业的印度人公司,占去硅谷公司总数的三分之一。2005 年度营业额评选出的"硅谷上市公司 150 大企业",18 家华裔企业上榜。2006 年 4 月旧金山评选上市"两百大企业",20 余华裔参与创办的公司上榜。

根据中国教育部的正式统计,从 1978 年到 2011 年底,中国大陆各类出国留学人员总数已达 224.51 万人,留学回国人员总数为 81.84 万人(公费留学回国率由 1996 年的 89% 上升至 2007 年的 98% 以上)。另外还有因配偶、子女探亲或移民等事由出境并在国外接受高等教育后留在当地工作的约 30 多万人。在 2011 年度,各类出国留学人员总数高达 33.97 万人,其中国家公派 1.28 万人,单位公派 1.21 万人,自费留学 31.48 万人。根据以上教育部资料,仅中国大陆留学生留居当地的超过 170 万,后加上港台留学未归或再移民者 50 万以上,仅来自中国的海外专业人才可能达 220 万以上。

根据联合国教科文组织(UNESCO)和欧洲数据库(EURODATA)统计数据显示,中国留学生在欧洲留学生中人数最多,欧洲数据库 2002—2003 年数据显示,共有 71254 名中国(包括香港)留学生留学欧洲,分布在 32 个国家,主要集中在英国、德国、法国、荷兰、西班牙、意大利、瑞典、芬兰等国。1998/1999—2002/2003 年,中国留学生在英国约达 148555;德国 52875 人。1999—2003 年,芬兰的中国留学生达 3550 人。2002—2004 年,荷兰的中国留学生达 6614 人;2000—2010 年,前往欧盟的中国留学生由 18000 人增长至 120000 人,与 2000 年相比高出 6 倍,总计约超达 55 万留学生。其中英国占 40%,法国占 23%,德国占 20%,荷兰占 4%,意大利、爱尔兰和瑞典分别占 3%,芬兰、塞浦路斯和丹麦均约在 1%~2% 之间。他们所学专业主要为社会科学、商业金融和法律、人类学、工程学、医学和社会服务等,大部分为本科学历,博士研究生的比例不到 10%。此外,根据联合国教科文组织数据库统计可以得到,2000—2009 年,中国留学生前往澳大利亚的人数约达 331831 人,前往日本的中国留学生为 636180 人。2000—2008年,前往加拿大的中国留学生为 127655 人。

纵观近 300 万中国留学生在全球接的分布可得知,世界华人专业人才资源高度集中在美国,其大体的流动方向是:东亚各华人区为北美、日本、欧洲和大洋洲输送潜在的专业人才(留学生),他们大部分留在当地国,少部分回流东亚,构成东亚各华人经济体的主要专业骨干。台湾、新加坡和香港是回流的最早受惠者,这些专业人才成为其经济的腾飞和产业提升的关键因素之一。即使在中国,留学回国人员也构成中国高端专业人才的主力。

二、利用侨务资源推进广西外向型经济发展

(一)利用侨资推进广西的外向型经济发展

1. 海外侨资成功推动了中国经济全球化

除中国改革开放适逢经济全球化时代的外部因素外,海外同胞对提升中国经济发展水平的作用是决定性的。中国成功参与经济全球化的关键是华侨华人,对外开放首先是对海外华资开放。和海外侨资的成功合作,有利于大陆经济高速发展,使中国大陆成功融入经济全球化的进程,并成为经济全球化的最大受益者。中国实行改革开放,试图与外部世界沟通时,华侨华人基于同文同种、在中国大陆有密切人脉关系和对中国的了解,成为中国与外部世界的主要沟通对象和中介。中国的对外开放首先是对外经济开放,引进外部资金、技术和管理。在 20 世纪 90 年代中期以前,也只有海外侨资才愿意并敢于大规模投资大陆。因为有了华侨华人及港台同胞,中国大陆能够融入国际产业链和国际价值分工体系,也因此能够发挥劳动力资源丰富且价格相对低廉的比较优势,改变了原有的劳动力资源闲置或低效率配置状态。通过承接国际产业转移,中国大陆能吸引了资金技术和管理经验,开拓了国际市场。随着产业结构不断升级,中国大陆企业的国际竞争力得到稳步提升。通过加入国际组织,大陆一方面利用国际规则保护和发展经济,另一方面通过开放形成的"竞争效应"和"规则意识",促进国内经济体制改革的深化。由此,中国的发展开始与国际社会同步,中国大陆经济开始成为世界经济的重要引擎之一。甚至可以说,以侨资为主的企业,是中国大陆经济国际竞争力的核心,使中国成为经济全球化的最主要受益者。

根据 2008 年"全国明星侨资企业"调查,在大陆的海外侨资企业的产业结构以制造业为主,约占 65%。其次是房地产业。在中国较具国际竞争力的电子、机械、通讯、玩具、制鞋、化工等行业,都是海外侨资密集的行业,尤以电子产业为最。2008 年,中国电子行业完成产值 2 万多亿元,70% 以上用于出口,成为中国最具国际竞争力的产业。中国大陆电子产业的海外侨资,充分体现了国际华人资本在大陆的整合。以冠捷电子集团为例:由东南亚和台、港资本共同持股,主营电子显示器,其排名由 1996 年的全球排名第 19 名上升到 2004 年的全球第一。2005 年被评为中国科技 100 强企业第 1 名。产值逾 70 亿美元,产品遍及美洲、亚洲和欧洲 30 多个国家。

2. 与海外侨资合作应成为广西经济发展战略的核心之一

毋庸置疑,改革开放以来广西一直努力发挥侨乡优势,积极引进海外华侨华人和港澳台同胞的资金、技术与人才,以促进广西侨乡的经济发展与社会进步,并为此采取了诸多措施以引进侨资。一方面遵照党中央、国务院部署,从 1978 年开始广西全面落实华侨私房政策,贯彻执行 20 世纪 60 年代下放的归侨职工及"侨青"(归侨学生)安置政策和归侨侨眷知识分子政策,以及平反冤假错案、清理人事档案等工作。一方面积极实施"大侨务"战略,广西各级政府与各级侨务部门认识到,海外几千万华侨华人是中国大发展的独特机遇,是中华民族的共同优势,是每个地区都可开发的宝贵资源,因而转变了那种以本地籍华侨华人多少来衡量当地侨务工作优势和作用的传统观念,树立了几千万华侨华人乃全国各地共同优势的"大侨务"思想,打破华侨华人的省籍界限,努力挖掘侨力资源。一方面加强海外联谊工作,广西各级侨务部门充分发挥对外联系广泛且侨情信息众多的优势,为广西招商引资作贡献,诸如通过拍摄《侨乡广西》、《八桂山海情》等电视片、出版《侨乡广西》画册、开辟《侨乡纵横》广播栏目等方式向海外侨胞介绍广西的建设成就及投资环境,发动归侨侨眷开展"写一封家信、提供一条信息、拉来一位客商、推荐一个人才、介绍一个项目"的"五个一"活动,通过"请进来、走出来"等方式加强对外联谊,协助各级政府开展招商活动并向后者推介、联络侨商,开展"八桂之友"联谊活动等。1993—2000 年,由广西侨务部门牵线搭桥而促成引进的外资项目有 391 个,利用外资额达 14.06 亿美元。[①]

---

① 赵和曼:《海外华人与广西侨乡经济建设》,《八桂侨刊》2002 年第 3 期,第 1~2 页。

　　但横向比较而言,广西的侨资利用并不理想。新世纪以来,广西的侨资利用不仅规模小,并且利用的总额波动较大;侨资来源也较为单一,特别是2008年以来港资占比过高,2014年达到了88.7%;侨资流向(等同于外资流向)也比较单一,绝大部分流向了工业部门,特别是制造业,2006年流向工业部门的外资占了外资总额的77%,2011年也占了63.5%。因为港澳投资一般规模较小、技术含量不高、主市场是中国大陆、出口大多以港澳为目标市场,所以相较于来自其他国家和地区的投资似乎带动作用较小。①

　　充分把握当前海外的侨情变化,衡量广西自身的特色与优势,全面检视当前侨资的利用现状以及侨资引进措施的实施成效,制定对海外侨资有足够吸引力的政策与措施,实现海外侨资利用的全面优化,这对广西未来的侨资利用与发展来说十分必要。特别需要重视的是,要实现侨资来源的多样化与最大化。因而,广西十分有必要高度关注东盟各国,特别是新加坡、马来西亚、泰国、印度尼西亚、菲律宾等国财团的动向,创造合作机会,改变广西利用外资过多倚重港资的格局。近年来新加坡星辰银行、菲律宾首都银行、马来西亚丰隆集团、马来西亚印马投资集团、印度尼西亚金光集团、泰国正大卜蜂集团、文莱壳牌石油公司在华活动活跃,应重点关注与争取。同时也有必要加强与东盟各国其他华人财团的接触与交流,诸如新加坡花莎尼、马来西亚沙林、泰国暹罗汽车等。中国—东盟自由贸易区给华人财团打开了进入中国市场的大门,广西作为中国面向东盟的门户,应该充分利用自身的区位优势,盘点致力打造的重点产业,不断创造机会或拓宽渠道,去利用那些华人财团的技术垄断优势或市场垄断优势或资金优势。②

(二)利用海外华侨华人的人才优势服务广西的外向型经济发展

　　人才是国力的根本体现。美国移民政策专家斯蒂文·莫尔认为:"在21世纪的全球经济中,最缺乏的是人力资本。各个国家都面临世界级头脑

---

　　① 朱兆民:《广西利用外资效益分析及建议》,《中国经贸导刊》2012年第2期,第24页。

　　② 朱兆民:《广西利用外资效益分析及建议》,《中国经贸导刊》2012年第2期,第24页。

与尖端技能人才的短缺。所有的国家都在寻求优秀人才。"①

1. 海外华侨华人的人才优势明显

除华人诺贝尔奖得主外,华侨华人中尚有为数众多的世界一流科学家和人文社科学者,在各研究或技术领域就业的华侨华人专才更是数以百万计。他们之中的少数人是某个学科世界一流的带头人,具有科技统帅之才。有些人则是某个研究领域的领军者,是专业的将才。在高技术岗位上就业的人才更是不计其数。如前文所述,美国硅谷就聚集了大量华侨华人专业人才,仅硅谷腹地圣克拉拉和阿拉米达两个县,来自中国大陆的移民就有27.2万人。

2. 台湾对华侨华人科技专才的认识与引进经验值得借鉴

早在1993年,台湾新任的"侨委会"委员长章孝严就指出:遍布世界各地的华人科技专才将是台湾产业国际化、进入全球经济竞争时代持有的一项重要资产。② 台湾吸引的科技专才与技术投资主要来自美国,且以台湾籍华人为主。20世纪70年代末,台湾建立了新竹科学园,主要引入美国华人科技专才和资本,园内有68家是由海外华人科技人才创办或参与创办,且全部集中在高科技领域,尤其是电脑行业。到20世纪90年代,台湾中端技术电脑产品已畅销国际市场,成为台湾世界一流的产业,这正是引进华人高科技人才所结出的硕果。

表5-16　1993年新竹科学园中的海外华人资本

单位:亿新台币

工业类别	厂家总数	华人厂家	资本总额	华人资本	营业总额	华人营业额
电脑及周边	45	23	163.5	73.3	385.7	87.2
集成电路	33	17	345.7	126	322.1	103.1
通讯	25	15	62.5	30.9	124.5	45.0
光电	19	8	29.9	16.9	20.2	4.3

---

① 参见斯蒂文·莫尔:"美国需要面对新经济的战略性移民",移民研究中心,http//www. cis. org/articles/2001/blueprints/moore. html. 转引自江峡:《美国吸引全球高科技人才的政策与战略》,《湖北行政学院学报》2007年第2期,第92页。

② 章孝严:《掌握海外情势,落实侨务工作》,1993年4月1日在"总统府"国父纪念会上的讲话。

续表

工业类别	厂家总数	华人厂家	资本总额	华人资本	营业总额	华人营业额
精密机械	13	4	15.5	3.1	13.3	2.8
生物技术	4	1	5.1	1.7	4.6	4.2
其他	2	0	1.6	0	1.6	0
总计	141	68	623.8	251.9	872	246.6

资料来源:《华商经贸》,1993 年 4 月。

3. 广西亟待强化海外华侨华人人才资源的利用力度

广西也一直重视对海外华侨华人人才资源的利用。20 世纪 90 年代至 21 世纪初,广西各级政府与各级侨务部门都重视从国外或境外引进技术和人才,并颁布了相关的优惠政策,邀请了美国、加拿大、德国、荷兰、日本、澳大利亚等国的华人专家或博士前来广西讲学、开办技术讲座或进行咨询活动,也收到了很好的效果。比如说,1998 年广西侨务部门推荐了 22 名海外华人专家前来广西进行交流,其中的旅美华人专家张福祥为南宁市的环境污染治理解决了技术难题,而获得了广西金绣球友谊奖。2000 年南宁建立了留学人员创业园,至 2002 年现已有留学人员企业 10 多家,入园项目近 20 个,涉及电子信息产业、生命科学和生物工程技术、新能源和新材料技术等领域。2002 年 8 月,中国(南宁)海外留学人员回国创业洽谈会在南宁召开,签下了 53 个合作项目,大多是高新技术与经营管理类项目。[1]

为了充分利用海外华侨华人的人才资源,满足广西各项事业发展对高层次人才与紧缺人才的需求,满足华侨华人专业人士实现抱负与成就事业的需要,根据广西党委领导的指示精神,2006 年广西党委人才工作协调小组办公室制定了《广西利用海外华侨华人人才资源工作方案》。该方案不仅规定了主要工作内容和工作要求,还明确指出:海外侨胞拥有雄厚的经济、科技与人才实力,是广西经济社会建设的宝贵财富,是广西可以借用的一支独特的人才资源;广西应当牢固树立人才资源是第一资源的观念,把引进海外华侨华人中的高层次人才和紧缺人才摆到广西人才工作的突出位置,把

---

[1] 赵和曼:《海外华人与广西侨乡经济建设》,《八桂侨刊》2002 年第 3 期,第 3 页。

他们作为广西"引才引智"的重点。① 至今,广西已有留学人员创业园 4 家,并且桂林的留学人员创业园是省部共建的国家级留学人员创业园,留学人员创业园也已成为吸纳留学回国人员创新创业的主要载体。②

然而,广西的人才引进仍然有限,难以满足广西的社会经济发展需求。截至 2014 年 7 月,广西人社部组织实施多项重点引智活动,执行国家级和自治区级引进国外技术、管理人才项目 46 项,引进外国专家 62 人。③ 但广西作为后发展、欠发达地区,相较于发达地区人才资源的差距正在逐年拉大。广西的人才总量偏少,据广西人社厅统计,截至 2016 年底,广西全区专业技术人才总量约 157 万人,仅占全区户籍人口总量的 2.8%,低于全国平均值。广西在经济社会发展紧缺的高层次人才方面存在明显的短板,目前广西全职的院士、国家"百千万人才工程"人选、千人计划专家、国家杰青、长江学者等高端人才均占比不到全国的 1%。同时,广西缺乏国家级教育科研创新平台,全区只有一所 211 大学,没有 985 高校,中科院分支机构、国家重点实验室、国家工程技术研究中心、国家工程实验室等平台也极少。④ 所以,准确把握海外的侨情变化,充分认识海外华侨华人的人才资源优势,强化海外华侨华人人才资源的利用力度,不失为解决广西外向型经济发展人才需求的一个有效途径。

（三）利用海外华侨华人拓展广西的对外政治交往并传播广西形象,间接服务广西的外向型经济发展

1. 海外华侨华人日益成为重要的政治资源

随着华侨华人人数的增多、实力的增强,以及华侨华人自身的努力,其政治地位有较大提升,构成当地国重要的对华友好力量。

华侨华人政治地位的提升很大程度上体现在参政上。此外,华人精英

---

① 刘楠、林振龙:《广西出台利用海外华侨华人人才资源工作方案》,《八桂侨刊》2006 年第 3 期,第 7～9 页。

② 宁焱:《广西高层次人才服务工作现状及思考》,《人事天地》2017 年第 5 期,第 22 页。

③ 殷佳隽、邓梦芸:《地方政府引进海外高层次人才政策创新探究——以广西壮族自治区为例》,《人才资源开发》2017 年第 12 期,第 7 页。

④ 宁焱:《广西高层次人才服务工作现状及思考》,《人事天地》2017 年第 5 期,第 23 页。

普遍受过高等教育,精通所在国语言和文化,有较广的人脉关系,有较强的社会活动能力和组织能力,有长期为当地社会服务的良好记录,其付出和贡献为当地各族裔所认同,对当地社会有较大影响力。

20 世纪 60 年代以来,美国和加拿大的华人逐渐享有平等的政治权利,随着华人人数的迅速增长,参政逐渐成为潮流。2009 年 5 月 1 日,凭借"首位当选州长的华裔美国人"而扬名政界的骆家辉,在美国华盛顿白宫宣誓就职美国商务部部长。至此,包括能源部部长朱棣文,白宫内阁秘书长卢沛宁,白宫公共联络室主任陈远美,国安部法律总顾问方富余在内,奥巴马总统任命或提名的华裔官员已达五人,是美国历史上华裔成员最多的一届政府。在 2008 年加拿大联邦大选中,共有 18 位华裔参选,其中邹至蕙、庄文浩、黄陈小平、黄美丽、麦鼎鸿等 5 名华裔候选人成功当选国会议员,黄陈小平还被委任为国务秘书。① 2009 年,出生于香港的华裔化学研究员李绍麟为缅尼托巴省省督,是继林思齐出任卑诗省省督、林佐民出任阿尔伯塔省省督后,加拿大历史上第 3 位华裔省督。

在拉美国家中,巴西华人也开始向政界发展,2009 年,华人律师李少玉增补为圣保罗市议员。在英国,2009 年 59 岁华人移民陈德樑就任伦敦红桥区市长,成为英国历史上首位华人市长。在德国,2009 年华人企业家张逸讷当选为德国北—威州卡尔斯特市的市议员。在新西兰,2008 年国家党华人议员黄徐毓芳被任命为少数民族事务部长兼妇女事务部长,成为新西兰历史上首位华裔和亚裔内阁部长。在澳大利亚,2009 年澳大利亚前气候变化部华人女部长黄英贤出任财政部长。

在东南亚国家中,2008 年马来西亚的华人政党马华公会赢得 15 个国会议席和 31 个州议席,华人反对党民主行动党赢得 28 席。印度尼西亚华人迟至 1999 年才开始有机会参加较正常的政治选举活动,近年来取得了较大的进展。2009 年,李祥胜、钟万学、曾照增等 8 位华人当选中央国会议员,6 位华人当选地方代表理事会议员,省县市地方议会也分别有一批华人议员当选。菲律宾政界中,华裔议员和政府官员众多。泰国的中泰混血后裔历来是政界要角,近年来政坛争夺的红衫军黄衫军,其领袖达信和阿披实皆为华裔。新加坡是华人主导的国家,其内阁与军队完全由华人掌控。

---

① 姚秀芝:《2008 年海外华人参政新篇章》,《侨务工作研究》2009 年第 4 期,第 44 页。

2. 华侨华人经济、政治和文化精英是推动中外友好关系的重要力量

在华侨华人数量最多的东南亚和北美,华侨华人具有较强的经济实力,其社会地位也部分通过参政而得到当地社会的进一步认可,对当地国对华政策和当地社会对华态度的影响越来越大。

华侨华人经济、政治和文化精英历来是推动中外友好关系的重要力量。1990年,由贝聿铭、陈香梅、田长霖等美国华人精英发起,林同炎、马友友、包柏漪、吴仙标、陈李琬若、王碚、陈香梅、蔡志勇、靳羽西、杨雪兰、吴健雄等近百名各界杰出华人组成"百人会"(Committee of 100),宗旨是推动华社团结,改善华人权益,提升华人地位,引导华人的参选和参政,开展与美国其他族群的联络和对话以及促进中美关系的发展。1998年,美国华社成立的"80/20促进会",主要宗旨是促进亚裔参政和对华友好关系。各地华社政治精英,均不同程度主张发展当地国的对华友好关系。20世纪70年代以来,中国与东南亚国家复交、建交和友好关系的发展,华人社会精英的斡旋和推动功不可没。更由于东南亚华人经济实力雄厚,与当地政要密切合作,有力地影响当地政府对华态度和政策。

3. 华侨华人是公共外交的践行者

公共外交或称民间外交、非政府外交,是以政府、公众为行为主体,以对象国公众为对象的外交形式。根据其行为主体和对象,还可细分为民间对民间、民间对官方和官方对民间三个不同的层面。

华侨华人既是中国公共外交的受众,更应当是公共外交的主体。鉴于华侨华人在当地国的形象和影响力,作为中华文化的载体,他们本身就对当地友族民众展示中华文化和中华民族的形象和内涵,为当地国提供活生生的具象。华侨华人与生俱来的家族、乡土和民族情结,加上在侨居地或非祖籍国生存和发展的需要,也让他们具有为其故土、民族和祖国展示正面形象的情感动机。相比由中国政府直接实施影响他国民众等各种形式的公共外交,借由当地华侨华人实施的侨务公共外交更具优势。

事实上,随着华侨华人数量迅速增长和经济、科技文化乃至政治影响力的增强,华侨华人日益成为中国公共外交的践行者和主力军之一。2011年是国家"十二五"规划的第一年,分管侨务的国务委员戴秉国在北京的国务院侨务工作会议上适时提出,要"拓展侨务公共外交"。旋即国务院印发《国家侨务工作发展纲要(2011—2015年)》,对未来五年的侨务工作做出了规划和部署,开展公共外交被正式列为侨务的主要职能之一。这表明,侨务公共外交工作已在国家层面上推动,其目的是通过华侨华人促进对象国民众对中国的正面认知,提升中国和中华民族在对象国民众心目中的形象,进而通过对象国民众影响对象国政府的决策,最终增进中国的国家利益。同时,国务院侨办主任李海峰在全国侨务工作会议上表示,在中国与世界联系日益紧密的新形势下,加强侨务公共外交,增进侨胞住在国民众对中国的亲近感,提升中国的国际形象,是侨务工作的重要开拓方向。①

中国侨务机构及其所影响的海外华侨华人组织和个人,是中国实施公共外交的最佳主体。华侨华人既懂中国文化、了解中国发展实情,又融入当地社会、了解居住国的政治、文化和社会环境。鉴于华侨华人经济、文化、政治实力的提升,其精英在当地国有较大的号召力和影响力。这些精英即是我国公共外交的对象,更能成为开展公共外交的主体,有望成为中国公共外交的"大使"。他们能通过当地的大众传媒、公众舆论、民间游说等途径,达到中国政府外交难以企及的目标。

4. 广西应该加大利用海外华侨华人拓展广西的对外政治交往并传播广西形象,间接服务广西的外向型经济发展

在对外交往中,政治与经济往往密不可分,政治关系影响经济关系,反之亦然。所以广西的外向型经济发展一定程度上也决定于广西对外政治交往的好坏或成败,也一定程度上受广西外在形象的影响。广大的海外华侨华人,特别是广西籍华侨华人,一方面了解居住国的政治、文化和社会环境,一方面与广西有着密切的经济与文化联系,了解广西的社会经济发展状况与区域文化特色,完全可以在广西与居住国的政治交往中发挥桥梁与纽带作用,值得予以借重,也自然而然成为了广西对其居住国开展公共外交的主体,成为广西形象的外在传播者,其作用有待于进一步发挥。

此外,海外华商往往通过华人社会与华商网络作用,充分利用市场信息与竞争合作关系,利用"合作者"与"中介商"优势,扩大国际贸易规模,对中国外贸发展做出贡献。② 随着经济实力提高,中国企业对外投资能力越来

---

① 李海峰:《加强侨务公共外交 提升中国国际形象》,http://www.gov.cn/gzdt/2011－10/21/content_1975019.htm.

② 李明欢:《解读福建侨乡》,《福建侨乡调查:侨乡认同、侨乡网络与侨乡文化》,厦门:厦门大学出版社,2005年,第146页。

越强,海外华商成为中国企业开展对外投资的重要"桥梁"和理想合作者,成为推动中国对外经济合作的重要力量。同理,广西对外贸易发展,广西商品走向国际市场,海外华侨华人和华商网络是非常重要的倚重对象。广西企业要走向世界,也非常有必要借重海外华侨华人和华商网络的作用,以便顺利与国际接轨。

第六章

结　　论

综合前面几章的论述,大体可以归纳以下几点结论。

一、发展外向型经济乃全球化时代大势之所趋

当今时代是一个全球化时代,全球化最主要的内容之一就是经济全球化。经济全球化是指商品、服务、生产要素与信息跨国界流动的规模与形式不断增加,通过国际分工在世界市场范围内提高资源配置的效率,从而使各国间经济相互依赖程度日益加深的趋势,其基本特征是贸易国际化,生产国际化,资本流动国际化,跨国公司经营国际化与劳动力流动国际化。经济全球化反映了资源优化配置的经济规律,无论发达国家还是发展中国家,都可从这种经济资源的国际配置中获益。①

在一个全球化时代,对任何国家或地区而言,闭关自守都不可取,参与其中并大力发展外向型经济乃大势所趋。所谓外向型经济,就是以国际市场为导向,以扩大出口为中心,调整产业结构和经济结构,建立完善的出口生产体系,发展进出口贸易,积极开展国际间的商品、资金、技术和人才交流,参与国际分工、合作、交换和竞争,扩大利用国际资源、资金和先进技术,促进本国或本地区经济发展。②

---

①　郑吉昌:《论经济全球化与中国外向型经济发展思路》,《浙江学刊》2002 年第 3 期,第 167～170 页。

②　何桂从:《从国际经济环境看广西发展外向型经济的对策》,《社会科学探索》1989年第 1 期,第 21 页。

二、广西的外向型经济发展总体上滞后

　　虽然近年来广西的外向型经济发展迅速,进出口贸易连续实现超高速增长,外商直接投资整体上呈现快速增长趋势,对外承包工程也整体上呈现较快上升趋势,但广西在中国的对外经济版图中角色不彰,2012 年的进出口贸易额仅占当年全国进出口贸易总额的 0.76％,横向比较远远落后于广东、浙江与福建,仅以微弱数额领先于云南;2012 年吸收的外商直接投资额仅占当年全国吸收的外商直接投资总额的 0.66％,与广东、福建、浙江等省份相比相去甚远,只有云南的 1/3,2011 年广西的对外投资存量仅占当年全国存量的 0.16％,横向比较而言也同样远低于广东、福建、浙江、云南等省份;对外经济合作的力度不强,2012 年广西对外承包工程的合同金额占当年全国总额的 0.19％,完成的营业额仅占当年全国总额的 0.64％,横向比较均远低于广东、福建、浙江、云南等省份,至于对外承包工程的年末在外人数和对外劳务合作,广西都没有相关的统计数据,估计占比同样极低。

三、广西经济的整体发展水平制约了广西的外向型经济发展

　　广西壮族自治区属于革命老区、民族地区、边疆地区与贫困地区,地处中国西南。广西的区情一是后发展、欠发达,二是既沿海又沿边,既有西江黄金水道,又有大片的大石山区,有较为丰富的自然资源。阶段性特征是总体上处于工业化中期,也是城镇化的加速期。[①]

　　作为经济发展相对滞后的省区,广西需要实现跨越式发展才能不断缩小同东部发达省区的差距,所以需要不断培育、壮大发展的新动能,而创新资源是培育、壮大发展新动能的基础和根基。然而,广西相较于发达省区最根本的不足就在科技创新能力,研发机构、高端人才、技术等创新资源相对稀缺,科技进步、业态创新、管理优化、成本控制、品牌塑造等方式对经济发展的贡献度不高。广西许多企业创新意愿和动力不足,普遍忽视产品研发和技术创新,缺乏职业化、专业化的研发团队。当前广西传统产业增速下滑,并不是因为没有市场需求,而是由于创新能力不强,产业结构调整和转

---

　　① 　彭清华:《实施积极有效的区域发展战略》,《广西日报》2013 年 4 月 12 日,第 001 版。

型升级缓慢。[①]

广西后发展、欠发达的区情说明了广西产业基础相对不够雄厚,整体的工业化水平相对不高。处于工业化中期的阶段性特征说明广西的发展有着巨大的资金、人才与技术需求,一定程度上也有着市场拓展的需求。而创新资源相对稀缺的现状,也说明了广西的发展面临着人才、技术等瓶颈问题。这些区情、需求与现状或多或少、或直接或间接地体现在了广西外向型经济发展的各个驱动平台上,使后者由于自身的问题或存在的不足而驱动力有限。

四、国家层面以及东部省份经济发展中的侨资角色值得重视

中国的对外开放首先是对外经济开放,引进外部资金、技术和管理。海外侨资随着中国的开放而进入,其对中国经济发展的作用不仅在于其大规模资金和技术的注入,更在于对中国经济发展模式的引领作用。

改革开放初期(20 世纪 80 年代),中国经济最缺乏的是资金。由于海外侨资进入中国,中国逐渐成为发展中国家吸引外资最多的国家。截至 2008 年,中国已累计批准了外商直接投资项目约 63.6 万个,实际利用外资金额累计达 8990 亿美元。海外侨资占近 70%(包括华人和港台资本)。

随着大规模海外侨资的进入,海外华商投资的国内企业日益成为外资企业的骨干,极大地提升了国内企业的国际竞争力。根据商务部(《2007 中国外商投资报告》),2007 年中国的商品出口贸易总额高达 1.218 万亿美元,以海外侨资企业为主的外资企业出口约占中国全部外贸出口的 60%,外资企业引进技术约占中国引进技术总额的 50%,中国高新技术产品出口的 88% 是外资企业实现的。特别值得一提的是,侨资企业参与国内市场的竞争,迫使国内国营和民营企业日益提升其管理和技术水平,从而推动整个中国市场经济的发展。

从设立经济特区吸引海外侨资,到全国向以海外侨资为主的外资全面开发,海外侨胞全方位参与中国大陆的经济建设,较大推动了中国经济的市场化和管理及技术水平的提升。抑或可以说,以海外侨资为主的外资企业,

---

① 李世泽、甘日栋:《加快新旧动能接续转换:2017 年广西宏观经济形势前瞻》,《广西经济》2017 年第 1 期,第 26 页。

代表了中国大陆经济的国际竞争力,并日益成为中国经济崛起的主力之一。

至于侨资对东部省份经济发展的贡献,前文有关 21 世纪以来侨资对广东、福建、浙江等省经济发展的贡献可为例证。

五、广西的外向型经济发展亟需打好"侨牌"

广西是继广东、福建之后的全国第三大侨乡,然而广西的侨乡优势并未充分发挥,广西对侨资的利用与其作为第三大侨乡的地位并不相称。广西吸纳的侨资数额、侨资在外资中的比重以及侨资在全国侨资总额中的占比均低于全国第一大侨乡广东和第二大侨乡福建,这或许不足为奇,但低于第五大侨乡云南以及排不上位的浙江,就不得不令人反思。广西是"一带"与"一路"有机衔接的重要门户,具有沿海、沿江与沿边优势,位处华南经济圈与西南经济圈的结合部,又是中国面向东盟的门户,具有独特的区位优势。广西还享有诸多的政策优势,不仅享有沿海沿边开放、西部大开发和高新技术开发区的政策优惠,而且还享有大多数省份没有享受的民族区域自治、华侨投资区等优惠政策。广西亟待在进一步发挥其区位优势的同时,充分利用其享有的政策优势,大力改善投资的软硬环境,不仅扩大侨资利用规模,而且提升侨资利用质量,实现侨资利用方式多样化,改善侨资结构,从而助推其产业转型升级和工业化水平提升,进而助推其外向型经济的发展。

参考文献

一、学术著作

1. 广西壮族自治区统计局:《广西统计年鉴2012》,北京:中国统计出版社,2012年。

2. 广西壮族自治区统计局:《广西统计年鉴2015》,北京:中国统计出版社,2015年。

3. 广东省统计局:《广东统计年鉴2013》,北京:中国统计出版社,2013年。

4. 深圳市统计局:《深圳市统计年鉴2012》,北京:中国统计出版社,2013年。

5. 福建省统计局:《福建统计年鉴2013》,北京:中国统计出版社,2013年。

6. 浙江省统计局:《浙江统计年鉴2013》,北京:中国统计出版社,2013年。

7. 浙江省统计局:《浙江统计年鉴2012》,北京:中国统计出版社,2012年。

8. 云南省统计局:《云南统计年鉴2013》,北京:中国统计出版社,2013年。

9. 中国国家统计局:《中国统计年鉴2016》,北京:中国统计出版社,2016年。

10. 中国国家统计局:《中国统计年鉴2013》,北京:中国统计出版社,2013年。

11. 华人经济年鉴编委会:《华人经济年鉴》,北京:朝华出版社,

2001 年。

　　12. 台湾"侨委会":《台湾华侨经济年鉴 2007》,台北:环球经济社,
2008 年。

　　13. 郑军健、刘大可:《循环与创新——展览业与中国—东盟博览会发
展研究》,北京:中国民主法治出版社,2011 年。

　　14. 宋晓天、杜新、郑军健:《中国—东盟博览会发展报告》,桂林:广西
师范大学出版社,2008 年。

　　15. 吕余生、王士威:《中国—东盟年鉴 2012》,北京:线装书局,
2012 年。

　　16. 赵和曼:《广西籍华侨华人资料选编》,南宁:广西人民出版社,
1990 年。

　　17. 陈利丹:《广西发展论——一位博士市长的思考》,北京:中国经济
出版社,2006 年。

　　18. 吴元黎等:《华人在东南亚经济发展中的作用》,汪慕恒等译,厦门:
厦门大学出版社,1989 年。

　　19. 李国梁:《东南亚华侨华人经济简史》,北京:经济科学出版社,
1998 年。

　　20. 廖小健等:《全球化时代的华人经济》,北京:中国华侨出版社,
2003 年。

　　21. 李国卿:《泰国华人经济的演变与前瞻》,台北:世华经济出版社,
1988 年。

　　22. 康荣平、柯银斌、董磊石:《海外华人跨国公司成长新阶段》,北京:
经济管理出版社,2009 年。

　　23. 庄国土:《当代华商网络与华人移民:起源、兴起与发展》,台北:稻
香出版社,2005 年。

　　24. 庄国土、刘文正:《东亚华人社会的形成和发展》,厦门:厦门大学出
版社,2009 年。

　　25. 王望波:《改革开放以来东南亚华商对中国大陆的投资研究》,厦
门:厦门大学出版社,2004 年。

　　25. 唐礼智:《东南亚华人企业集团对外直接投资研究》,厦门:厦门大
学出版社,2004 年。

26. 陈传仁、李晓林:《华商网络——覆盖全球的华人经贸网》,北京:世界华商经济年鉴杂志社,2007年。

27. 杨京凯、龙裕伟:《飞跃彼岸——中国—东盟博览会战略发展的理论构想》,成都:电子科技大学出版社,2006年。

28. East Asia Analytical Unit, *Overseas Chinese Business Networks In Asia*, Canberra:AGPS Press,1995.

29. ASEAN Secretariat, *ASEAN Statistical Yearbook*, 2009.

30. ASEAN Secretariat, *ASEAN Statistical Yearbook*, 2008.

31. Department of Statistics, Ministry of Trade&Industry, Republic of Singapore, *Yearbook of Statistics Singapore* 2010, 2010.

32. Economic Planning Unit, Prime Minister's Department, Malaysia, *Ninth Malaysia Plan*, 2006－2010, 2006.

33. Malaysian National SME Development Council, *SME Annual Report* 2008, 2009.

34. Malaysian Industrial Development Authority, *Performance of the Manufacturing and Services Sectors* 2009, 2009.

35. Department of Statistics, Ministry of Trade&Industry, Republic of Singapore, *Yearbook of Statistics Singapore* 2010, 2010.

二、政府文件

1. 国家发展改革委会:《国务院关于进一步促进广西经济社会发展的若干意见》,国发[2009]42号文件,2009年12月7日。

2. 中国商务部:《中国对外投资合作发展报告2011—2012》,2012年12月。

3. 清华大学华商研究中心:《中国侨资企业发展年度报告2010—2011》,2012年8月23日。

4. 中国商务部、国家统计局、国家外汇管理局:《2009年中国对外直接投资统计公报》,2010年9月。

5. 中马钦州产业园区工管委会:《中马钦州产业园区工管委会办公室关于2014年园区重点工作完成情况的督查通报》,中马园办发[2015]3号。

三、学术论文

1. 佟家栋:《对外贸易依存度与中国对外贸易的利益分析》,《南开学报》2005 年第 6 期。

2. 张干:《广西加工贸易发展的机遇与对策探讨》,《法制与经济》2011 年第 8 期。

3. 李光辉:《中国—东盟自由贸易贸易区投资协议》,《中国对外贸易》2010 年第 1 期。

4. 周作为:《2000 年以来中越边贸发展情况及趋势》,《钦州学院学报》2007 年第 5 期。

5. 赵建华:《新形势下浙江企业"走出去"的战略思考》,《国际经济合作》2012 年第 8 期。

6. 方冬莉、聂艳明、李红:《2013—2014 年中国—东盟货物贸易数量分析与预测》,《东南亚纵横》2014 年第 2 期。

7. 马凤华、陈丽坤:《大型综合性展会与城市经济增长的关系研究——以广交会为例》,《特区经济》2012 年第 12 期。

8. 唐黎:《9.8 投洽会与厦门旅游业关联互动发展研究》,《特区经济》2010 年第 11 期。

9. 褚兴彪:《欠发达地区农业科技园区的发展对策研究》,《安徽农业科学》2012 年第 36 期。

10. 陈国欣:《福建漳浦"台湾农民创业园"项目研究》,《台湾农业探索》2006 年第 2 期。

11. 沈汉溪:《台商在内地农业投资成功的原因分析——以福建漳浦台湾农民创业园为例》,《生态经济(学术版)》2011 年第 1 期。

12. 吴凤娇:《福建台湾农民创业园的 SWOT 分析》,《学术问题研究》2009 年第 2 期。

13. 石洪景:《农户对台湾农业技术的采用行为研究——基于福建漳浦县的调查数据》,《科技管理研究》2015 年第 17 期。

14. 黑河市委、市政府考察团:《赴云南姐告边境贸易区考察报告》,《黑河学刊》2001 年第 5 期。

15. 罗圣荣:《云南省跨境经济合作区建设研究》,《国际经济合作》2012 年第 6 期。

16. 李涛:《云南省在推进跨境经济合作区建设中的难点与突破》,《东南亚纵横》2013 年第 9 期。

17. 周明钧:《将广西中越跨境经济合作区建设成为推动广西开放发展新支点的思考》,《学术论坛》2014 年第 11 期。

18. 陈坤明:《试论中越跨境经济合作区建设的路径——以广西为例》,《改革与开放》2011 年第 9 期。

19. 钟智全、马秋云、杨鹏:《加快推进广西构建边境自由贸易区的思考》,《东南亚纵横》2014 年第 6 期。

20. 周明钧:《积极推进中国龙邦—越南茶岭跨境经济合作区建设的思考》,《东南亚纵横》2014 年第 5 期。

21. 龙大为、谭天星:《中国大陆侨资与外资发展比较研究——基于 2005—2008 数据分析》,《云南师范大学学报(哲社版)》2011 年第 4 期。

22. 龙登高、丁萌萌、张洵君:《海外华商近年投资中国的强势成长与深刻变化》,《华人华侨历史研究》2013 年第 2 期。

23. 庄国土:《东亚华商网络的发展趋势——以海外华资在中国大陆的投资为例》,《当代亚太》2006 年第 1 期。

24. 赵和曼:《海外华人与广西侨乡经济建设》,《八桂侨刊》2002 年第 3 期。

25. 龙登高、赵亮、丁骞:《海外华商投资中国大陆:阶段性特征与发展趋势》,《华人华侨历史研究》2008 年第 2 期。

26. 李永红:《广西利用外资存在的问题及对策探讨》,《经济研究参考》2012 年第 7 期。

27. 庄国土:《东亚华商网络的发展趋势——以海外华资在中国大陆的投资为例》,《当代亚太》2006 年第 1 期。

28. 邱晓明:《外商直接投资的就业效应变迁分析》,《中国软科学》2004 年第 3 期。

29. 庄国土:《东南亚华侨华人新估算》,《厦门大学学报(哲社版)》2009 年第 3 期。

30. 岳跃:《论香港回归与大陆经济发展》,《韩山师范学院学报》1999 年第 1 期。

31. 刘翔峰:《香港内地金融合作的现状及展望》,《国际贸易》2009 年第 7 期。

32. 谭天星:《华侨华人与中国经济发展》,《八桂侨史》1994 年第 4 期。

33. 郝时远:《海外华商:中国经济的第二种力量》,《中国经济周刊》2005 年第 24 期。

34. 彭黎明:《海外华资对侨乡的投资探讨——以广东侨乡为例》,《华侨华人历史研究》2002 年第 4 期。

35. 陶程:《政府主导型展会发展路径初探——以中国—东盟博览会为例》,《东南亚纵横》2011 年第 7 期。

36. 李乔漳等:《金融支持农业科技推广问题研究——以广西百色国家农业科技园区为例》,《区域金融研究》2013 年第 4 期。

37. 高伟浓:《华侨华人史整体视野中的广西籍华人精英》,《东南亚纵横》2008 年第 1 期。

38. 庄国土:《近 20 年福建长乐人移民美国动机和条件》,《华侨华人历史研究》2006 年第 1 期。

39. 朱兆民:《广西利用外资效益分析及建议》,《中国经贸导刊》2012 年第 2 期。

40. 刘楠、林振龙:《广西出台利用海外华侨华人人才资源工作方案》,《八桂侨刊》2006 年第 3 期。

41. 姚秀芝:《2008 年海外华人参政新篇章》,《侨务工作研究》2009 年第 4 期。

42. 郑吉昌:《论经济全球化与中国外向型经济发展思路》,《浙江学刊》2002 年第 3 期。

43. 何桂从:《从国际经济环境看广西发展外向型经济的对策》,《社会科学探索》1989 年第 1 期。

四、学位论文

1. 李星谕:《广西与东盟国家贸易与其引进东盟国家投资的关系研究》,北京第二外国语学院硕士学位论文,2009 年。

2. 陈光龙:《越南与中国广西边境贸易研究》,首都经济贸易大学硕士学位论文,2012 年。

3. 王任艺:《漳浦县台湾农民创业园创新型农业推广组织模式研究》,福建农林大学硕士学位论文,2014 年。

4. 黄佳生:《进一步深化漳台农业合作的发展对策研究——以漳浦台

湾农民创业园为例》,中国农业科学院硕士学位论文,2009年。

5. 程心怡:《中国凭祥-越南同登跨境经济合作区建设方案研究》,浙江大学硕士学位论文,2016年。

6. 郑良华:《中马钦州产业园区建设第四代产业园区研究》,广西大学硕士学位论文,2016年。

7. 毛兆亮:《广西百色国家农业科技园区的建设与发展研究》,广西大学硕士学位论文,2011年。

8. 黄光平:《广西百色国家农业科技园区农产品加工现状及发展研究》,广西大学硕士学位论文,2010年。

五、相关网站

1. 广西商务厅官网,http://www.gxswt.gov.cn/

2. 广西新闻网,http://www.gxnews.com.cn/

3. 南宁海关官网,http://nanning.customs.gov.cn/

4. 中国新闻网,http://www.chinanews.com/

5. 人民网,http://gx.people.com.cn/

6. 新华网,http://news.xinhuanet.com/

7. 国家旅游局官网,http://www.cnta.gov.cn/

8. 福州海关官网,http://fuzhou.customs.gov.cn/

9. 宁波市政府官网,http://gtob.ningbo.gov.cn/

10. 中国—东盟博览会官网,http://www.caexpo.org/

11. 中国经济网,http://finance.sina.com.cn/

12. 南宁市政府官网,http://www.nanning.gov.cn/

13. 广交会官方,http://www.cantonfair.org.cn/

14. 中国国际贸易投资洽谈会官网,http://www.chinafair.org.cn/

15. 浙洽会网站,http://www.zjits.com/

16. 云南网,http://yn.yunnan.cn/html/

17. 南博会网站,https://www.csa—expo.com/

18. 中马钦州产业园区官网,http://www.qip.gov.cn/

19. 中国—新加坡工业园区官网,http://www.sipac.gov.cn/

20. 海峡农业合作网,http://agri.taiwan.cn/news/

21. 漳州新闻网,http://www. zznews. cn/

22. 中国商务部官网,http://www. mofcom. gov. cn/

23. 中国侨网,http://www. chinaqw. com/

24. 福建省人力资源和社会保障厅官网,http://www. fjrs. gov. cn/

25. 浙江侨办官网,http://www. zjqb. gov. cn/

26. 浙江省人力资源和社会保障厅官网,http://www. zjhrss. gov. cn/

27. 云南外资网,http://www. ynaefi. com/

六、主要报纸

1.《广西日报》。

2.《钦州日报》。

3.《云南日报》。

4.《云南政协报》。

5.《福建日报》。

6.《闽南日报》。

7.《福建工商时报》。

8.《浙江日报》。

9.《人民日报》。

10.《中国民族报》。

11.《中国贸易报》。

12.《中国商报》。

13.《21 世纪经济报道》。

14.《中国联合商报》。

15.《科技日报》。

16.《第一财经日报》。

17.《人民政协报》。

18.《中国经济导报》。

19.《经济日报》。

20.《金融时报》。

后　　记

　　本书为广西第一个文科八桂学者岗"中国与东南亚关系研究"下设课题"广西社会经济发展与东亚华商网络"的研究成果。广西第一个文科八桂学者庄国土教授亲自拟定了课题的研究框架,并一直指导和督促课题组开展研究工作。不仅如此,本书在写作过程中还直接借用了很多庄教授之前的研究成果,即第四章的第一节,第五章第二节第一目以及第二目的部分内容。所以本书最终得以付梓,庄教授不仅付出了大量心血,还贡献了很多成果,本人在此致以最诚挚的谢意!

　　本课题研究以及本书撰写的过程中,还得到了很多研究生的协助,他们有方园园、林江琪、王兰婷、陈映雪等,他们参与了资料收集、数据统计以及部分章节的初稿撰写工作,在此对他们的付出表示衷心的感谢!

　　书稿虽然最终完成,但还存在诸多的缺陷与不足,希望学界同行予以批评指正!

　　最后感谢庄国土教授将该书列入八桂学者中国与东南亚关系研究丛书予以出版!

陈丙先

2017 年 10 月 19 日

于广西民族大学